あるくみるきく双書

田村善次郎・宮本千晴【監修】

宮本常一とあるいた昭和の日本

24

祈りの旅

農文協

はじめに

――そこはぼくらの「発見」の場であった――

「私にとって旅は発見であった。私自身の発見であり、日本の発見であった。書物の中で得られないものを得た。歩いてみると、その印象は実にひろく深いものであり、体験はまた多くのことを反省させてくれる。」これは『私の日本地図』の第一巻「天竜川にそって」の付録に書かれた宮本常一の「旅に学ぶ」という文章の一節である。これは宮本先生の持論でもあった。近畿日本ツーリスト・日本観光文化研究所に集まる若者の誰もが幾度となく聞かされ、旅ゆくことを奨められた。そして「どうじゃー、面白かったろうが」というのが旅から帰った者への先生の第一声であった。一生を旅に過ごしたといっても過言ではないほど、旅を続けた宮本先生にとって、旅は面白いものに決まっていた。それは発見があるからであった。発見は人を昂奮させ、魅了する。

この双書に収録された文章の多くは宮本常一に魅せられ、けしかけられて旅に出、旅に学ぶ楽しみと、発見の喜びを知った若者達の旅の記録である。一編一編は限られた村や町の紀行文であるが、こうして地域ごとに集めてみると、期せずして「昭和の風土記日本」と言ってもよいものになっている。

日本観光文化研究所は、宮本常一の私的な大学院みたいなものだといった人がいるが、この大学院は学歴も職歴も年齢も一切を問わない、皆平等で来るものを拒まないところであった。それだけに旺盛な好奇心と情熱をもった多様な性向の若者が出入りしていた。『あるく みる きく』は、この研究所の機関誌的な性格を持った月刊誌であり、所員、同人が写真を撮り、原稿を書き、レイアウトも編集もすることを原則としていた。編集者もデザイナーも筆者もカメラマンも、当時は皆まだ若かったし、素人であった。公刊が前提の原稿を書くのは初めてという人も少なくなかった。発見の喜び、感激を素直に表現し、紙面に定着させるのは容易なことではない。何回も写真を選び直し、原稿を書き改め、練り直す。徹夜は日常であった。素人の手作りからの出発であったが、この初心、発見の喜びと感激を素直に表現しようという姿勢、は最後まで貫かれていた。

月刊誌であるから毎月の刊行は義務である。多少のずれは許されても、欠号は許されない。特集の幾つかに宮本先生の古くからのお仲間や友人の執筆があるし、宮本先生も特集の何本かを執筆されているが、これらは欠号を出さず月刊を維持する苦心を物語るものである。

『あるく みる きく』の各号には、いま改めて読み返してみて、瑞々しい情熱と問題意識を感ずるものが多い。それは、私の贔屓目だけではなく、最後まで持ち続けられた初心、の故であるに違いない。

田村善次郎　宮本千晴

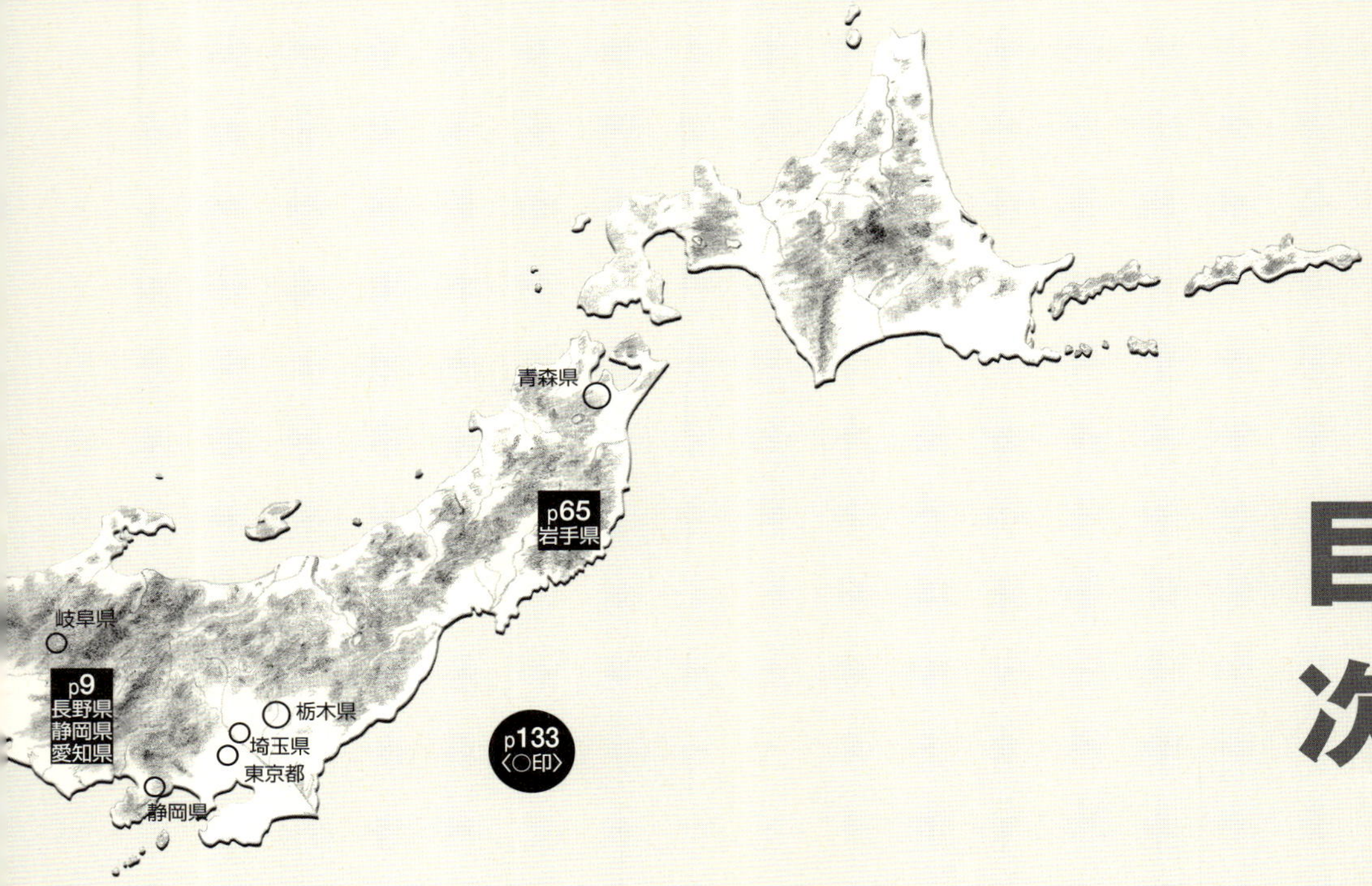
青森県
p65
岩手県
岐阜県
p9
長野県
静岡県
愛知県
栃木県
埼玉県
東京都
静岡県
p133
〈○印〉

祈りの旅

目次

N
福岡県
熊本県
p97
広島県
香川県
広島県
p33
四国
p167
香川県
京都府
大阪府
奈良県

凡例

○この双書は『あるくみるきく』全二六三号の中から、日本国内の旅、地方の歴史・文化・祭礼行事などを特集したものを選出し、それを原本として地域および題目ごとに編集し合冊したものである。

○原本の『あるくみるきく』は、近畿日本ツーリストが開設した「日本観光文化研究所」（通称　観文研）の所長、民俗学者の宮本常一監修のもとに編集し昭和四二年（一九六七）三月創刊、昭和六三年（一九八八）一二月に終刊した月刊誌である。

○原本の『あるくみるきく』は一号ごとに特集の形を取り、表紙にその特集名を記した。合冊の中扉はその特集名を表題にした。

○編集にあたり、それぞれの執筆者に原本の原稿に加筆および訂正を入れてもらった。ただし文体は個性を尊重し、使用漢字、数字の記載法、送り仮名などの統一はしていない。

○写真は原本の『あるくみるきく』に掲載のものもあれば、あらたに組み替えたものもある。原本の写真を複写して使用したものもある。

○掲載写真の多くは原本の発行時の少し前に撮られているので、撮影年月は記載していない。

○写真撮影者は原本とは同一でないものもある。

○市町村名は原本の発行時のままで、合併によって市町村名の変わったものもある。また祭日や行事の日の変更もある。

○日本国有鉄道（通称「国鉄」）は民営化によって、昭和六二年（一九八七）四月一日から「ＪＲ」と呼ばれる。『あるくみるきく』はほとんどが国鉄当時の取材なので、鉄道の路線名・駅名など国鉄当時のものが多い。民営化によって廃線や駅名の変更、あるいは第三セクターの経営になった路線もあるが、それらは執筆時のままとし、特に註釈は記していない。

○この巻は須藤功が編集した。

志摩といえば、誰もがまず思い浮かべるのは海女である。魚介の豊かな志摩の海は海女を育てた。「家族を養うことができなければ一人前ではない」、これが志摩の海女の合言葉のようなもので、若いときから海に潜り、水揚げを増やす努力をした。

宮本常一が撮った
写真は語る
三重県鳥羽市国崎

宮本常一が、志摩の三重県鳥羽市国崎《くざき》を初めて旅するのは昭和三十七年（一九六二）八月二十、二十一日である。毎日放送の高村君と一緒と日記にあるが、国崎にはいった目的は記されていない。

昭和三十七年には宮本常一の身辺にいろいろなことがあった。三月十九日に母が八十二歳で亡くなった。周防大島の生家に母と住んでいた妻子が五月に上京し、府中で一緒に生活するようになる。八月八日には柳田國男が八十八歳で逝去。その日、宮本常一は佐賀県呼子町にいた。そこから五島列島へまわって周防大島にもどるのは十六日、志摩の国崎にはいるのは、その四日後である。

宮本常一は、初めて国崎を訪れる二ヶ月前に発行された中村由信著『日本の海女』の解説を執筆している。そこに国崎が伊勢神宮の御厨《みくりや》で、遠い昔から御贄《おにえ》の貢進をつづけてきたその発端などを詳しく書いている。

その貢進は明治五年に廃止されるが、その後も献上品という形で生アワビ、のしアワビ、サザエ、ワカメなどを国崎から伊勢神宮に呈してきた。国崎の海女は、そのための漁を誇りをもってこなした。宮本常一はそうしたことの話を、国崎で確認する形で聞いたはずである。

夫の漕ぐ船と海女が一体となって漁をするチナ。櫓を握る夫の手の先の円形のものが、命綱、すなわちチナを引き上げるとき使う滑車

志摩の海女には浦によって多少の違いがあるが、移動と浮上の方法によって、カチド、フナド、チナの呼称がある。カチドは磯や岩礁を歩いて行って磯近くの海に潜る海女。フナドは一隻の漁船に五、六人が一緒に乗って沖合に出る。どちらもひとりでの漁である。

チナは漁の名称であるとともに海女の体に結ぶ命綱をいい、ひとりの漁ではその綱の一方を浮輪（古くは磯桶）に結び、アワビなどを獲るとその綱をたどって自力で浮上する。漁のチナは船上で合図を待っているトマエがその綱をたぐって引きあげる。トマエは海女の兄や弟のこともあるが、たいてい夫で、チナは夫婦一体の漁ということもできる。また海女は素早く潜るためにおもりを抱くが、海底について手放したおもりを引きあげるのもトマエの仕事である。

チナの船には綱を容易に引きあげるために、木製の滑車がつけてある。初めてついた年代は定かでないが、それがハイカラだったことから、船に滑車のついたチナをハイカラと呼んでいる浦もある。

（須藤　功記）

獲ったアワビの量を浜ではかり、魚協がすぐ買い取っていく。

両墓制といって、亡骸を埋める墓と参る墓が別のところがある。これは埋墓

盆は過ぎたはずだが、盆燈籠をおいたままの新盆の家があった。

かつては初盆の家の者が浜に掛茶屋を設け、その茶屋で女たちが盆月の7日から24日まで、新仏のために念仏を唱えた。このとき掛茶屋はなかったが茶屋念仏といっていた。

いずれも西浦の田楽の舞。これは最後の「獅子舞」

「田楽舞」のびんざさら

「高足」

天龍川

—まつりのふる里—

文・写真　須藤　功

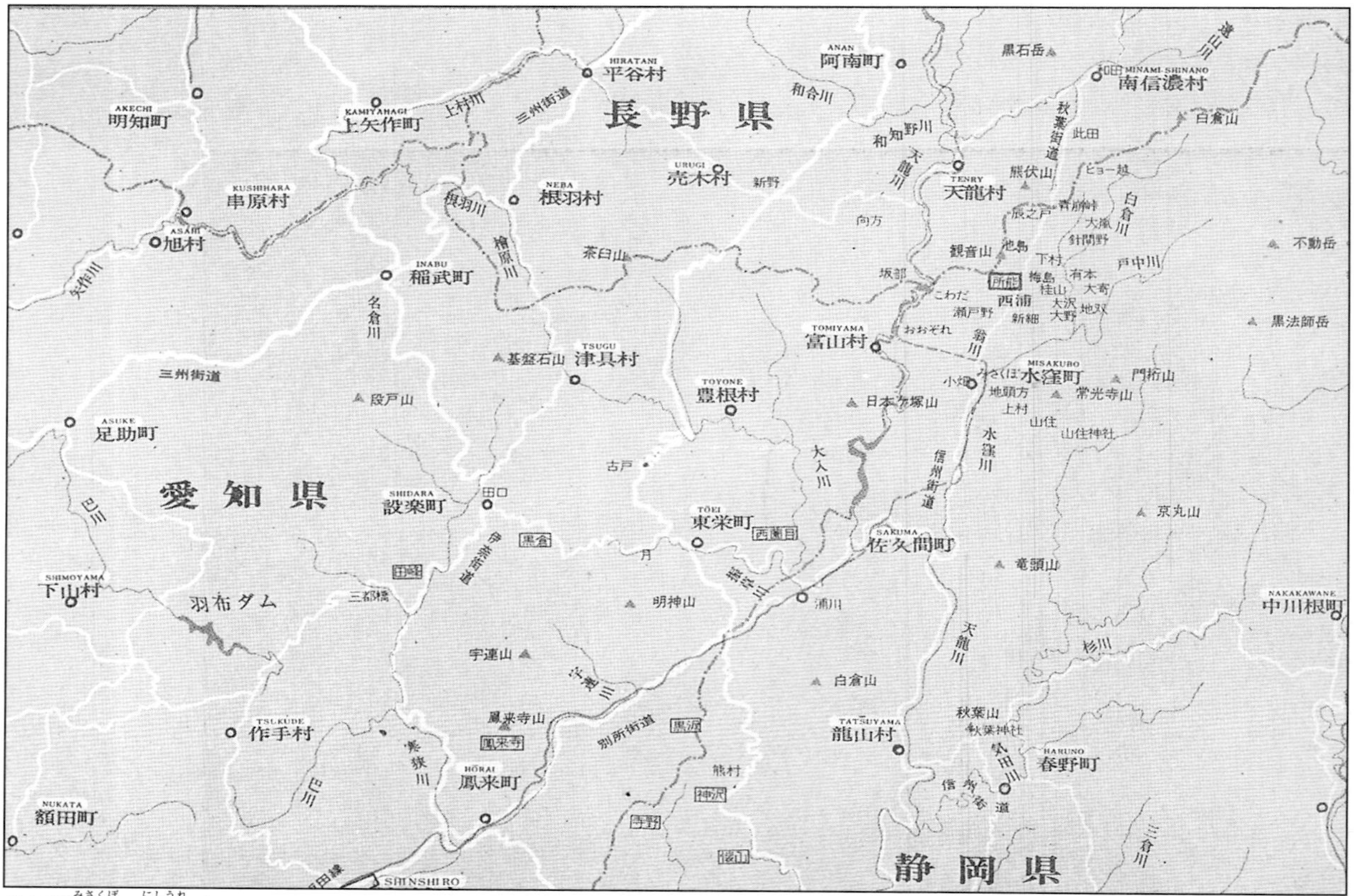

静岡県水窪《みさくぼ》町西浦《にしうれ》（現浜松市）周辺略図

天龍の村里

天龍川流域の村里にはまつりが多い。四季を通じていろいろなまつりがある。中でも、夏の夜の念仏踊りと、霜月《しもつき》から睦月《むつき》にかけておこなわれるまつりは遠い祖先の生活をしのばせて、豊富な民俗芸能が夜を徹してくりひろげられる。

そこは信濃、遠江《とおとうみ》、三河の国が接するあたり。天龍川の支流に沿って、谷間によりそうようにかたまっている村もあれば、峠を越えて奥深い山ひだに一軒二軒とちらばっている村もある。

そこに住む人々の生活はいずれも山が相手である。男は雪がくるまで山にはいり、女や老人は山の急斜面にひらいたわずかばかりの畑を耕す。できるものは何でも作って自給する。ところが、せっかく実らせた作物を一夜のうちに猪に荒されてしまうようなこともあって、村によってはいまだに猪垣《いがき》をはずせずにいる。鹿やカモシカもいる。子鹿を連れた鹿のむれは美しいものだという。ある村では、主婦が自分で捕らえた狸の毛皮を暖かそうに首に巻き、その時の武勇伝を聞かせてくれた。

天龍の村里にはいるには、飯田線の駅からバスを利用する。本数は余りないし、ところによっては山路を何時間も歩かなくてはならない。里についても、ひっそりと静まりかえってそれらしい気配はない。はためく幟《のぼり》を見てお宮に行くと、村の人が、

「まあ、あたりなさい」

と人なつっこく炉ばたにさそってくれる。その時になって、やっぱりまつりがあるんだな、きてよかったとほっとする。

　村人にとっては、よそから来た人はどんな研究者でも物好きな人でしかない。高い汽車賃をだし、しかも雪の山路を難儀してやってくる。そして、舞っている自分たちでさえよく意味のわからないものを、何時間もあきもせず見ていく。何がいいんだろうと思う。

　民俗芸能を演ずる村の人たちは、個々の所作《しょさ》についての意味は知らない。ただ見物しているだけの村人は、何の次には鬼がでて、その後にはヒョットコ面がでるということだけならよく知っている。毎年繰返し見ている村人の理解がその程度なのだから、初めて行く人にはわからないことが多いだろう。そして古い形を残しているものほど理解がむずかしい。村人の舞は人に見せるような上手なものではない。その意味では、天龍の村里に、民俗芸能の豊かなまつりを見に行きなさいと簡単にすすめることはできない。

冬祭りに参加するため、天龍川にはいって身を清める。長野県天龍村坂部

　もともと民俗芸能というのは人に見せるためのものではなかった。まつりの庭で、神さまとの饗宴に呈するもの。そして神慮を得るためのものであった。

　そのための芸能は田楽でも神楽でもよかった。上手下手も余り問題ではなく、神さまが喜んでくれさえすればいい。それには、所作のもつ意味よりも真底から舞う心の方が大切だったのである。

　天龍の村里の人々は、その心を日々の生活の中で長い年月をかけてつちかってきた。その心を見にいくのなら、観光客を集めるまつりからは得ることのできない深い印象を抱いて山を下りることになるだろう。

　まつりは夜通しつづくから、眠ってしまうとあとのまつりになってしまうが、山深い里でも宿はある。まつりの出店で食う五平餅やおでん、甘酒の味も素朴である。

古戸《ふっと》の花祭

　稲刈がすみ、干柿が家々の軒下にさがるころ、奥三河の村里に冷たい雨が降る。水車のギーときしむ音と、ボットリの米をつく音だけが静かに伝わってくる。もうすぐ冬がくる。そしてまた花祭の日がやってくる。

　山を相手の厳しい生活の中で、ホッと息のぬけるまつりの日。娯楽の少なかった昔には、その日をどれほど待ちわびたことか。豊作を感謝し、新しい年もまた実りが

愛知県東栄町の古戸集落

豊かであることを願う。一人ひとりがそんな信仰を胸において神さまとの宴をはる。

　酒ものめるしうまいものもくえる。嫁いで行った娘も帰ってきて一家の顔がひさしぶりにそろう。ふだんはしかめつらのおやじも、その日は顔もほころんで、せびると小遣をくれる。子どもたちにとってもこんなにいい日はなかった。その上、家の子どもが初めて舞うとなると大変である。しっかり舞ってくれればいいと家中で気をつかう。それはそれで思い出になった。

　花祭などでは、まつりの庭で舞うことが村のひとりとして仲間入りすることを意味した。だから村の人はだれもが一度は舞っている。

　花祭はまた悪口《あくたい》祭ともいわれる。その夜だけはどんな悪口をいってもいい。いわれてもおこってはならなかった。それは小さい子どもが舞うときであっても遠慮はない。上手だとか下手だとか、はては、「なんだそのおどりかた！」という悪口もとびだしてくる。花祭の中でも人気のある、また一つのクライマックスであるこの「花の舞」は、子どもたちにとって試練のときであった。

　この花祭は豊作を感謝する霜月（十一月）の神事である。少し前までは旧暦の霜月にあたるころにおこなわれていたが、現在は二ヶ所を残して正月にかたまってしまった。花祭はまた鳳来町（現新城市）の出身である民俗学者・早川孝太郎の情熱をかたむけた調査でも知られている。

　その分布は奥三河、遠江の二十余ヶ所におよび、川の流れに沿って大入《おおにゅう》系と振草《ふりくさ》系にわけられる。が明確な差違があるわけではない。まつりは時代の流れで少しずつくずれ、なかには中絶寸前のものもある。しかし昔の形を余りくずさずに受継いできているところもある。古戸《ふっと》の花祭もその一つだろう。

古戸は三河と信濃を結ぶ別所街道沿いに発達した村である。飯田線の東栄《とうえい》駅からバスで約一時間。その道はかって中馬《ちゅうま》の行きかった交易の道で、峠を越えると信濃の新野《にいの》にでる。その新野にも古い盆踊りと、後述する雪祭という行事がある。

まつりには村中の人々がこぞって参加する。その中心になるのは花大夫《はなだゆう》とか祢宜《ねぎ》さまとかいわれる人で、その人がいなくてはまつりははじまらない。

古戸の祢宜さまは小さいときからの見覚えで、いつのまにか祢宜さまにまつりあげられてしまった。といってもいい加減なものではない。どんなに寒い日でも朝六時にはおつとめをする。まず神式で、ついで仏式でやる。ときには病人の祈禱をたのまれたりする。ふだんの日は、近くにある鉱山で働いている。暗い穴の中で、それこそ土まみれになっているわけであるが、まつりのときには神さまと村人の間にたつ司祭者になる。

十二月十日に花祭の前奏曲である白山《はくさん》様のまつり。翌日には十五歳になった子の願果しの行事、みかぐらがある。花祭の日は正月二日であるが、それまでの準備が大変である。大小さまざまの幣束《へいそく》や、いろいろな飾りものなど手間のかかるものばかりである。

まつりは普通の民家でおこなわれ、そこを花宿という。土間の中央に大きなかまどを築き、四方にざぜち（切紙飾り）をさげた注連縄《しめなわ》をめぐらす。天井には湯ぶたという天蓋風のものをつるす。そこ全体を舞庭《まいと》といい、鬼が出たり、神楽を舞ったりする神聖な場である。

土間より一段高い板間を神座《かんざ》といい、神さまの幣束が幾本も並ぶ。太鼓や笛の楽もそこに位置する。その奥が鬼面の置かれる神部屋で、村の人でも勝手にはいること

12月10日におこなわれる古戸の白山祭

古戸の花祭の「竈祓い」

はできない。

せんじというのはまつりの間の食事をつくるところ。木股を利用した自在鉤《かぎ》に大きなナベをかけ、ぶった切りの煮しめものをつくる。みな男の仕事で、女の手はいっさいかりない。

いよいよまつりの日になる。

舞庭の飾りつけもすっかりおわり、神さまをいつでも迎えられる。祢宜さまたちは一汁一飯の昼飯をいただくとすぐ神事にはいる。

まず、湯立《ゆたて》に使う神聖な水を汲む滝祓《たきばら》い。ついで、悪霊をしずめ、神さまを迎える辻固めや高根祭。さらに天の祭、切目の王子、竈祓いなどと神事はつづき、舞庭は次第にあやしげな雰囲気につつまれてゆく。

「花の舞」になるころにはもう夜半をまわる。それまでは見物人もまばらだったのだが、そのころになると村人が集まってくる。顔を赤らめた威勢のいい男衆。晴着を着た女たちは襟まきをしっかりとにぎって立っている。その間を子どもたちが走り回る。

狭い舞庭が人《ひと》いきれでいっぱいになるころ、でっかい鬼面をつけて榊鬼《さかきおに》がでる。全身を真赤な衣裳でつつみ、太い力綱をまいている。手には等身大のまさかりを持ち、ゆっくりゆっくり威厳をしめしながら舞う。そのまわりで小鬼がひょっこりひょっこりと舞う。

榊鬼を見ると村人は安心したように帰って行く。潮の引いたようなその舞庭で、青年が汗びっしょりになりながら舞っている。舞いは長いものだと一時間以上もかかる。しかも、立願した人がそえる一力《いちりき》花で、同じ舞いが

古戸の花祭の「榊鬼」

所望されると舞う人はくたくたになる。それでも途中でなげだすようなことはしない。まわりの人が汗をふいてやったり、ミカンを口にいれてやったりして元気づける。花祭が一夜あけてもなおつづくのは一力花があるためで、同じ舞いが幾度も繰返される。

二度目の興奮がうずまくのは湯ばやしのときで、二日目の陽が山稜に沈むころ。四人の青年がわらで作ったゆたぶさを持ち、身動きもできないような群衆の中で、玉のような汗を流しながら舞う。楽《がく》の調子が一段と高くなり、釜の湯が煮えたぎるほどに興奮も高まっていく。頂点に達したころ、青年たちはゆたぶさに湯をたっぷりとしみこませ、舞庭いっぱいに湯をまきちらす。その湯がかかることによって身のわざわいが祓われる。だからといってかけられっぱなしではかなわない。村人はくもの子をちらすように散っていく。そしてもう帰ってこない。

舞庭は一瞬にして静かになる。ついさっきまで、テーホヘテホへとわきかえっていた舞庭に、また冬の夜の冷たい風が吹きこんで、まつりのあとの何ともいえないわびしさを感じさせる。

しずめ、神返しのおこなわれるころにはそれこそ人ひとりいない。祢宜さまたちだけが神部屋でひっそりと舞っている。舞いおえた祢宜さまたちはまつりの日の最後の飯をいただいて、霜のおりかかった山路を二日ぶりに我家に帰っていく。

田峯《だみね》の地狂言

天龍の村里では、まつりにかぎらず古い形を残しているものが多い。正月の門飾りでも、都会の門松とは違っている。ヤスというわらづとがあって、七草の日まで食物をそなえる。小正月には十二月と書いたニュウギなどもそえる。十一日にはハタシメといって、二股の木に福俵を結び、幣をたれたものを畑にさして祈る。同じ日、平野部では田打とか鍬初めとかいって、同じようなことを田んぼでやる。

三河の田峯も古いものをよく残している。村の人が演じる地狂言など絶やさなかったのはここだけである。かつては村ごとにあって、芸をきそいあった。早川孝太郎の『地狂言雑記』の中にも、「大野衣裳に門谷狂言、長篠舞台に新城弁当、野田の薩摩芋に石田の小便」とある。それをもじってか、田峯では「田峯狂言門谷の衣裳、長篠舞台に新城弁当」という。

田峯は長篠城趾の北側にある。長篠の戦いは甲斐の武

古戸では大黒柱にもヤスをつける。

笹竹と松にヤスをつけた古戸の門松

小正月には門松に粟棒《あわぼう》稗棒《ひえぼう》をそえる。水窪町西浦

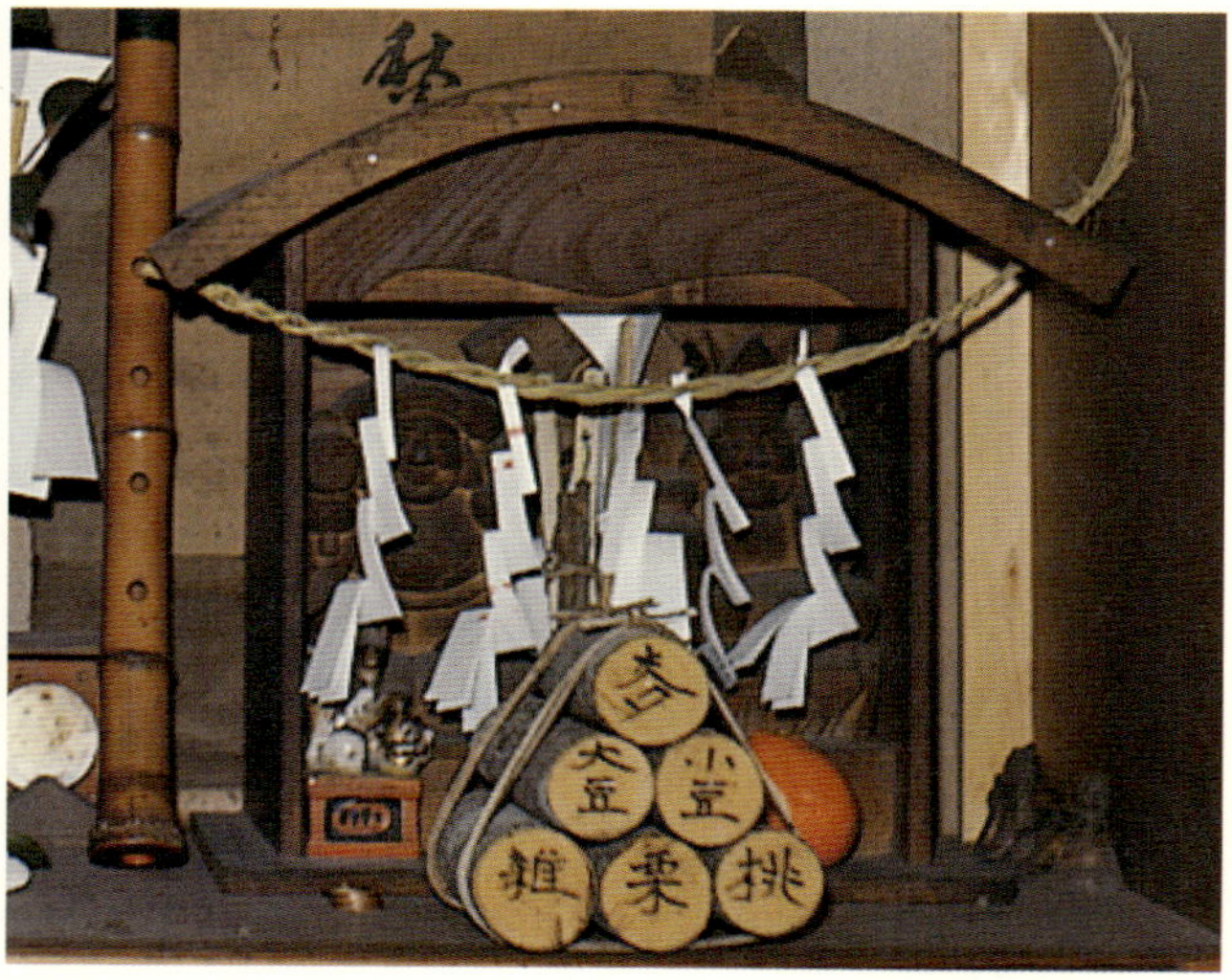

恵比寿・大黒の前に供えた福俵。静岡県水窪町西浦（現浜松市）

墓前にもニュウギ供える。阿南町新野

ニュウギをそえた小正月の門松。長野県阿南町新野

田が徳川・織田の連合軍に敗れて滅亡の因となったいくさである。

地狂言は旧正月十八・十九日の両日おこなわれる。田楽の終った十八日の朝、観音堂の前庭にまず小屋をかける。竹で骨組をしてテントを張った屋根。地面にはワラござをひく。花道や桟敷もある。出しものは人気のあるものを中心に、五幕から八幕ほどくむ。明治二十一年からの出しものでは、何といっても忠臣蔵が一番の人気で、ついで菅原伝授手習鑑、一谷嫩軍記《いちのたにふたばぐんき》とつづく。演題だけなら二百種近い。舞台は文久三年（一八六三）に建てられたもので、廻り舞台や、せりもあった。いまは二月十二日におこわれるようになった。

役者には村人がなるわけであるが、やりてがないなどという心配はいらない。伝統のあるところだから根っからの芝居好きがおり、出しものがきまると配役も自然にきまる。最近は子役芝居が二幕三幕とふえているが、親の方が子どもたちより熱心で、練習にも力がこもる。当日子どもが化粧してかつらをかぶり、衣裳をつけると見違えるほど大きくみえる。そこで親は自分の子にみとれてしまう。人気はそんなところにもあるのだろう。舞台にたつと、あれはだれだとか、思いのほかいい娘になったとか、幕開けはその下馬評からはじまる。

最近のものでは白浪五人男、いや六人男が人気だった。希望者が多くて観音さまを仲間にいれたのである。座主の口上があって幕があくと、ういういしい役者が花道をさっそうとでてくる。なかなかいきである。舞台に並んだ六人男の顔があどけなく、からかさをひろげよう

地狂言に出る少女が衣裳を着けてもらう。愛知県設楽町田峯

としてもなかなかひらかない。せりふを途中で忘れ、思わず「アレッ」と奇声がでる。どうにか口上をのべて、みえをきろうと袖をめくればやせた腕。それでも「………弁天小僧とはオレのことだァー」と力をいれると、小屋いっぱいに拍手がかえる。

ある年など、先代萩の政岡役があまりに上手で真にせまり、他の子役たちも涙を流す。見物人もすっかり舞台にひきこまれ幕がおりてもしばらく拍手がわかなかったこともあった。

今ではなくなっているが、昔は桟敷の位置が家ごとにきまっていた。それは寺の位牌の順と同じで、その方は順番が違っていたりすると今でも文句をいう。平桟敷には近郷からきた人が花代をふんぱつしてすわった。花代は普通四倍で書きだされるが、田峯では年によって倍率がちがう。小屋いっぱいに張出された金額は、まともに計算したらばく大な金額になる。

昔は芝居のほかにもう一つの楽しみがあった。芝居を見ながら飲んだり食ったりすることで、それが遠くからの客をよんだ。ワリゴという弁当のようなものがあって、田峯の人たちが平桟敷にいる村外の客にくばったのである。もらった人はそのお返しに見ばえのするもの、といってもせんべいやまんじゅうであるが、それを中茶屋にとどけてもらう。それがただ届けるのではない。渡す人がすぐ前にいるのに、狭い小屋を一巡し、大声でその人の名を呼びだしてから渡すのである。あの家は何回目だというのも噂のタネで、もの売りの声とあいまって、小屋はそれこそ大にぎわいをする。幕間がいくら長くてもちっとも退屈をしなかったのである。

田峯の地狂言がこれまでつづいてきたのは村のたのしみというだけでなく、やめてはならないわけがあった。

昔、村に困ったことがおきて観音さまに救ってもらった。その時、願いをきいて下さったら田峯がたとえ三軒になっても狂言をやり、その仏徳を後世まで伝えますと約束した。そして、破ると村に異変がおこると伝えられ、それを信じてきた。いや、実際におきたのである。

たとえば、天保の倹約令で宝暦八年（一七五八）に建てた最初の舞台をとりこわし、狂言もやめた。ところが、その年には悪病が村にまんえんして村は大さわぎになったのである。村人は観音さまの怒りにふれたと後悔した。そしてかくれて狂言をやって観音さまに奉納した。その後は御布令のやわらぐまで手ぬぐいかぶりをやった。手ぬぐい一本をかつらや衣裳にみたてて演じたのである。

明治の改革では鑑札が必要となり、それぞれ芸名をつけて鑑札をとった。今でも市川某、尾上某と名乗っているのはその時の名残りである。太平洋戦争中には空襲警報がなると灯を消し、敵機が去るとまたつづけた。狂言を中止すると日本が敗れると思っていたのである。

少年少女たちによる田峯の地狂言の舞台。設楽町田峯

まつりのかえり

天龍川にそそぐ支流の中で、遠山《とうやま》川は特にあばれ川である。遠江の浜松から水窪《みさくぼ》、青崩《あおくずれ》峠を経て飯田にでる秋葉《あきば》街道（信濃側の呼称）はその川沿いにあった。ここにも花祭と同じような豊作を感謝するまつりがある。遠山祭、あるいは霜月祭といわれ、十二月の中旬になると、あちらこちらの森から笛や太鼓の音が流れてくる。

上村中郷（現飯田市）の遠山祭を見た翌晩、和田の宿でうとうとしていると遠くから太鼓の音が聞こえてくる。そういえば宿の夕飯も赤飯だった。道ゆく人の声も何かはなやいで聞こえた。

翌朝は雪だった。前日のすみきった空からはとても雪が降るとは考えられなかった。そういえば昨日の朝、中郷のまつりのあとで、村の人たちが直会《なおらい》のゾウスイをすすりながら、とにかく無事にすんでよかった、これで風が吹こうが雪が降ろうが安心して寝られるとはなしていた。それを思い出して、まつりをすませた人たちは胸をなでおろしているだろうなと思った。

帰途のバスの中で、絵凧を持ったおばあさんに会った。遠くから聞こえたあのまつりの店で買ったのだろう。遠山川にかかる狭い吊橋のたもとでそのおばあさんは降りた。おそらく、若い時からあのおばあさんはまつりに行っていたのだろう。遠山祭のファンだったに違い

「ちいとまいて、たんと生えよ」と籾をまく。黒沢の田楽

鍵取屋敷の荻野氏を先頭に田楽をおこなう阿弥陀堂に登る。愛知県鳳来町七郷一色字黒沢（現新城市）

ない。そんなファンが少しずつなくなり、ひとりもいなくなったとき遠山祭、いや三信遠のまつりは大きく変るだろう。その時期は案外早いかもしれない。

豊作を願う

三河の鳳来寺《ほうらいじ》山は長篠城址の西にあって、仏法僧でよく知られている。実は〝ブッポゥソ〟と鳴くのはコノハズクという別科の鳥で、本当の仏法僧はギャーギャーと鳴く。

山には一四〇〇段の石段がある。勾配が急なのでゆっくり登っても大変であるが、一段ごとに景色が変って、振返り振返り登るのは楽しい。石段を登りきったところに田楽堂があり、その奥に東照宮がある。

鳳来寺は戦国時代に最も栄え、三十六坊を数えた。秀吉の代になって衰えたが、徳川時代にはまた二十一の寺が建った。徳川家康が当山の峯の薬師の申し子といわれたことから、幕府の保護も手厚かったのである。そのかわり庶民にはなじみの薄い山になった。それ以前はどうだったのだろう。

最近の調査で山頂近くにある鏡岩は単にその連想からきているのではなく、その上から鏡を投げる習俗のあったことがわかった。岩壁の古木に中世の鏡や破片が引掛っていた。経壺や骨壺もでているという。

山は四季それぞれに趣があって、訪れる人も多い。が

稲の成長をあらわす「いなぼら」。黒沢の田楽

畑に見立てた太鼓で「芋取り」。黒沢の田楽

冬になるとめったに行く人がなく、旧正月三日の田楽祭には土地の人でもあまり登らない。田楽堂の中で、ひっそりとそれでいて何かをほうふつとさせる田楽が舞いつづけられる。いまは正月三日におこなわれる。

田楽というのは、田植にともなった歌舞が芸能化されたものである。記録の上では、長保元年（九九九）に京都の松尾神社でおこなわれたというのが最初である。隆盛をきわめたのは鎌倉から室町にかけての二百年あまりで、その頃には公卿《くげ》までがうつつをぬかした。北条高時の田楽狂いは歌舞伎にもなっている。ちまたを流してあるいた田楽衆は多く阿弥《あみ》号をもった僧で、太鼓、鼓《つづみ》、ささらなどを持って舞った。都での乱舞がつづいたあと地方に流れ、各地の神社の祭礼などに結びついていく。

現在、各地に伝わっている田楽は当時の面影をよく残している。鳳来寺の田楽もその一つで、三河の田峯、黒沢と並んで三河の三田楽といわれる。普通どこどこの田楽という時には、昔日の田楽だけではなく、他の芸能も

笹竹につけた木片で天井を打つ「小豆取り」。黒沢の田楽

田峯の田楽の「しろかき」

まじっている。三信遠の田楽では田遊といわれるものと一緒になっているものが多い。太鼓を田に見立て、その前で稲作の成長過程と、それにともなう農作業を模擬的に演じる。

黒沢の田楽の「もみまき」では、祭主である鍵取屋敷の荻野氏が、その年の恵方に向って、言葉を唱えながらもみをまく。

早生《わせ》も　ざあらざら　ちいとまいてたんと生えよ
中生《なかて》も　ざあらざら　ちいとまいてたんと生えよ
晩生《おくて》も　ざあらざら　ちいとまいてたんと生えよ

まかれたもみは見物の人たちが競って拾ってゆく。そのあとに「とりおい」「むぎかり」などとあって、最後の方で「いなぼら」というのを三人で舞う。

一人が三合三勺の飯を盛ったいなぼらを頭上にかかげて太鼓の上にうずくまる。他の二人が〝いなぼらは、はやせばはやすほど高くなるらん〟と幾度か唱えると、太鼓の一人は少しずつ立ちあがって大きくなる。太鼓の人が大きな人だったりすると、「今年の稲はよく育つぞ」とはやしたてる。

田峯の田楽の「しろかき」では威勢のよい牛がでる。べらべら餅というのを棒端にさしてくつわとし、それをくわえた牛役が、鼻取り、心取りの二人の掛声でしろをかく。牛役が張切っていると、稲の成長までいいような感情をいだかせる。

鳳来寺の田楽では、豊作を願う気持がもっと端的に表現される。ねんねさまという人形と、しん木（男根）を持って演じられ、生殖の過程がそのまま農作物の成長過程に見立てられている。見ていてまことに異様であるが、祖先の人々がどれほど真剣に豊作を願ったかを考えてみると、決してみだらな気持で見ることはできない。

　田遊に対して、田楽ではやはりささらなどの楽器を使う。面をつけて演じるのもある。ささらは板片《いたきれ》を編んだだけの簡単なものであるが、動かし方によって違った音色がでる。古くからある素朴な楽器である。

　三信遠には、田楽といわれるものが三十余ヶ所に残っていた。そのほぼ半分は今もおこなわれている。一地域に田楽がこれだけ伝わっている所は他にはない。いずれも、豊作を祈念する春神事である。鳳来寺の田楽はその中心ではなかったかと考えられている。次に西浦《にしうれ》の田楽を取りあげてみよう。

西浦の田楽がおこなわれる西浦観音堂は、信州街道の少し上にある。

西浦の田楽

　水窪《みさくぼ》町は遠江の一番北にあり、十数年まえに飯田線が通るまでは袋小路にあるような町だった。地図の上では、青崩《あおくずれ》峠を越えて信濃の和田にでられるようになっているが、遠江側は狭い山路で人があるくのにも容易ではない。信濃側も峠のあたりはまさに青崩れで、道らしい道はない。

　初冬の日、その青崩峠に立って驚いたのは、遠江側には全くないのに、信濃側の樹木には霧氷の花が咲いていることで、こんなに寒暖の差があるものかと、両方の地をあらためて眺めかえした。それに信濃側は灌木が多い。遠江には金原明善、三河には古橋源六郎という植林に熱心な指導者がいて、三・遠の山を豊かにした。それが貧しい生活からもぬけさせることになった。

　この街道沿いの集落の一つに西浦《にしうれ》という部落がある。水窪町の小字で、翁川に沿った街道の、その西側の山ひだに数軒ずつかたまって家がある。焼畑をやって定着した人々なのだろう。その数軒の集まりの中に、おやかたと呼ばれる家がある。部落は三区に分けられているが、その各区に能頭《のうがしら》といわれる家や、公文衆《くもんしゅう》と呼ばれる人たちがいる。旧正月十八日におこなわれる西浦観音堂のまつりは、別当を中心にしてそんな人たちによって構成されている。

　まつりは、西浦の田楽といわれているが、土地の人たちはただ単におまつりとか、観音さまのまつりとかいう。木の根まつりといわれたこともあった。その夜だけは男女が自由に、木の根を枕にすることを許されたのである。

　芸能は地能三十三番、はね能十二番、それにしし舞、

松明に向かって舞う「鶴の舞」。西浦の田楽

燃えつづける松明。上空に旧正月18日の月が浮かぶ。静岡県水窪町西浦（現浜松市）

しずめなどからなる。特徴はそれにたずさわってきた能衆といわれる人たちが、がんこなまでに世襲を守ってきたこと、芸能の中に中世の芸能が見られることだろう。高足などはそれを実際に演じるのはここだけである。ホッピングの元祖のようなもので、トウフ田楽はその形からきているという人もいる。

　まつりの中心になる別当家は、観音堂のすぐ下にある。一連の行事は旧正月元旦にはじまり、十六日から別当は家族と別生活にはいる。食事をつくる火も、食べる部屋も別。客がきても同じものは食べない。「まことにあじけないですよ」といいながら、それをくずすわけにはいかない。

　十七日は観音さまの御開帳。その観音さまに田楽を奉納するのである。

　十八日の朝、別当家の天井裏で天狗祭がある。そのまつりは別当家だけの秘事である。午後、舞庭に楽堂を組立て、大きな松明《たいまつ》を南北につけあげる。準備をおえた後、「おこない」という神事がある。

　田楽にはいるのは、別当家での御酒上げがすみ、向いの山に月が昇るころ。別当家の浄火をうつした松明を持って庭上りをし、火はすぐ南松明にうつされる。火は

跳ねあがりながら舞う「はね能」。西浦の田楽

パチパチと音をたてて燃えあがり、あたりを赤く照らしだす。その火は神聖な火であるのだが、見物人が暖をとるためにもあるようなもの。星空を仰ぐ野外の舞庭では芯まで寒さがしみる。火がなかったら、とても一晩は立ちつくせない。ただ、あまり近寄っていると煙が目にはいるし、暖まりすぎるとねむくなる。演ずる能衆も大変であるが、立って見ているのもつらいことである。やがて、笛や太鼓の音が流れ、あやしげな雰囲気が舞庭をつつむ。

能衆が長い槍をもって五方をつく。地にこもる悪霊をしずめるのである。「高足のもどき」でみんなを笑わせて、つぎには猿がでる。雌猿は女陰を腰にさげている。「船わたし」では、本堂から船で運ばれた火が北松明にうつされる。「鶴の舞」、「出体童子」のあとには「麦つき」「田打」「水口」「種まき」と田遊の芸能がつづく。「よなぞー」では狂言風の問答がある。

二十二番の山家《やまが》さおとめでは、「ねんねんぼーしへんぼいよ」と子どもたちにからかわれて追いかけまわす。母親に子守をせよといわれると、「何年たっても着物一枚買ってくれぬ、メシは稗《ひえ》めし糠《ぬか》めしばかりくれて、たまにおまつりぐらいは紋所のついた着物を買ってくれ、粟《あわ》のめしぐらいはくれてくれ…」とだだをこねてまた暴れまわる。

三信遠の芸能の中には、真摯な舞のところどころにユーモラスな所作がはいる。もとをただせばそれも人に見せるためのものではないのだが、見物にくる村人にとっては意味がわかるし、楽しい場面である。あるいは、そんな場面があるから、寒さもいとわず見物にくるのかもしれない。そしてそこでの笑いがいつまでも心にのこり、天龍の村里に住む人々の情念を豊かにしたのだろう。

また、この田楽をみていると、まつりがなぜ夜におこなわれるのかを考えてみたくなる。

地能の一番しまい三十三番目は「三番叟」である。地能がおわるとすぐはね能にはいる。謡《うたい》は現行のものとほぼ同じであるが、所作はおよそ能らしくない。ピョンピョンと飛びはねながら舞うのである。

ここの田楽の最後は「しずめ」である。はね能の途中から空が白みはじめ、しずめのころには山間に寒々とした朝がおとずれる。大きな松明も燃えつきて、一夜の興奮も次第にさめてゆく。その中で、最後の圧巻であるしずめがおこなわれる。その情景は一種異様といっていいだろう。山に生活している人の何か不思議な力を感じさせる情景なのである。

新野《にいの》の雪祭り

飯田線の温田からはいるバスはうねうねとくねった山路をあえぎながら登る。時間にして二時間ばかり。目の前がパッと開けると新野にはいる。標高およそ八百メートル。ふもとでは全く降っていなかったのに、新野は大雪でバスの通らないこともある。そんな年は秋の実りも良かったのだろう。まつりの中で「大雪でござい、大雪でござい」と唱えるくだりがある。雪を豊作のきざしとみたてたもので、雪祭りというのはそこからきている。

この雪祭りはよく西浦の田楽とくらべられる。舞庭に大きな松明をたてることや、それに火がつけられるとき御舟で運ばれることなど共通なものがある。西浦田楽の面が、新野の人によって持帰られたという伝説もある。その一つが途中で置き忘れられ、まつりのころになると騒ぎだすという。

面は非常に大切にされる。西浦では「面なおし」、新野では「面さいずり」といって、毎年化粧をしなおす。面に魂をいれるのである。面だけではない、祭具にもあらたな魂をいれる。ものによっては毎年つくりかえる。新野では舞う人も神さまによって選ばれる。

舞の中の「さいほう」とか「きょうまん（競馬）」などの重要で、しかもいい舞には舞手の希望者が多い。しかし舞手はひとりかふたりだからくじびきになる。希望者の名前を小さな紙片に書いて神前に供え、神託をあおぐのである。祢宜さまが幣束をゆっくりと動かして、それにつく紙片をひろうのであるが、なかなかつくものではない。祢宜さまの後に真剣な顔で正座する希望者はためいきをつきながら、それでも自分におりることを念じ

ニュウギをそえた門松の向こうを行く新野の雪祭りの御神幸。長野県阿南町新野

獅子も出る新野の雪祭りの「しずめ」

最初に庭に出て二時間近く舞いつづける新野の雪祭りの「さいほう」

新野の雪祭りの「鬼舞」ともいう「天狗」

びんざさらを摺りながら舞う新野の雪祭りの「びんざさら舞」

張り子の馬をつけて舞う新野の雪祭りの「きょうまん（競馬）」。

ているようだ。しばらくして一つがつくと、自分ではないかと身をのりだしてのぞきこむ。あたった人は名前を書いた紙をつばと一緒にのみくだす。十四年もつづけて希望していながら、一度もおりない人もいる。

　祭日は一月十四日である。十二日から準備にはいる。十三日の朝、伊豆神社から下社の諏訪神社へのお下りがあり、十四日の夕方にお上りがある。

　まつりをとりおこなう人たちにはそれぞれ役名があり、神職たちを内輪《うちわ》衆という。上手《わで》衆というのは領主関遠江守盛春、下條伊豆守守家の家来たちが神事に仕えたときの役名。平《ひら》は氏子。後立《ごだつ》、市子《いちこ》というのは奇数年令の少年少女が初めて奉仕するときの名である。

　庭での芸能にはいるのは神楽殿、がらん様、本殿のまつりがすんでから。庁屋を薪でたたく乱声がいよいよ騒がしくなるころ、御舟で大松明に火がうつされる。やがて面をつけたさいほうがでる。赤い頭巾の上にワラの冠をかぶり、千早を着て足には脚袢をつけ、ぞうりをはく。右に花扇、左に松の枝をもって舞う。さいほうというのは先仏いの転化。神さまをまねく先導役であろう。この舞のとき、陽物を持ってだれかれかまわずなでる。女の人には妊娠のまじないといい、不妊の人はなでてもらう。

　きょうまんは張子の馬をつけて舞う。くじびきのときの緊張した顔にくらべ、舞庭で舞うときのはればれとした顔。生き生きとした動きにその喜びがみえる。

　雪祭りはそれほど次第はないのに、やはり夜明けまでつづく。いや、もっとつづくといった方がいいだろう。明けたその夜、今度は天狗様がきて舞うのだそうで、面を神前に供え、祭具も本殿においておく。村の人達の耳には、もう一度、笛や太鼓の音が聞こえるという。

　新野は学生村を最初にはじめたところである。夏の涼しさもさることながら、人々の心のあたたかさも学生にうけたのであろう。墓に行ってみたら、正月に参ったらしく祝木がそなえてあ

月の花祭の「しずめ」。愛知県東栄町月

る。それが自分の家の墓だけではない。まわりの墓にも自家の名を書いた祝木がそなえてある。聞くと、関係のない家だけど隣りにあるから拝んでくるのだという。雪祭りや盆踊りもそんな人たちによって受継がれてきた。

しずめ

花祭や西浦の田楽に「しずめ」というのがある。花太夫や別当が特に神聖視される面をつけ、印を結び、反閇《へんばい》を踏んでまつりをおさめる。

西浦の田楽ではそのとき舞庭に一線を引き、それより中には絶対にいれない。それどころか、観音堂のはるか

西浦の田楽の「しずめ」

今は森になっている大入集落の復元図。図絵・中嶋俊枝

下の道を通る人にも退くように声をかける。もしその中にはいると即座に死ぬといわれている。

花祭の場合はそこまで見る人がいないからさしてうるさいことはいわないが、それでもその光景はただごとではない。近付き難く、小さな物音をたてることさえいけないような不思議な力をもって迫ってくる。それはもう普通の人間のなせることではない。修練をつみ、神聖な面をつけることを許された人だけがなせる技としか思えない。その神秘感は昔になればなるほど、山里に住む人々に大きな影響を与えたことだろう。ひえびえとした山里の冬、それを吹きとばすような一時の興奮、やがてくる春の日を心静かに待つようにいましめるのであろうか。

三信遠に伝わるこれらのまつりが、いつごろ、だれの手によってはいってきたのか、芸能の形態から見ると中世まではさかのぼれるのだが確かなことはわからない。

三河の大入部落は人里はなれたそれこそ山奥にあって、かつては花祭がおこなわれていたが、現在は部落の跡もはっきりしない。その部落の神社の棟札には弘仁、寛徳、延久の年号が見られるという。また、信濃の坂部《さかんべ》にある諏訪社には延文四年（一三五九）造立、明徳四年（一三九三）修造の棟札があり、観音堂には康応元年（一三八九）の鰐口がのこっている。このことから、その年代にはすでに人が住んでいたと考えられるが、芸能については何も語ってくれない。そんな年代的なせんさくをひとまずおいて、とにかく、この山里に住む人々はこんなまつりを必要としたんだと考えてみたらどうだろう。

このようなまつりは稲作地帯にはわりに少ない。その多くは、山の斜面をそのまま利用した傾斜畑地帯で、さといもやヒエを常食していた。田遊のときに祭主がまくもみを競って拾うのは、その一つぶ二つぶだけが手にすることのできる米ではなかったろうか。山里に住む人々は、平野に住む人々にくらべて自然の力にたよる心がより強い。異変が起きてはならなかった。そのためにも神さまをうやまい、豊作を願い、また感謝の気持をより深く表現しようとした。それがこんなまつりを必要とさせたのである。

これらのまつりが絶えることなく受継がれてくるには

天龍川沿いの集落の多くは山腹にある。静岡県水窪町上村（現浜松市）

それなりの力が必要であった。物質面のほかに、芸能は人が演ずるものであれば、それをまとめ、上手におさめていく中心になる人がいる。その人は選ばれた人よりも、支配力をもった人の方が適していたろう。それは村の開拓の歴史にも結びついていくことである。

三信遠のこれらのまつりが一地域にまとまっているのは確かであるが、孤立してかたまっているのではないことも確かである。その周囲にはいろいろのまつりや芸能がちらばっている。一つだけ共通していることは、念仏系の芸能がちみつに分布していることで、霜月神事や春神事のあるところには必ずある。それは街道とも関係があるのかもしれない。現在の交通機関を基準にして考えると非常にへんぴなところにあるまつりも、昔は人通りの多い街道筋にあたっていた。この付近の歴史を語ってくれる「熊谷家伝記」が、都のできごとにもくわしいのは、山里であっても、決して不便な地ではなかったこと

「嫁姑の会」のおばあさん。マイクをいつまでも離さなかった。静岡県水窪町上村（現浜松市）

を物語ってくれる。

これはまつりではないが。水窪《みさくぼ》町の上村《うえ》にはこんな行事がある。

「嫁姑の会」というもので、正月十日に部落の公会堂でおこなわれる行事である。

婦人会の役員が中心にたって準備をし、部落の女衆が一日をたんまりと楽しむ。当日は来賓以外男はオミット。婦人会長の挨拶がまずあって、その後にお医者さんの有意義な話がある。あとは料理をたべ、酒をのみながら余興に興じる。その余興がただの余興ではない。嫁も姑もしりごみすることなく舞台に出て演じ、しかも、上手ではないにしろ下手ではない。練習をつんできたことがうかがえるのである。

「元禄花の兄弟・赤垣源蔵」をうなったときなど、じーっと聞いていた姑の目にきらりと光るものがあった。嫁の顔も実に生き生きとしていて美しい。第一、姑に気がねする目も、また姑が嫁を横目で見る目もない。嫁が踊りを練習しているのをあたたかく見守ってきた家庭が想像できる。

この部落は生活改善でいろんなところから表彰を受けている。生活の場、家の中がきちんと整理され、台所も近代的である。ここに伝わる湯立神楽が家の祓いに行ったときなど、そんな台所を清める風景はちょっとちぐはぐでもあったが、古いものを受継いできた人々は、新しいものを受入れるのにも寛容だったらしい。それが、先のような会で話がもちあがり実行されてきたとすると、共同の場での心のふれあいが、そのまま生活を豊かにしてきたことになる。

三信遠のまつりは、生活の上でそんな役割もはたしてきたのではないだろうか。

嫁と姑が一緒に集会所へ行く。静岡県水窪町上村（現浜松市）

お四国巡り

—遍路《へんろ》旅歩《たびありき》—

文・写真　渡部　武
写真　須藤　功

第七十一番・弥谷寺。香川県三野町

巡礼への興味

この数年間、巡礼について興味をもち、しばしば各地の札所を歩く機会があった。

巡礼に興味をもつにいたったのは古い寺院の仏像めぐりに端を発する。今日、多くの人々が寺院を訪れるのは、堂宇や仏像を見るためであるが、私も一時期仏像に熱中して各地をめぐり歩いた。弘仁仏、貞観仏、定朝《じょうちょう》式仏像等にはなるほどすばらしいと感心させられる点があるが、仏像をたくさん見るにしたがいそれほど新鮮味を感じなくなり、デパート等で有名寺院の宝物展をのぞくにいたって、すっかり興ざめしてしまった。

そのような折、寺の山門に千社札という納札を貼り歩くSさんに出会い、仏像見学以外にも札を納めることだけを目的として、寺院と接触をもつ人々がいることを知ったのである。千社札は、巡礼納札の亜流をなし屋号や名前を木版刷りにした小さな紙片のことで、貼る時に先端に刷毛のついたグラスファイバーの釣竿を用いる。なかなかユニークないでたちをするので私の興味はたちまちこちらに飛火してしまった。そしてSさんのもとに通い、時としては一緒に千社札貼りに出かけたりして、札を貼りあるく人々の集団がいかなる構成や来歴をもっているのかを調べることができた。そして、千社札を貼る人々は巡礼という形態をとる江戸後半期以来の特殊な集団で、その行動範囲が広いということがわかった。各地の札所はもとより通りすがりの寺々にまで千社札を貼っていくのであるから、その旅のバイタリティーたるや一通りのものではない。こうして当然のことながら、私の興味は次の課題として社寺参詣の旅、つまり巡礼の方に次第に移っていったのである。

杉本寺山門の千社札。神奈川県鎌倉市

わが国の代表的巡礼には、西国三十三ヵ所・坂東三十三ヵ所・秩父三十四ヵ所等の観音巡礼のほかに、弘法大師信仰の四国遍路（四国八十八ヵ所）がある。どれも庶民の信仰を集め、江戸時代以降たくさんの人々をこれらの札所へ巡礼の旅にかりたててきた。それはぼう大な数にのぼろう。およそ社寺参詣の旅は日本人の旅の形としては最も伝統的なものの一つであり、また積極的な行為として高く評価してもよい面をそなえている。そしてそれほどまでに人々を巡礼にかりたてたエネルギーは一体何なのかを知りたいというのが今回の旅の一つのねらいであった。札所の選定については、総距離が適当なことと、沿線に親戚の家があって勝手がいく分わかっていることから、私は四国遍路をたどってみることにした。

讃岐広島の寺の弘法大師像。香川県丸亀市

私は遍路の旅に対して一つのイメージをもっていた。それはある老歌舞伎俳優の死によっていだくようになったものである。この俳優は脇役として少しは名の知れた人であった。かれは四国遍路の旅のはて、帰りの宇高連絡船から瀬戸内海に投身した。あとには辞世の歌が一首残され、身心ともに清らかになった心境が詠まれていた。たぶん、よる年なみで十分な芸ができなくなり、老醜をさらすくらいなら死をというので投身自殺したものであろう。以来、私は遍路に対してどうしようもない人生の残酷さを感じ、暗いイメージを持つようになったのである。ある人も言っていたが、あの巡礼の白装束は死出の旅路姿を意味するのだそうである。

しかし、実際に八十八ヵ所をめぐってみると、ほとんどの遍路は陽気で、年齢層はさまざまであった。ただ、旅に出た動機は、医者に見はなされた病気もちや、にわかに盲目になってしまって回復が望めそうもないといった身につまされる悲痛なものから、単純に旅を楽しもうとするなど、千差万別であったが、遍路たちはそれほど身の不幸を歎き悲しむといったことはなく、共通してみなすがすがしい顔をしていた。それはどことなく、目的を一にした新興宗教の信者たちの表情と似て、じめじめしたところは少しもなかった。

四国遍路と西国・坂東などの観音巡礼と大きく異なるのは、前者が弘法大師を信仰し、後者が観音の霊験を信仰するということであるが、観音巡礼は一度めぐってしまうと二度以上行くことはまれであるのに対し四国遍路は二度以上はざらにあることである。そのわけは、弘法大師は姿や形をいろいろに変えて遍路道を歩き、信仰の厚い者に出あうと福をさずけるという考え方が昔からあったからであろう。また八十八番から逆にまわる逆打ちをすると弘法大師に会えるという言い伝えもある。遍路たちはその機会に出会うことを願って幾度も八十八ヵ所をまわるのだという。もちろん四国という地域がぐるぐるまわるのに手ごろであるという理由も考えられる。それにしても、四国を家として生涯を遍路で終える人もいるぐらいであるから、弘法大師信仰の熱烈さを改めて考えさせられてしまう。全行程で千四百キロにも及ぶ道筋をたいへんな数の人がまわっているのである。遍路をした人ならわかろうが、土地の人のいうオダイシサン、

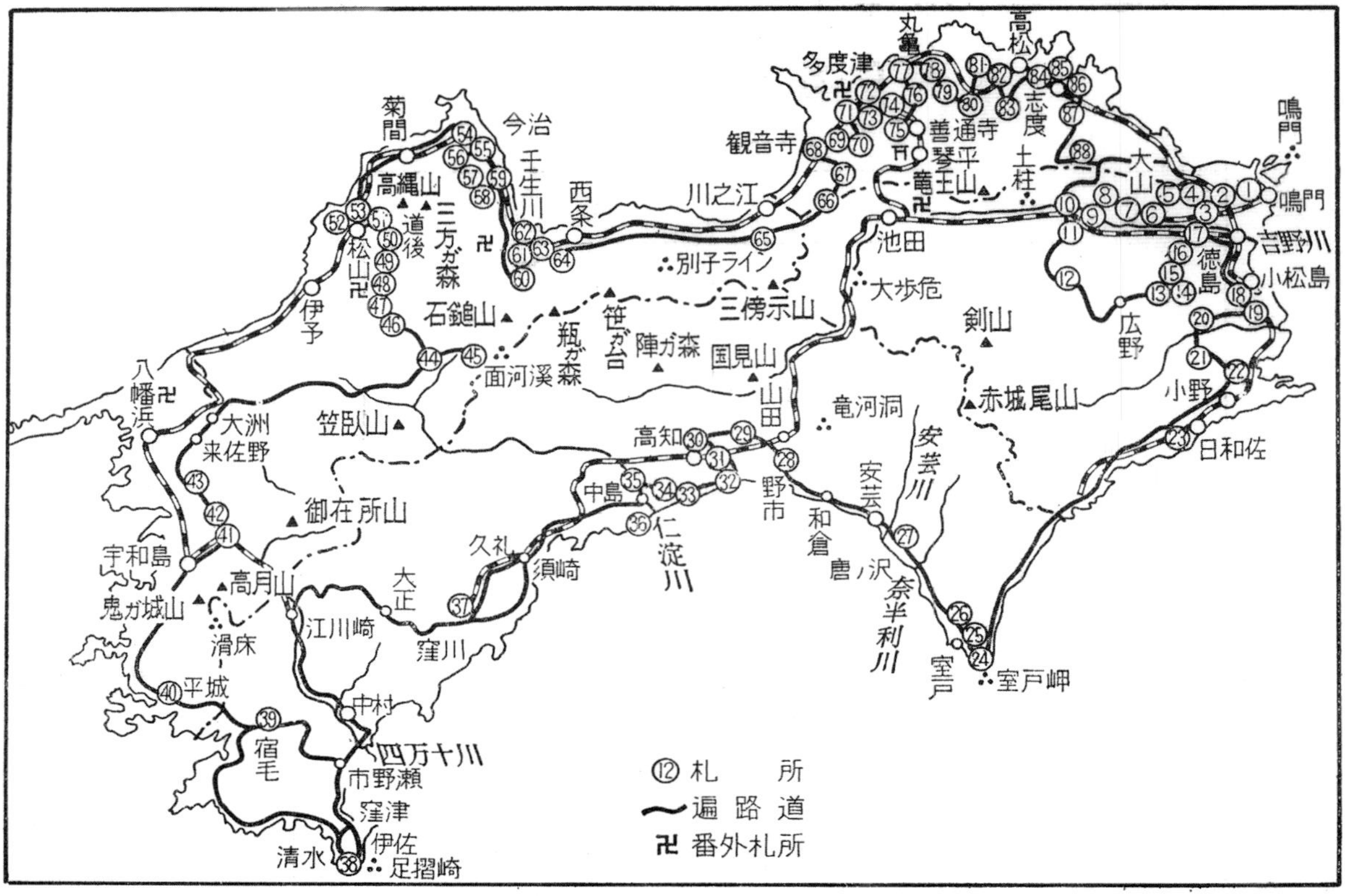

徳島県

①霊山寺（板野郡大麻町）
②極楽寺（〃　〃）
③金泉寺（〃　板野町）
④大日寺（〃　〃）
⑤地蔵寺（〃　〃）
⑥安楽寺（〃　上板町）
⑦十楽寺（〃　土成町）
⑧熊谷寺（〃　〃）
⑨法輪寺（〃　〃）
⑩切幡寺（阿波郡市場町）
⑪藤井寺（麻植郡鴨島町）
⑫焼山寺（名西郡神山町）
⑬大日寺（徳島市）
⑭常楽寺（〃　国府町）
⑮国分寺（〃）
⑯観音寺（〃）
⑰井戸寺（〃）
⑱恩山寺（小松島市）
⑲立江寺（〃）
⑳鶴林寺（阿南市）
㉑太竜寺（那賀郡富岡町）
㉒平等寺（〃）
㉓薬王寺（海部郡日和佐町）

高知県

㉔最御崎寺（室戸市）
㉕津照寺（〃）
㉖金剛頂寺（〃）
㉗神峰寺（安芸郡安田町）
㉘大日寺（香美郡野市町）
㉙国分寺（南国市）
㉚安楽寺（高知市）
㉛竹林寺（〃）
㉜禅師峰寺（南国市）
㉝雪蹊寺（高知市）
㉞種間寺（吾川郡春野村）
㉟清滝寺（土佐市）
㊱青竜寺（土佐市）
㊲岩本寺（高岡郡窪川町）
㊳金剛福寺（土佐清水市）
㊴延光寺（宿毛市）

愛媛県

㊵観自在寺（南宇和郡御荘町）
㊶竜光寺（北宇和郡三間町）
㊷仏木寺（〃　〃）
㊸明石寺（東宇和郡宇和町）
㊹大宝寺（上浮穴郡久万町）
㊺岩屋寺（上浮穴郡美川村）
㊻浄瑠璃寺（松山市）
㊼八坂寺（〃）
㊽西林寺（松山市）
㊾浄土寺（〃）
㊿繁多寺（〃）
(51)石手寺（〃）
(52)太山寺（〃）
(53)円明寺（〃）
(54)延命寺（今治市）
(55)南光坊（〃）
(56)泰山寺（〃）
(57)栄福寺（越智郡玉川町）
(58)仙遊寺（〃　〃）
(59)国分寺（今治市）
(60)横峰寺（周桑郡小松町）
(61)香園寺
(62)宝寿寺（〃　〃）
(63)吉祥寺（西条市）
(64)前神寺（〃）
(65)三角寺（川之江市）

香川県

(66)雲辺寺（三好郡池田町）
(67)大興寺（三豊郡山本町）
(68)神恵院（観音寺市）
(69)観音寺（〃）
(70)本山寺（三豊郡豊中町）
(71)弥谷寺（〃　三野町）
(72)曼荼羅寺（善通寺市）
(73)出釈迦寺（〃）
(74)甲山寺（〃）
(75)善通寺（〃）
(76)金倉寺（〃）
(77)道隆寺（仲多度郡多度津町）
(78)郷照寺（綾歌郡宇多津町）
(79)高照院（坂出市）
(80)国分寺（綾歌郡国分寺町）
(81)白峰寺（坂出市）
(82)根香寺（高松市）
(83)一ノ宮寺（〃）
(84)屋島寺（〃）
(85)八栗寺（木田郡牟礼村）
(86)志度寺（大川郡志度町）
(87)長尾寺（〃　長尾町）
(88)大窪寺（〃　〃）

四国八十八ヵ所（『図説　日本文化地理大系　四国』小学館刊　挿図）および地名は平幡良雄著『四国八十八ヵ所』札所研究会　1969年刊による。

オダイシサマの語感には、一種独特の尊崇の念がこめられ、日常生活に弘法大師信仰がいかに深く根をおろしているかがわかる。

巡礼をしたいという願望はだれの心にも宿っているもので、例の十字軍遠征のきっかけとなったイェルサレム巡礼は、贖罪と苦行を通して十字架にかかって死んだキリストと同じ苦しみを味わい、法悦にひたることを最大の目的としたという。しかし、時代が下ってくると、巡礼にはさほど尊大な目的はなく、健全な庶民が旅を享受するほどの意味しかもたなくなってくる。このことは洋の東西変わることがないと思われる。

巡礼の発達はある程度商売の発達と交通網の整備に歩調をあわせている。わが国では十六、七世紀に入ってから、ことに江戸幕府が本街道や脇街道を整備し、商業活動が促進されてから本当の意味で巡礼が庶民のものとなっている。ヨーロッパでは十一、二世紀の築城ラッシュから都市間の交通が頻繁になり、出稼ぎ労働者の増加とともに巡礼の風習が促進されたというから、巡礼の普及の端初について、わが国とは時代的にまた気運の点においても、ずいぶんとへだたりがある。

さて、私の八十八ヵ所めぐりは左記のように行なった。

第一回　昭和四十九年（一九七四）九月二十七日～十月四日　徳島県の札所（一～二十三番）

第二回　昭和五十年（一九七五）三月十七日～三十日　愛媛・香川県の札所（四十～八十八番）

第三回　昭和五十年六月一日～八日　高知の札所（二十四～三十九番）

三回で、のべ二十七泊三十日であるが、東京方面から旅立つので乗り物に乗る時間がかなりかかり、実際に遍路したのはこれより三日ほど少なくなる勘定である。時期を三回にわけたのは、こちらの都合で長い日数を一度にさくことができなかったことと、遍路の歩く季節が時期的にどうちがってくるのかを知るためである。最も多く遍路がくり出すのは春で、三月中旬をすぎて四月にかかるころは、ラッシュの感がある。秋もかなりあるが春ほどではなく、夏は炎天下でへばってしまうので敬遠されてしまう。三月から四月にかけては天気も安定し、農作業も忙しくなる前である。さすが長い間の人々の経験が遍路の時期をこしらえあげてきたと感心させられる。

辺地めぐり

八十八ヵ所の寺は、みな似たりよったりの大師堂があって弘法大師空海（七七四～八三五年）をまつっている。八十八ヵ所の寺すべてが空海の創建になるとか、あるいは来訪があったというわけではなく、誰だか知らないがよくもまあ四県にまたがる一四〇〇キロあまりの遍路を考えついたものだと感心させられる。

八十八という数は、どうして選ばれたのかよくわからない。元禄時代に高野山の僧寂本《じゃくほん》が著した『四国遍礼霊場記』には九十四ヵ寺の霊場があがっているから、古くは八十八ヵ所などという定まった考え方はなかったのかもしれない。西国や坂東三十三ヵ所の場合は、『法華経』の観世音菩薩普門品の巻によって、観音の三十三の応現身を記しているので、その数のいわれがわかるが、

荒天の日の足摺岬

一方この八十八という数には典拠がなく、おそらく八重《やえ》垣《がき》・八百万《やおよろず》・八千草というように、日本古来の八に対する聖数観念にもとづくものだと考えられる。

四国巡礼のおこりは、推測であるが、平安末に僧侶たちが弘法大師空海の足跡をしたってめぐることではじめられたようだ。これを「四国の辺地」をめぐると称していた。これは今日の八十八ヵ所めぐりとはかなり異なるが、海岸づたいに四国を一周するものらしく、札所成立の先駆をなすものであろう。『今昔物語』巻三十一、第十四話に

今は昔、仏の道を行《おこない》ける僧三人伴なひて、四国の辺《へ》地《ち》と云は伊予・讃岐・阿波・土佐の海の辺の廻《ほとりめぐり》也。其の僧共《ども》、其を廻けるに、思ひ不懸《かけ》ず山に踏入にけり。

……

とあり、また『梁塵秘抄』にも四国の辺地のことがみえるので、僧侶たちは、あの変化に富んだ四国の海岸線を黙々と歩くことを修業と考えていたようである。ことに高知県には室戸岬と足摺岬という景勝の岬が二つあり、後者は平安時代より流行した海のかなたの観音浄土をあがめる補陀落《ふだらく》信仰がここにもみられ、そうしたことも辺地めぐりをさかんにした要因となったろう。たとえば、鎌倉時代の女流日記『とはずがたり』巻五に、備後の国（広島県）の和知の一女性が土佐の蹉跎《さだ》の岬（足摺岬）へ参ろうとしたことと、金剛福寺（後の三十八番札所）の小法師が小舟に乗って南の補陀落世界へ旅立つ話が記されてある。これらの変遷を考え合わせると、人々はかなり古い時代より四国を聖地と見、その南の彼方にユートピアがあると考えていたようで、今日でも遍路たちは四国へ渡ることを「お大師さまの土地へ参る」といって、四国の地を聖いものと見ている。

しかしこうして平安末から鎌倉初期よりはじまった巡礼の風習は、当初において庶民の関知するところではなかった。交通網・宿駅が整理され、治安が維持されているような状態でなければ、庶民の旅はとうていできるものではなかった。だから巡礼のはじめは僧侶や行者、あるいは武士などが実践していたにすぎなかった。

つまり八十八ヵ所の成立は、特定層の人々による補陀落信仰、四国の辺地めぐりがまずあり、そして次に庶民たちが経済的にゆとりができて参加するようになって今まで定かでなかった四国八十八ヵ所の札所番号が定まっていくのである。それは大体室町中末期頃だといわれる。

第一番・霊山寺参道の仏具店

八十八ヵ所の巡路は、今日では徳島県鳴門市の霊山寺《りょうぜんじ》が第一番となっているが、かつては香川県の善通寺が一番で、それぞれ時計の針まわりにめぐり、札所の番号もそっくりずれていた。

善通寺が一番であったのは、それが弘法大師の出身地ということもあろうが、瀬戸内海の港町の繁栄とも関係が深い。瀬戸内の商業的繁栄は、日宋、日元貿易で栄えた広島県福山市の草戸《くさと》千軒《せんげん》遺跡でもわかるように、こうした商港がいくつもあったからである。善通寺もすぐ北に多度津港や丸亀港があり、その恩恵を多分に受けていた。そして善通寺は船主たちの莫大な寄進を受けていたと考えられる。その証拠に、宝物館には、江戸初期に丸亀の本島町手島の船主丸亀五左衛門が奉納した高さ一メートル弱の青磁牡丹文花瓶があり、おそらく日明貿易もしくは、朝鮮との貿易で入手した品物に相違ないからである。それと本州から四国に渡る場合にも、まず多度津や丸亀に船で行くというのがごく普通の形態であった。

善通寺が第一番の地位を阿波の霊山寺にゆずるにいたったのは、江戸時代の正徳年間（一七一一〜一六年）頃で、東国人が伊勢や那智山をさかんにめぐり、かれらの足が四国までのばされるようになってかららしい。つまり、すべての交通の起点が江戸と考えられ、そのように街道が整備され、新しい経由ルート（和歌山〜徳島、明石〜淡路島〜徳島）が開かれていったこととも大いに関係があろう。そして時代とともに四国の辺地めぐりの名称も辺路から遍路へと変化していったのである。

四国遍路の行程も、今日では、

阿波の札所……発心《ほっしん》の道場
土佐の札所……修業の道場
伊予の札所……菩提《ぼだい》の道場
讃岐の札所……涅槃《ねはん》の道場

というように、非常に整理された考え方になってきており、結願《けちがん》のあかつきには心の平安が得られるという。こうした考え方を「四転の思想」というのだそうだが、山あり川ありの行程で、なるほどよく考えたコースであると感心させられる。

空海と四国

八十八ヵ所をめぐって不思議に思うのは、どの寺も後世似たりよったりの弘法大師空海の伝承を持つにいたったことである。それは主に湧水伝説にまつわるものが多く、ことにけわしい山頂の寺は、湧水のいわれを弘法大師に結びつけ、錫杖をついたところから水が湧き出たとか、足で踏んだところが泉になったとか、その形態はさまざまである。これは伽藍を設置する上で欠かすことのできない、飲料水の発見を弘法大師に結びつけたものと思われるが、あるいは真言密教に水を得るための特殊な呪法があるのとも関係しているのであろうか。

またこうした伝承とあわせて、寺の成立について考える上で興味深いのは、大師堂のことである。どの札所もきまって本堂と大師堂があるが、写真を撮っていくうちに、どの寺も同じようにしか写らないではないかと、いささか食傷気味になってきた。しかし、大師堂のことだけを考えてみると、かならずしも寺院に付属してあるとは限らず、歩いているうちに、徳島の山あいや、香川の雲辺寺より小松尾寺（大興寺）に下りてくる途中の部落などでも独立した大師堂があるのをいくつか見ることができた。あるいはこうしたお堂の方が先行する形かなという疑問もわきおこった。

これは私だけの疑問ではなかった。香川県在住で長く遍路のことを調べている武田明氏は、このことを次のように説明している（『巡礼の民俗』）。

大師堂は一名四つ堂・四つ足堂・お堂・氏堂ともいい、本来はその土地の氏仏をまつり、その後大師信仰の浸透とともに大師をまつるようになったらしい。それと同時にお堂の行事も大師を供養するものにかわり、ことに霜月二十四日は、来訪して来る大師を迎え饗応する日となり、お接待の風習はここから出たものだろう。八十八ヵ所はこうしたお堂をとりこんで成立したものであり、かつては、四国地方全般にあったこれらのお堂は、平野部のみは札所に吸収されて残り、山間部は札所に吸収される以外もひき続いて点在するものがあることになったのであろう。

これらのことを確かめるには、各札所の縁起を考証する必要があるが、今までにそれを行なった人はいないようである。ただ弘法大師の足跡がたしかにわかるのは、大師が撰した『三教指帰《さんごうしいき》』に、「阿国の大滝嶽に躋攀《せいはん》し、土州の室戸崎に勤念す」とあるから、二十一番太竜寺と二十四番最御崎《ほつみさき》寺あたりには確実な足跡を残している。それ以外については文献に徴するところがほとんどなく、俗にいう弘法大師が八十八ヵ所を開いたというのは誤りで、空海を釈迦や阿弥陀のようにあがめる弘法大師信仰が普及するにつれて八十八ヵ所の札所が確立したことは明らかである。したがって大師の教えを広めていった集団を別に考えなくてはならない。

おそらくその布教集団は、山岳修験者たちであったと思われる。弘仁三年（八一二）、空海は洛北の高雄山寺で真言密教の旗あげともいうべき灌頂《かんじょう》を行ない、最澄をはじめ各宗派の主だった僧に入壇灌頂をせしめた。それ以後高野山に本拠をかまえ全国に布教活動をするのであるが、空海は、そのための協力要請を各地の国司や著名な仏者に依頼した。その際の仲介の労をとったのが山岳

集落の人々が大師堂に集い勤行する。香川県三野町

修験者グループであったろうといわれる。高野山のような不便な土地に入定の伽藍を建立したのは、その点で山岳修験者を統括する意味が大きかったと考えられる。

それにしても弘法大師空海は、なかなかの政治的手腕の持主である。また学問上でもこれほどの天才は古今を通じていないであろう。若いころの四国での修業は一沙門の教示で頭脳を明晰にし、記憶力を強化する「虚空蔵求聞持《ぐもんじ》法」の習得につとめ、真言を百万遍唱えたという。意志の強固さもさることながら、体力も群をぬき、この時の四国の山野を跋渉した伝説が、後世、弘法大師はいつも四国をめぐっているという話をつくり出したことは確かである。

空海が当時盛んな名望を得たのは、大唐国より新思想を導入したことにもよる。周知のように空海は、第十六次遣唐使の一行に加えられ、最澄とともに延暦二十三年（八〇四）に入唐し、かの地で密教伝法第七祖で真言五祖の一人である恵果《けいか》からその嫡統を継ぐことを許され、大同二年（八〇七）に帰朝した。この三年間は常人の想像を絶する勉強ぶりであった。おそらく経文典籍を読むスピード、読解力もなみはずれていたのであろう。専門の仏教はもとより、医術・音声学・文学論等々、それこそ多才多芸の超人ぶりを発揮している。文学論『文鏡秘府論』などを読むと、その精緻な頭脳に感嘆するばかりである。しかし、これらは余技の部類に属し、本筋は真言密教という神秘的内容をもった新思潮の将来普及にあった。この教義を理解することはなみたいていではなかったろうが、国家鎮護のよそおいにはもってこいの形

式もそなえ、そこで朝廷はすでに名声のあった最澄をさしおいて空海に多大の援助を与えることになったのであろう。

弘法大師のあまりの天才ぶりに、後世の伝承はますます広がり、八十八ヵ所の伝承が完備していったに相違なく、大師自身はあくまでも学問僧であり、一遍のように民間へ自ら布教活動をして歩いてはいない。それを民間までひき下げた功績は修験者たちであろうと推測するのは、けっして言いすぎではないように思えるのである。ことに四国には石鎚山という修験の山があり、ここを中心として古く修験者たちが活躍しているからである。かれらは当然霞場《かすみば》（布教圏）拡大で四国内を広く歩いたであろうし、辺地のルートも利用したかもしれない。

四国遍路の歴史的背景は以上のようなところであるが、いろいろな要素が重層しているので、正直いってわからないことだらけである。

一国参り

四国八十八ヵ所を一回でめぐるよりも、徳島・高知・愛媛・香川と、各県に分けて三、四回に分けてめぐる方が普通である。通しでまわるのをお四国参りとかお四国巡りといい、一県ずつまわるのを一国参りという。

地元の四国の人々は、一国参りだけにおわらせず、ぜひお四国参りを達成したいと念願している者が多い。今では一週間の時間とお金があればわけなくできるが、交通の便の悪いころは大変なことであった。八十八番大窪寺途中、額峠のタバコ屋のおばあさんも、しきりにお四国参りができなかったことを残念がっていた。かの女は若いころ病弱で、讃岐一国参りはどうやらすませたのだが、それ以上は無理で、生まれてこの方遠方を旅行したのはそれだけだと語っていた。

一般に西日本地方では、嫁入り前の女性は旅をしておかなければならないという風習があったようで、それが大事な嫁入りの条件ともなっていたことがある。集団で行く娘遍路も愛媛県の方にあって、伊予ガスリを着て、人の目をよくひいたらしい。

このような特定の土地の娘たちのお四国参りの風習は消えてしまったが、一人二人でまわる例はいくらでもある。私が出会った例では、動機はさして深刻なものはなく、四国の名所旧跡を見て一周するのなら、ついでに遍路をしたら都合がよいという程度で、じつに快活な女性が多かった。かの女たちが口をそろえて言うには、車のお接待を受けるとき、運転者が女性あるいは家族同伴である以外は断わるとのことである。現代版雲助に会ってはたまらないという意味である。

安芸《あき》の二十七番神峰《こうのみね》寺で会った老夫婦も一国参りを少しずつしていた。二人はともに墨染めの衣を着て錫杖をつき下山するところで、わたしが挨拶をかわし、カメラをかまえかかると、先方は、

「だれもが写真を撮りますなあ」

「わたしらをインゲンはんアンジはんとようまちがえはりますけど、わたしらは徳島で商売やっている者や。商売が忙しいから少しずつお四国歩いております」

「そう、けっしてひまで歩いているわけでおまへん」

第四十七番・八坂寺。愛媛県松山市

と自分たちを黄檗宗の隠元と山淑大夫の安寿姫（？）になぞらえ、交互に言葉をついで、さっさと下山していった。

一国参りと四国参りを組織的にしているのは、地元のバス会社であろう。定期的に会員を募り、団体に所属しない人を吸収して、ともかくもこれに便乗していけば、わけなく八十八ヵ所の結願ができる。昔は徒歩で八十八ヵ所をまわると五、六十日かかったのが、全部車でまわっても十日以内であるから、ずい分便利になった。

また大師講のような団体も、遍路の強力な推進的役割りを果している。ことに関東方面では、神奈川県の川崎大師信仰が母体となっており、この川崎大師は奉賛会員を多く擁し、四国でもかれらの巡拝団によく出くわした。

大師信仰の広がりはたいしたもので、日本各地に俗に「○○大師」とつく寺はたくさんあり、そうしたところには八十八ヵ所の石仏が並び、必ず大師講がある。この講は伊勢講や富士講と同じように信仰ばかりでなく親睦をかねて四国遍路などの旅行を最大目的として、会員はせっせと毎月積立てしている。四国参りをするネットワークは、全国に張りめぐらされているのである。わが国の団体旅行の根は深い。

納経帳

話が前後してしまったが、遍路の服装はこれといって決まった形をとらず、車でまわる遍路たちは、普通の服装の上に白衣と輪袈裟をつけ、納札入（札ばさみ）・納経帳を携帯するぐらいである。本格的にするには、このほかに手甲・脚絆・負台《おいだい》・笈《おい》・笈摺《おいずる》・菅笠《すげがさ》をつけ、経本・数珠・鈴・ずだ袋・杖等を携行し、足ごしらえもワラジや地下足袋でする。こうした服装は一番霊山寺の周囲および大きな札所で売っているが、一式そろえると、最低七千円から一万円かかる。ただ、珠数はピンからキリまであるので、贅沢したら四〜五万はわけなくかかってしまう。基本的には遍路であることがわかればよいのであって、笈のような旧式のものより、リュックサックのほうがはるかに便利である。歩く遍路はみな大きなリュックを背負っている。

しかし、これは外見だけの準備であって、心の準備を出発するところの札所の本尊の前でしなければならない。殺生、盗み、邪婬・嘘・二枚舌・悪口・へつらい・むさぼり・怒り・邪見の十悪をつつしむ十善戒を誓うのである。この儀式をすませてはじめて遍路の旅に出られる。そして札所では、まず本堂・大師堂で『般若心経』と真言を唱え、その後に願うところを声にだして言うのである。それぞれに言いまわしがあり、老人たちが斉唱しているのを耳にすると、まるで幼稚園児が元気いっぱいで歌をうたっているようである。それが終わると納札《おさめふだ》を堂の前の納札箱に入れ、納経をする。そして寺の方で納経帳に納経印を押してもらう。

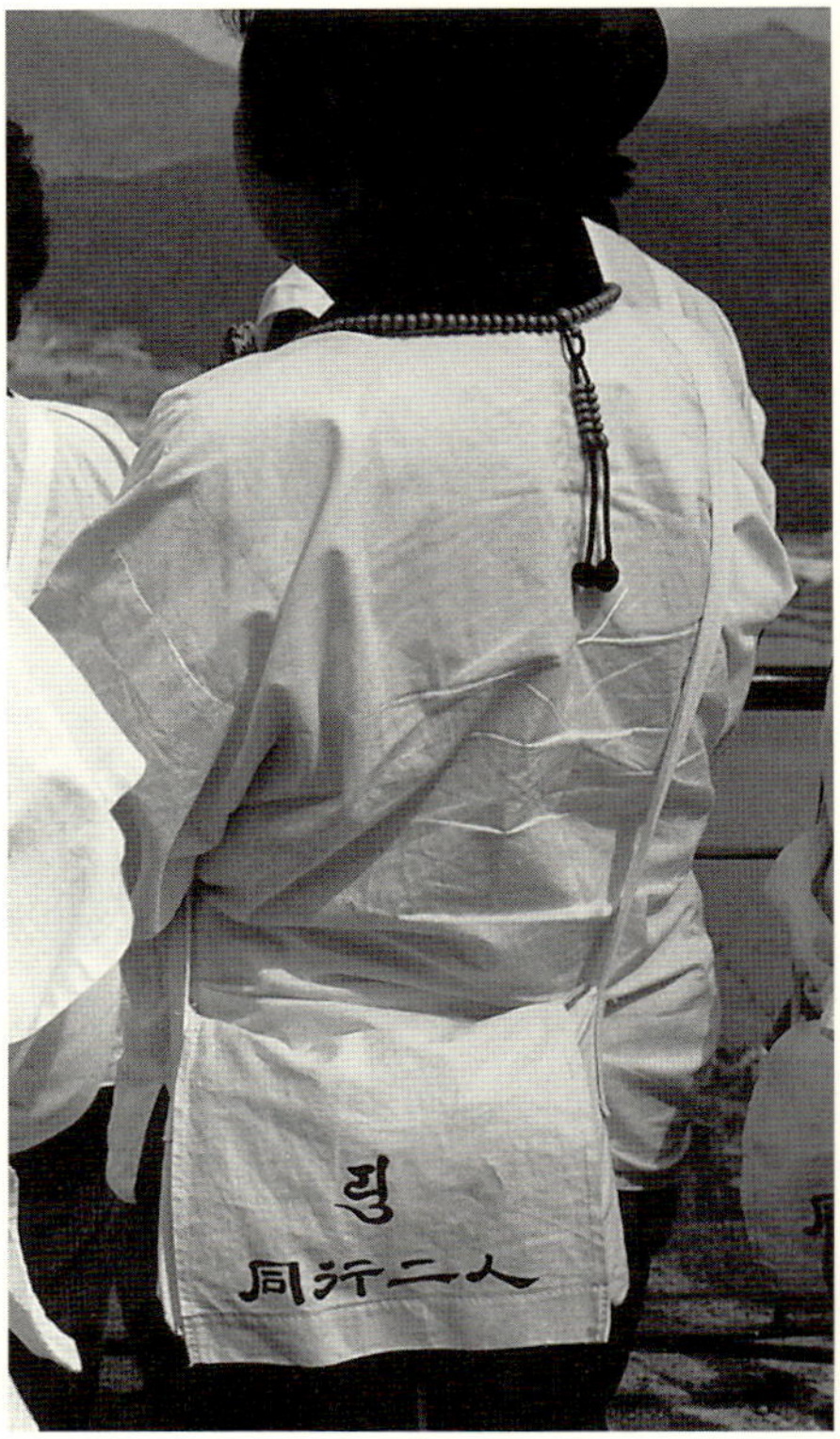

遍路はいつも同行二人

私は、こうした形式をほとんど知らずにいたので、出発したのはよいけれど、本堂や大師堂の前では、ただ両手を合わせて家族のこと、自分のこと等を祈るだけでどうにも格好がつかなかった。やはり「先達はあらまほしきもの」であると痛切した。おまけにわたしの目的が遍路そのものよりも、遍路を知ることにあったので、何となくうしろめたさがつきまとった。

私のようなにわか遍路とちがって、長い間遍路をした人の姿はすぐわかる。白衣のノリもおち、背中の南無大師遍照金剛と墨書してある両側いっぱいに納経印を押してあるからだ。足ごしらえもゴムの運動靴で、かなり底もへっている。まれには四国はお大師さまの土地でもったいないといって、裸足で歩く遍路もあるそうだが、たいていの者は舗装道路で音をあげてしまう。

納経印というのは実にたくみなチエである。実際どんなに疲れても札所を一つずつまわって納経印を押してもらうと、ほっとしてまた次の札所へ向かう気がおこってくる。納経帳は遍路のあかしでもある。そして結局巡礼をした証拠は納経帳や白衣の朱印ぐらいしか残らない。そこに一切の記憶もこめられているわけである。

しかし遍路の旅もいつかは終わる。そしてたとえ納経帳をながめても、あの遍路の苦しみは次第に過去のものとなり、はかない幻影になってしまう。わたしも、遍路の道すがら同道した淡路島の方から、

「あんな楽しい日々も次第に遠く去っていくと思ふと何となく悲しくなります」

というお便りをいただいて、その心がわかるような気がした。

そうしたことも手伝ってか、納経帳に朱印をもらうことに（納経という本来の目的からはずれて）異常に熱心

第三十七番・岩本寺の納経受付所。高知県窪川町

になってきている。納経帳も表紙が布張りで装丁した立派なものが多く、値段も四百円から千五百円までいろいろ種類がある。なかには絹本の軸物まであって、納経印を全部押してもらったあと掛軸にできるようになっている。ただし朱印を押すのを一ヵ所まちがってしまうと、修正がきかないので、軸の試みは失敗となってしまう。また近ごろでは、納経印を押してもらうのを請負って歩いてまわる商売の人もいるようだ。

団体の場合、納経帳は添乗員が風呂敷やリュックサックにつめて先行して押してもらうが、私は普通の登山姿だったので、幾度もそうした添乗員にまちがわれた。最初、納経所の人に「たくさんあるのですか」ときかれた時、何がたくさんあるのだろうと考えこんでしまった。以来そのことが了解できて、思わず苦笑してしまった。

遍路がどれくらい四国を動くのかは、なかなかとらえがたい問題である。前田卓氏『巡礼の社会学』の調べでは、五十六番泰山寺で納経印をもらった人は、年間約一万四千人（数字は明示していないのでグラフで逆算）ぐらいとはじき出しており、そのうち三、四、五月が全体の六三・八パーセントを占めている。そしてこの三ヵ月を一日平均になおすと、約百人になるが、団体がバスでおしかけると軽く五百人を超える日もある。またこの数字には代参の者がいるにしても、場所が愛媛なので、統計を徳島の一番霊山寺にうつしかえたら、はるかにこれを上まわる数字が出てこよう。最盛期の三、四、五の三ヵ月では倍にいくのではないかと思う。多くの寺で納経印を記す人を雇っているのも、それ相応のお金が入っ

てくるから採算に合うのであろう。

昭和二十年代の納経料は十円で、その後だんだん値上がりし、数年前より五十円から百円になって今日（昭和五十年）にいたっているという。そもそも納経料というのは、参拝者が写経を寺に納め、寺側がその写経を受領しましたという認め料のことで、納経帳に寺名、本尊を筆で書き、そこに大きな朱印を二つ押す。今日では本格的に写経を納める人は少なく、ほとんどが既製の納札に鉛筆やボールペンで住所・氏名を記入する簡略なものになっている。

あるタクシーの運転手から、近ごろこの納経帳を規格サイズにして、自動スタンプ機を設置して納経所の手間をはぶく話がもち上がったことをきかされたが、さる寺の住職と納経帳を売る店などから猛反対を受け、この案はひっこめられたそうだ。理由は、遠路信仰で来られるお遍路さんを機械のようなもので冷たく受け入れるなどはもってのほかということと、納経帳を規格化すると販売の利が薄くなるということであった。それより以前に遍路たちの不評を買うことは歴然としている。納経印をもらうことが、ビールやジュースの自動販売機なみの扱いになってはやはり味気ない。

お辺土《へんど》さん

たとえ観光バスで来た遍路であっても、札所までの短い距離を同道するのは、にぎやかで気分のよいものである。附近の子供たちも「お遍路さんだ！」と手を振り、元気のよい子は一緒についてきたりする。

かつて四国のいたるところで見かけたたくさんの歩く遍路は、戦後間もないころに消滅していった。古老の話によれば、三月から四月にかけて、菜の花に遍路がこの地の風物詩であったという。土地によっては、一人前と認められるには、八十八ヵ所をめぐらなければならないところもあった。集団の娘遍路もあったそうである。

こういった徒歩で行く遍路は、昭和三十年代にほとんど姿を消し、かわって行けるところは観光バスで巡り、バスの入れないところのみ徒歩で行くというのが普通にみられる形態となった。昭和三十年代は、自動車交通の躍進にはめざましいものがあり、その交通革命が遍路にまで影響を与えている。

この変化は、結果的に遍路側から四国の人々との接触を拒絶するような形となった。接触がうすれてゆけば、当然、お接待の風習や善根宿《ぜんこんやど》も衰退せざるを得なくなった。もっとも困ったのはたくさんの歩く遍路がいたことで余恵にあずかり生きていくことができた「お辺土さん」であろう。

四国では、お遍路さんとお辺土さんは区別している。前者は巡礼であり、後者は発端はともかくも、無宿の純然たる物乞いであるからだ。お辺土さんは遍路の人々につきしたがい、八十八ヵ所をぐるぐるまわって物乞いをして生きていた。昔はこうしたお辺土さんが多かったという。五体満足で物乞いに出るのならまだしも、ハンセン病や不治の病をわずらい、世を捨ててお大師さまにすがろうとしたり、故郷に居られなくなった者も多い。

ハンセン病患者は「カッタイ」とよばれ、もっともき

第四十三番・明石寺。愛媛県宇和町

道端の供養碑。愛媛県三間町

らわれた。人里を歩くこともはばかられ、カッタイ道といって村はずれの道をかくれるようにして歩いた。それでも四国の人々は、かれらが信仰心を持って歩く者として、心温かくむかえ生きていく余地を与えた。ともかく遍路の道筋を行けば、だれかが施し物をくれたのである。ただし、かれらは一般の家や宿に泊まることはできなかったので、軒下や橋の下に寝ることが多かった。こうした辺土のむれは、戦後間もないころまで鍋・釜をかついで四国をめぐっていたのである。四国八十八ヵ所は、ある意味では棄民たちのより集まるところでもあったといえよう。こうした現象は四国に限らずどこの巡礼の道筋にも見られたことだったと思われる。

　四国に上陸した遍路たちの中で、娘遍路や若者たちの遍路は、成人式をかねたはっきりした目的があったが、ここを死に場所とする人も多かった。四国遍路ではないが、芭蕉の句集にも、

　巡礼死ぬる　道のかげろふ

というのがあるが、これはごく普通にみられたことであった。また八十八ヵ所巡礼を結願すると、その場で絶命する人もいた。高群逸枝の日記には、首をくくった遍路のことが出てきている。

もっとも非情であったのは、江戸時代の故郷を捨てた遍路の旅路であろう。かれらは「捨て往来手形」というものを所持し、絶命したところの御常法に従って葬ってもらうことを常とした。

覚

右者此般四国霊場拝礼ニ罷越候、彼者代々真言宗ニテ則当寺檀那ニ紛無御座候条、御番所無相違御通可被仰付候、若シ行暮候得者一宿相願上候、万一病死等仕候節者国元へ御届ニ不及、其処ノ御作法次第ニ御取埋可被仰付候、依而為後日之寺請証状一札如件

（前田卓『巡礼の社会学』より）

これは、阿波名東郡の湊虎市という者に対し、この地の観音寺が発行したもので、死亡後の寺請証文をかねた。

亡くなった遍路たちは、道筋に葬られたり、あるいは寺の一隅に葬られたりして、小さな墓石が立てられる。五十八番仙遊寺の山道に、江戸末期の遍路墓が三基あった。その出身地を見ると、九州肥前国東松浦郡、出羽秋田平鹿郡、阿州那賀郡とあり、地元の徳島はもとより、九州や東北からも遍路がおしかけていたのである。これらはごく小さな墓標であるが、十二番焼山《しょうさん》寺途中の寛政年間のものは大きく立派で、おそらく遺族の者がわざわざ作らせたものだと思う。あれだけの石材を、山中まで運ぶのであるから、なみたいていのことではあるまい。

遍路殺し

重いリュックを背負って毎日歩いているともう何もかも放りだしてしまいたくなることがある。歩いて一番きつかったのは、十一番藤井寺から十二番焼山寺への道、二十番鶴林《かくりん》寺から二十一番太竜寺への道、俗にいう「鶴太竜寺の難所」、六十番横峰寺への道、それに六十六番雲辺寺への道である。どのコースも正直言ってへばってしまった。へばってしまっても泊まるところもほとんどないので歩くほかはない。こうした長丁場では十キロほど超過して歩かされるのは普通であった。どうも案内書の地図がまちがっているらしい。

写真を撮ることもあって、歩くだけの時は一日二十五キロを限度と定めていたので、痛む足を引きずるようにして夜おそく宿に入るのは実に何ともいいようのない気分であった。

とりわけ焼山寺への道で、この苦しみをしみじみと味わされた。この道は通称「遍路殺し」の異名を持ち、わたしが歩いた時は、数日前に大雨が降り、登り口の岩場はよく滑った。それを登り切るとススキ一面の高原のような所に出る。時には道端にマムシが陽なたぼっこをしたりしていて、枯枝と間違えて踏みつけそうになったこともある。おまけに吉野川沿いのアスファルト道を歩いて足の裏にマメができているので、蛇はこわいし足はう

ずくしで苦行をしているような気分になった。

焼山寺道は十七キロ徒歩八時間の道程と案内書に書いてあるが、どうもそれよりもっと距離があるようで、案内書の記載は疑わしい。このごろ出ている八十八ヵ所の案内書の中には、長丁場の山道を踏査しないで、その山の入口と出口まで車で行き、あとは土地の人にきいたり、そこに貼ってある案内図をメモする程度ですませてしまうものがある。案内書は若い人より、中年以上の人が多く利用するので、もし脚の弱い老人が使って、予定

第十一番・藤井寺。徳島県鴨島町

時間歩いても目的の地に達することができなくて事故でもおこしたらどうなるであろうと、冷汗をかかされる。

結局、焼山寺道は八時間では行けず、たとえ焼山寺に到着できても陽がすっかり落ちた頃になってしまうので、余中の番外札所一本杉庵に泊めてもらうことにした。

一本杉庵の庵主Tさんは当年七十四歳になり、温厚な人柄で、昭和二十七年よりこの庵に住み、遍路たちの世話をしてきた。もともと寺で修業した僧ではなく、戦後、生活がたいへんな時に、山の下の在所の人々が心配してここの庵主にしたのである。当時は遍路たちは車に乗ることをせず、皆歩いてまわったので、春や秋になると列をなしてこの一本杉庵の前を通った。遍路たちが置いていく納経料でなんとか生活できるだろうという在所の人の配慮が働いていた。もちろんTさんも在所の人々の好意に応え、できるかぎりのことはした。遍路道の草苅りや修理等をよくした。在所で病人があれば元気になるようお経をあげてやったりもした。

一本杉庵の生活は決して楽ではない。日常の飲料水は、山を少し下った水場まで汲みに行かなければならないし、郵便物も在所まで取りに行かなければならない。幼い子供をかかえた頃は、なんといっても通学に苦労したという。重い病気にでもなれば打つ手もなくなる。Tさんは私と同じ生まれ年の子供を急性の腎臓病で亡くしている。残った子供たちも今では皆都会に働きに行って、年に一度ほどしか顔を見せないという。

人柄も、住んでいる場所もひっくるめて、Tさんは、遍路の旅をする者にとってこの上もなくありがたい存在

第十二番・焼山寺への道。徳島県神山町

である。一本杉庵の無かったころは、焼山寺道で疲労の極に達して絶命する人も出た。私も途中の道で遍路墓をいくつか見た。「遍路殺し」の俗称は決して嘘ではないのである。

　Tさんはこの頃心臓病であまり無理がきかないので、道の修理などが十分できないことを嘆いていたが、そのかわり毎年岡山から人をひきつれて草刈りや道標の設置等の道の整備をしてくれる人物がいるから心強いとも言っていた。この岡山から来る一団は、遍路道のいたるところにカラー鉄板の小片に「へんろみち」「南無大師遍照金剛」「頑張れ」等々とペンキで書いたものを下げておいてくれる。五十八番の仙遊寺で聞いたところでは、大雨で参道がくずれてしまったのを、これらの人々が一週間ほどかけて仮復旧工事をしていってくれたという。現代版行基のような人物である。この人の名前は知らないが、案内のカラー鉄板の裏に浅口郡鴨方町六条院愛宕山大師堂と住所が記されてあった。やはり大師を信仰する人なのである。

　Tさんや岡山の大師堂以外にも、地元の老人クラブや青年団も遍路道の整備を奉仕としてやっているところもあるが、ごくまれである。那賀川沿いの大井という所では、もし遍路たちが山中で事故をおこしたら救出に多くの人々を派遣しなければならないという懸念から、青年団のメンバーであることを確認する意味合いもかねて遍路道の草刈りをしている。当日は勤務先を休んでも動員されるので、別段好意でしているわけではないと、地元の青年ははっきり語っていた。遍路道が地元としてはお荷物であるというようなニュアンスもかぎとれる。事実、二十一番太竜寺から雨の中を下山してこの大井についた時、地元の青年から開口一番、

「途中おばあさんの遍路見かけませんでしたか、寺から下りる時行方不明になったようで、これから山狩りをするのです」

とたずねられた。昨年も遍路が一人道に迷って死んだという。遍路道を守っているのは、ごく少人数の人々にすぎないのだ。

老人たち

　歩く遍路のかわりに出現したのが車の遍路である。車で行く遍路には三通りある。第一は自家用車、第二は観光バス、第三はタクシーである。

車でまわると約七泊〜八泊で八十八ヵ所を打つことができ、日数や経費のことを計算するとずっと経済的である。バスの場合、四国の各主要都市では、遍路を定期的に募集しており、これを利用する客もたいへんな数にのぼるであろう。

タクシーでまわるのを、「大名遍路」などと称しているが、タクシーの運転手にきいたところ、四人の客を乗せて運賃は一日二万円とのことである。運転手の宿泊費は別にもたなければならないから、七泊八日として、しめて約二十四万円ほどであがり、一人あたり六万円ぐらいで八十八ヵ所がまわれる勘定になる。歩くと約四十〜五十日かかることを考えると、当然遍路の形態は、車でまわる方に変化していく。

車がさかんに利用されると、札所の方では駐車場が必要になったり、山頂の寺に乗りつけられるように舗装道路を整備したり、さらにその工事資金づくりとして団体の遍路を収容する宿坊もほしくなってくる。そうなると平地にある札所は、山上にある札所よりはるかに有利な立地条件にあることになる。札所の寺は結構山中に多くあり、そこにいたる道路の整備には莫大な工事費を要する。それが周辺の住民と利害が一致すれば、県や国の力を借りて道路が敷設されるが、こと札所のみの利益のためという印象を住民に与えると、その敷設には非協力的になり、ついには寺の方でなんとか敷設の方法を講ずることになる。

山地は、戦後農地解放の対象とならず、多くの札所は寺の土地として周囲の山を所有しており、そこに遍路の車を通すだけの目的で道路を通す必要を、地方自治体や周辺の住民はほとんど認めていない。ただ、二十番鶴林寺のように参道の舗装が、ミカン山のミカン搬出の農道とをかねているようであれば、一石二鳥となる。

車による遍路が四国の人々との接触を稀薄にはしたが、その反面このましい傾向も生じている。それは体が不自由でとうてい遍路の旅は無理と思われていた老人たちが、交通が便利になったことで予想だにしなかった遍路の旅を楽しむことができるようになったことである。かれらは溌剌として、飲み食い、そして爆笑しあって、日常ではめったにない楽しいひと時をすごす。別に精進潔斎する必要もないので、アルコールがまわれば唄も出れば、きわどい話も飛び出す。こうした遍路の姿を見るのは楽しいものである。

多くの団体は弘法大師の奉賛会や婦人会、あるいは真

霧に包まれた第二十番・鶴林寺。徳島県勝浦町

言宗の寺が主体となって組織しているのが特色となっている。これらも一種の講であり、昔も今も変わらぬ日本人の信仰の旅の形態である。なにしろ老人が多いだけに、先導する先達は一人の脱落者もないよう気を張っていなければならず、たいへんな苦労である。

　先達になるには、八十八ヵ所の経験回数やその他のことを審査して、ふさわしい者について札所の協議会のような所で許可がおりる。詳しいことはわからぬが、タクシーの運転手の話によれば、経験回数に応じて小先達・中先達・大先達の称が与えられるのだそうである。この回数を問題にするにしても、車でまわったのと徒歩でまわったのとでは、格段に値打ちがちがい、今の先達はほとんど「値打ち物《もん》」でないと否定もしていた。

托鉢《たくはつ》

　八十五番の八栗寺は、五叉の剣を立てたような形をした岩山に所在する。早朝のケーブルで登り、納経印をもらったあと写真を撮っていたら、山門の方からくたびれた大きなリュックを背負い、サングラスに菅笠姿の老遍路が登ってきた。かれが納経所で朱印をもらって立ち去るのを見はからって、納経所の人たちがその風体を見て、

「ああいうのを乞食遍路というんだ」

と言うのが耳に入った。この人物には、次の八十六番志度寺でも会った。むこうも私に気づいて、片手おがみに、「ご無事で」と道中安全を心配してくれた。

　志度寺から次の八十七番長尾寺までのバスの便は本数が少ないので歩いたが、長尾寺に着くと、すでにその老人が先に到着してくつろいでいた。車のお接待にあずかったのであると語った。

　この老人は高知市に住み、数年前に軽い中風をわずらい、体の機能回復のために遍路を思いついたという。かれの遍路のし方は周期的で、昭和四十九年四月に一番からまわり、今年の三月までに六回八十八ヵ所をめぐった。一回の遍路で約四十日間を要し、高知の家に帰りつくと一週間ほど滞在して、それからまた旅に出ることをくりかえしている。費用はすべて托鉢でまかなう。大峰宗石鎚山覚心寺の托鉢免許証No.415を所持し、もし警察等でみとがめられるようなことがあったら、これを提示するのだと語っていた。

　老人はさらに、今年の春はいつまでも寒く、第一番を一月三十一日に打ち、三月二十七日の今日でようやく八十八番だから、まるまる二ヵ月ほどかかった。今までで一番日数がかかっている。それも山の雪が深いからだと言っていた。

　老人は先を急ぐ旅でもないので、ゆっくりとかまえ、要所要所で托鉢をし、必要な路銀をためていた。善根宿もほとんど無くなっている今日なので、最低一泊二千円～二千五百円のお金が必要なのだ。今日は、時間が中途半端でとうてい八十八番大窪寺まで無理だから、これから托鉢に出て、明早朝向うつもりだという。

　なかなか大変な遍路ですね、とわたしが感心したら、

「いや、まだまだわたしよりすごい人がおりますよ。宮崎出身の八十一歳になるおばあさんで、これまで六十回以上まわっていますよ」

と、こともなげに言った。

この宮崎のおばあさんは、四十日周期ではなく、一ヵ所に一週間とか十日滞在し、そこで托鉢をし、すむと乗り物で次の目的地に向かうとのことで、宿はきまった善根宿があるらしい。一度それらしきおばあさんに土佐清水のバスセンターで会ったが、眼光鋭く、着ているものも旅のほこりにまみれ、なんとなく声をかけそびれてしまった。その宮崎のおばあさんは故郷を捨てて、四国を家として生きている人かもしれない。いろいろな人生があるものである。

別れぎわに、高知市のどこにお住いなのですかときいたら、住所・氏名・年齢を記入した納札を一枚とり出し、

「これが遍路の仁義です。どうぞお納めください」

と私に手渡した。

淡路島の人

歩く遍路が一番多いのは阿波徳島地方である。讃岐の善通寺が阿波の地に一番の地位を譲っただけのことはあって、県内の道路はよく整備されている。一番霊山《りょうぜん》寺から十番切幡《きりはた》寺までは昔から十里十ヵ所といわれ、徳島の人はもとより淡路島の人が大ぜい巡礼してきた。

道には短い間隔で道標が立てられている。「へんろ道」と刻まれた指さす手の形のレリーフは盲人でもわかるように配慮されているからだという。また徳島県内でとくに目立つのは墓地である。通常墓地は人の往来のはげしい道端などには作らないが、ここでは墓碑の正面が往来に向かうようにきちんとならべられている。ことに幼くして亡くなった者の墓碑は小さなお地蔵さんになっており、赤い前垂れなどがさがっていると、どういう病気や事故でこの世を去ったかとあわれをもよおしてくる。おそらく墓碑を往来に向けるのは、巡礼者たちが回向《えこう》してくれるだろうと期待してのことにちがいない。墓碑は江戸末期以降のものが圧倒的に多く、今日でもこうした墓の作り方をする。

十ヵ寺は吉野川ぞいに点在し、阿波の蜂須賀公は、巡礼者に対し手厚く面倒を見、領内の遍路道に「駅路寺」を設置し、それぞれ寺領十石を与え宿泊の便を供した。おかげでたくさんの巡礼者がその恩恵を受けた。こうしたこともあってとりわけ淡路島の人々はこの阿波とより深い交流をもつようになったのである。

現在の淡路の人々もじつによく徳島の札所をめぐる。納経帳は余白がないほど朱印で赤くなり、それでもかまわずその上から印を押しつづける。私はそうした納経帳を持つ淡路島の一婦人と、切幡寺山門前の遍路宿坂本屋

島四国の道標。兵庫県・小豆島

で泊まり合わせた。

彼女は南淡町福良の人で、昭和十三年（一九三八）、小学校六年の時、木曽の方に参詣に行くことになり、今まで長い距離を歩いたこともない孫のことを心配したおばあさんが、足ならしに十番までつれて歩いてくれたのが四国遍路のはじまりで、それから四十年ほどたつ間に幾度となく阿波の札所を訪れた。それぞれ心に願をかけ、それが達成されると今度はお礼の巡拝と、際限なく十ヵ所参りをくりかえしてきた。先年夫に先立たれ、高校生の娘をかかえているところから、将来のことなどを心配していよいよ信仰が厚くなったと語っていた。

また第六十七番小松尾《こまつお》寺（大興寺）でも淡路島出身の老夫婦と泊まり合わせた。二人は昭和二十四年（一九四九）に阿波の十ヵ所参りをすませ、それ以後少しずつ札所をめぐり続けている。

翌日、小松尾寺を出発してから、わたしはこの老夫婦と行程を相前後しながら進んだ。老夫婦はきちんと筆で書いた『般若心経』を納めていくので感心させられた。夫の方は、寺につくとまず経文をとなえ、納経をし、それから本堂や大師堂をしげしげとながめまわし、造りがよければ感嘆し、またよい材料を使っていても造作が下手であれば、「もったいない」とつぶやくので、わたしはそっと奥さんに、御主人は何を仕事にしておられるのですかと尋ねてみた。すると婦人は、少し前まで大工をしていましたと教えてくれた。そこでわたしも、実家は大工ですとつけ加えたら、あまり口をきかなかったその老人がいく分かたさがほぐれ、気さくに話をしてくれるようになった。

八十一番白峰《しらみね》寺へ行く途中、陽のよくあたる坂道のかたわらで、わたしはこの老夫婦といっしょに食事をとった。途中で買いこんだ食糧をおたがいにわけながら、はじめて遍路の旅をしたころからの、いろいろな世の中のうつりかわりをきいた。二人とも同郷で、

「淡路島では二人して百姓もしました。にいさん、それはよく作物ができましたよ」

と、下界に広がる塩田あとにできたコンビナートを見渡しながら老夫人が言った。

淡路島の人々が四国遍路をよくするのは、やはり四国へ渡るのが便利なせいで、それと島内に小八十八ヵ所をひかえていることも関係している。こうした小八十八ヵ所をそなえている地方は、愛知県の知多新四国霊場をはじめ多くあるが、県内の人々がこの新四国を巡ると、どうしても本当の四国遍路がしたくなるとみえ、私が各所で遍路に声をかけてきいたところでは、淡路島のほかに大阪・名古屋方面の巡拝者が断然群を抜いて多かった。北海道のような遠方でも、道民が諸県の入植者によって構成されているせいか、四国遍路をする人が結構いる。

遍路の目

高知県に入って一風変った遍路に出会った。宮崎県からやってきたというこの老人とわたしは行く方向が同じであった。二泊ほど寺や国民宿舎で同室になった。老人は夜になると、小さな手帳をとり出し、当日支出したお金のことをこまかく記録していた。そして言うには、

「わしは頭がないですから、こうして数字のことだけは書きとめておいて、次に来る時の予算立てに使いますのじゃ」

と、なかなか計画性のあるところを披瀝してくれた。老人はお金のことばかりでなく、自分も農業をしているので参考のために土地で見聞したことを記していた。老人は歩くとき、風景のよさなどはまったく目もくれず、田植え仕事やビニールハウスの様子等によく注意を払い、学ぶべきことがあれば立ちどまってよく観察していた。老人には農業の確固たる哲学があった。それは、万物が生長するには、深く広く根をおろし、たくさんの養分を摂取しなければならないというもので、六月初旬の高知県各地の田植えを見て、青々とした苗よりも、黄ばんで血色の悪そうな苗を指して、これはいい苗だと語った。どうしてというわたしの質問に、栄養が足りないで育った苗は、田圃に植えられると、不足していた栄養分を吸収しようとして、ピンと立って非常に育ちがよく、反対に栄養たっぷりで育った苗はひ弱で、ほどなくたわむから、そのたわんだところからイモチ病にやられてしまうと教えてくれた。そして、作物を育てるのはやはり愛情をかけてやらなければと言った。

　農政に対する怒りも大きかった。例の今年のミカンの摘果奨励も、結局はジュース用原料ミカンの不足をまねき、愛媛県側の反発は大変強かった。農業に対する農家の資本投下が大幅に増大したこと、それと為政者の農政指導がはっきりと示せないところから、産地の混乱をまねいていることなどで、農業の将来性については、わたしも暗い気持にさせられた。ビニールハウスのビニールは二年しかもたないそうである。中にはアルミサッシュでガラス張りのハウスもあるが、それだけの資本を投下できる農家がどれほどあることやら、ふと疑問に思った。

　老人の言葉は、宮崎弁のほかに四国弁が時々まじるので、よくきいてみたら香川県三豊郡の出身で、菩提寺は第七十番本山《もとやま》寺であるとのことである。昭和五年正月に、香川では生活が苦しく、一家をあげて宮崎県児湯郡川南町に移住したのである。当時老人は十六歳であった。現在、川南町は人口三万で、内二万が四国その他の外来者から構成された新開地である。

　老人は戦後の農村の復興を左右したのは、若年層の力の多寡であると断言した。そして農民は機械なども扱うだろうから、モーターや発動機を修理できるような科学的技術を身につけなければならないとはやくから主張してきた。自分はそれらの技術は支那事変の最中工兵隊にいたので、習得にどれほど役に立ったかはかりしれないとも言っていた。老人は、これを率先して実践し、川南

四国の札所をまわる宮崎県川南町の人

町で確固たる地盤を築いた。香川から伝えた麦作の方法もよい成果をおさめ、従来の宮崎の反当り収穫三～四俵の倍をとったという。そして栽培技術は、九分九厘まで他人に教えるが、最後の一厘はその人に考えてもらうとも言っていた。それがわからないような、あるいは考えないような百姓は失格だというのである。

老人とは三十九番の延光《えんこう》寺で別れた。かれは、これから愛媛県の札所を全部打つと終るので、それから一番の霊山寺にあずけてある背広や靴をもらい受け、かわりに巡礼衣を納めて宮崎に帰るという。霊山寺で巡礼衣を買ったのが二年ほど前で、その場で着がえて旅に出、途中で家に帰り、また出て来たりしていたそうだ。

老人がメモした小さな手帳はこれからどう利用されていくのか、他人ごとながら少々気になる。

お接待

遍路をして歩くと、かならずどこかでお接待に会う。ミカン、お金、米、ちり紙などの有形のものから、車の同乗、一夜の宿、道案内などの無形のものまで、その形はさまざまである。親切にされたことはすべてお接待である。例の川南町の老人とつれだって歩いていたとき、おもしろいことを言っていた。

「お接待というのは、お接待にあずかりたいと心のうちで思っていると、不思議とお接待に会わないものですよ。お接待されたら、必ずどこかで相応のよいことをして返すのがあたりまえです。するとまたお接待に会います。私は、道端に倒れたお地蔵さまをよく立てなおしてあげますが、その後よく車のお接待にあずかりました」

内心本当かなとは思ったが、三十六番青竜《せいりゅう》寺を打ち終り、途中の倒れたお地蔵さまを立て、さてこれから三十五番清滝《きよたき》寺へ逆打ちしようとしたとき、私たち二人の前にライトバンが停まり、仁淀《によど》川大橋のたもとまで十キロほどの道のりをお接待にあずかった。老人があとでいうには、

「あなた、私の話を本当と思わなかったでしょう。良いことをするとかならずどこかでかえってくるもんです」

お接待を組織的にしているのでは、紀州接待講と有田接待講が有名である。それぞれ紆余曲折はあるが、ともに江戸時代の文政年間（一八一八～三〇年）に組織されたようで、前者は和歌山県伊都郡かつらぎ町の人々を中心に二十三番薬王寺で、後者は同県旧有田郡の人々を中心に一番の霊山寺で、それぞれ善意で行なってきた。

ともに幾隻もの船を仕立てて紀伊水道を渡って来るもので、有田講の場合は、明治三十八年から接待品無料海上輸送をする船主が幾人かあらわれ、以来、今日までさかんに行なっている。海上輸送を無料でするのは、漁船の場合、そうすることで大漁になるからだといい、また新造船が金毘羅詣でする時には、露ばらいの縁起をかついで、よろこんでこの役割りを引き受けるという。

紀州講も規模が大きく、講中は五千軒あまりで、薬王寺に接待人が宿泊する大きな二階家まで所持している。そして毎年春の彼岸の終りから約一～二週間手拭いを接待する。どこでもこの時分に接待をするのがならわしとなっているようである。

讃岐広島の八十八ヶ所をまわる遍路。香川県丸亀市

自転車でまわってお接待を受ける。
香川県丸亀市

札所ではお接待を用意して遍路を迎える。香川県丸亀市

お接待は菓子が多い。香川県丸亀市

私も、今年の三月二十五日に七十番本山寺で、地元の有志たちからチリ紙とポリ袋入りの米の接待を受けた。ここも長いことお接待の伝統があり、老人たちが中心となって自主的に接待講を組織している。

変わったのでは、風呂の接待がある。香川県のあるタクシーの運転手から耳にしたのであるが、かれのおじいさんという人は、旅の遍路をつれて来てはよく蒸し風呂の接待をしたという。蒸し風呂とは、岩窟をからからに熱してそこに海草をしき、熱すぎると海水をときどきまいて温度調整する、いわば和製サウナである。これは瀬戸内海一帯によく見かけた岩風呂のことで、今日ではずいぶんと少なくなった。かつて私が瀬戸内海を旅行したとき、伊予小松というところでこの風呂を経験したことがある。なかなか気分のよいもので、風呂から上がると折りよく地方まわりの人形浄瑠璃の一座がやって来て人情物を演じていた。こうした風呂を遍路はこの上もなくありがたいと思ったにちがいない。

このごろのお接待は有料のものが多く、道端に無人の屋台が出て、ミカン、ジュース、ドリンク剤等をならべて、金銭投入箱をもうけてある。四国はミカンの産地であるので、やはり柑橘類が一番多くならぶ。温州ミカン、八朔、三宝柑、ネーブル、伊予柑、甘夏カン等々が盛夏を除いて出まわるので、のどをうるおすのに助かる。また徳島特産の柑橘類スダチは秋に出まわり、小ミカンほどの大きさでユズのように使うのであるが和製レモンのようで、よく私はポケットにしのばせてかじった。焼山《しょうさん》寺から下山して来た時、里の金物屋さんで土佐鎌の話を聴いている折、話がスダチのことになり、たまたま土間のカマスに入っていたスダチをたくさんわけてくれた。帰ってから東京の妹に分けてあげたところ、地元では一個五～二十円なのが、東京では五十～百円もするといって驚いていた。阿波の遍路行では、いつもこのスダチのお接待のことを思い出す。徳島出身で外に出ている人だったら、スダチに対する愛着には一入《ひとしお》の感があろう。

善根宿

遍路をしていく上で宿の心配はほとんどいらない。私は旅程の半分の十日間ほどは遍路宿で泊まったが、普通の旅館や国民宿舎にも泊まった。遍路宿はいつも合部屋で、他人と顔をつき合わせているとなんとなく抑圧を感

遍路宿

じてくるので、時には精神衛生のために気分を楽にさせてやる必要があるからである。

大半の寺の宿坊でたくさんの遍路を泊めるようになったのは近ごろの傾向で、それ以前においてはそれほどではなかった。大正の末年、ホトトギス派の人達が行脚した遍路紀行（斉藤知白『俳諧行脚お遍路さん』）を見ると、八十八ヵ所巡り四十五泊のうち六日しか札所に泊まっていない。あとはほとんどが門前の遍路宿とおぼしきところである。

江戸時代には、寺はそれなりに格式が高く、庶民が泊まることはむずかしかったので、門前の遍路宿が繁盛をした。今日でも多くの遍路宿が残っているが、宿坊の発達により次第にその姿を消そうとしている。ただし、宿坊が普及したからといって、どこの宿坊でもすぐ泊めてくれるわけではない。ことに一人二人の場合、世話が面倒だからとけんもほろろである。わたしも徳島の井戸寺で宿泊をことわられ、素泊まりでもよいからと重ねてお願いして、結局だめだった経験がある。あとで他の札所の奥さんが、

「素泊まりではあまりお金もいただけません。無理してでも食事をとってくれた方がたすかります」

といっていた。そのようなこともあって、私は遍路宿に泊まる機会が多くなった。

一番霊山寺では、遍路宿ふじのやに泊まった。入口のところに出窓のようにつき出た陳列棚があり、きまって盆栽のようなものが置かれているのが、遍路宿の特色である。土間はいくらか広めで、畳は黄ばみ、天井板もすすけて、お世辞にもこぎれいとはいえない。だから人が混んでくれば合部屋は当然のことで、またそうしたことで遍路たちはお互いの旅の情報を交換しあった。宿の食事や待遇の良し悪しは、すぐに遍路たちの間に伝わるものである。

参考までに昭和四十九年九月二十七、八日にかけてのこの遍路宿の食事内容を記しておこう。

〈夕食〉煮魚（ムツのような魚）、キュウリ・ジャガイモ・リンゴ・ソーセージのマヨネーズサラダ・刺身・スダチ半分、卵とじワカメすまし汁、タクワン二切、飯

〈朝食〉生玉子、ピーマンの玉子いため、金山寺ミソ、焼ノリ、タクワン二切、奈良漬三切、豆腐、ワカメ・チクワのみそ汁、飯

これは遍路宿として比較的上の食事内容であった。料金は二千円～二千五百円が標準で、このところ年々値上がりしている。

宿の客引きは別段しないが、たいていお年寄が入口に立っていて、遍路や旅行者をみかけると「今晩お宿どうですか」と声をかける程度はする。宿がいっぱいでも、困って頼みこんでくる客には無理しても泊めてあげるのが遍路宿のよいところでもある。切幡寺門前の坂本屋に泊まった時も、夜八時頃に宿を頼みに来た中年の女性に、宿のおばあさんが、

「わたしが生きている間は、どんなことをしてでもお遍路さんを泊めてさしあげます」

と言っているのが、襖ごしによくきこえた。

昔は、遍路宿で遍路が去ったあとに、シラミぐらいのみやげをおいていくのはざらであったという。今はそのようなことは少なくなったが、風呂だけはやはり旅の汗を多くの人々が流すので、ドロドロになったような感じになったものもあった。お湯も少なくなると、ほんとうに臍下しか温められないヘソ風呂になり、上がり湯でもかけないと、かえって不快になってしまう。

遍路宿は、宿の経営だけを生活の資としてはおらず、たいていの宿の男主人は別に畑を耕したり勤めに出たりしている。巡礼の季節は三月・四月・九月・十月に集中し、この頃がかせぎ時になる。この時期はうまくしたもので、雨も少なく、地方の農家でも一週間や十日の休暇をとることが可能で、堰を切ったように遍路バスがくり出す。宿の人も目がまわるほどの忙しさで、近所のおかみさんたちの手もかりて応待・配膳等をする。これは宿坊でも同じである。

この戦争のような忙しい時期をすぎてしまうと、遍路宿も、一人二人の客を相手にするのが面倒臭くて、店を閉めてしまうところもある。

遍路宿や宿坊もないような時、またはあってもふところが乏しい遍路たちには、善根宿というものがある。善根宿とは、旅人に無料で宿泊させる普通の民家をいい、家主はこうした善根を積むことで功徳にあずかるというのでこの名がある。私も歩く道筋、善根宿のことをいろいろたずねたが、昔○○さんの家でやっていたが、今はやめてしまったという返事が多かった。これもやはり遍

第三十四番・種間寺の宿坊の夕食

路の動態の変化によるのであろう。しかしまったくないわけではなく、七十六番金倉寺《こんぞう》前にあるおこのみ焼屋の女主人の語るところによれば、かの女の弟さんの家が善根宿をしているということであった。この女主人はぶっきらぼうな口のきき方をするが、根はなかなかよい人らしく金倉寺前の遍路宿に泊まっているという私に、泊まれなかったら、うちで泊めてあげたのにともいっていた。

かの女の弟さんの家にはどのような人が泊まりますかときくと、二、三の例をあげて話してくれた。常連の一人に、沖縄から来た男がいる。この男は、夕方金倉寺の近所の畑で寝ていたところ、そこでは蚊にさされるからとつれて来られ、その善根宿に泊めさせてもらった。男にはアンマの技術があり、それではということで近所の家を世話し、お金もこしらえさせて次の旅に送り出したとのことで、以来よくこの地に立寄るそうである。

もう一人は、行者のような人で、福岡からやって来、投宿すると別段お参りもせずブラブラし、家族の者といっしょにテレビを見て過ごし、毎回一週間ほど過していく。それでは家の方は大変ですねというと、女主人は、

「いやそうでもあらへん。うちの子供の寝小便は、この人が三宝荒神をまつり御幣を立てて御祈祷してくれたおかげで治ったし、嫁をもらう気のない弟にも、もらう気をおこさせてくれたりで、けっこう善根の功徳はありますな」

と、火伏せの神さまが夜尿症にききめがあるというめずらしい話をしてくれた。

もう一つ卑近な例をあげると、私の家内の実家も善根宿をしたことがある。家内の実家は以前、宇和島市内にあり、母親がたいそう親切で托鉢に来る遍路の身の上を聞いては泊めていたそうである。遍路ばかりでなく、なかには辺土とおぼしき者もいて、それでもいとうことなく親切にし、出立の時にはかならず米やお金を持たせたりしていた。辺土の中には絵心のある者もいて、夜店で売っているような下手な蛇やダルマの絵を描いて、

「これを飾っておくと福がありますよ」

といって置いていったりした。そうした者は、以後毎年欠かさずやって来ては泊まっていったそうである。

よその土地でも見ず知らずの遠方からの来訪者を泊めることはあるが、四国のように善根宿が広く存在していたようなところは類例がないだろう。それを可能にしたのは、四国の土地のゆたかさもあるだろう。農業は高知が台風の被害をよく受けることをのぞいて、他の三県はさほどでもなく、また近海ではよく魚がとれ、この二つのめぐみによって四国ではあまり東北のような飢饉話を耳にしない。南予地方のようなリアス式海岸で耕地の少ない地帯でも、営々と石垣を築いて畑をこしらえ、そこに麦やサツマイモ（今日ではほとんどがミカンになっている）を栽培し、それと海の幸イワシを食べて飢えを知らずにきた。だからこの地方には「イモとカイ干し」というサツマイモとイワシの煮干しの取り合わせの食事用語があるくらいである。わたしはこうしたつけ合わせで食べたことはないが、じつによく味が合っておいしいのだそうである。

食うに困らぬ風土であったればこそ、外来者を親切に

体が回復して納めたコルセット類。香川県三野町・弥谷寺

受け入れ、一夜の宿を貸し食事を供することができたのであろう。そうした善根を積むことを四国の人はよろこんでしてきたのである。

遍路宿や善根宿とことなり、別に木賃宿というものもあった。八十七番長屋《ながお》寺から八十八番大窪寺まで約十七キロある。不思議と大窪寺の前には一番霊山寺のように遍路宿がなく、遍路は八十八番を打つとその足ですぐひき返さなければならない。すると往復するにはきつく、途中一泊するところが必要となってくる。たまたま私は、帰路中間の額《がく》峠まで車のお接待にあずかり、峠のタバコ屋で休息させてもらったが、このタバコ屋の造りがあまりにも変わっているので、店番のおばあさんにたずねたところ、ここは以前木賃宿であったといっていた。この額峠にはこのほかに木賃宿を営んでいた家が数軒あり、遍路たちは宿賃と燃料代を払って自炊をし一夜をすごしていったのである。

人生遍路

八十八ヵ所を一周して不思議と深い感慨はわいてこなかった。たぶんわたしの遍路が三回に分散し、かつ途中で八十八番を打ってしまったことなどが原因していよう。しかし根本的には私が遍路になり切らず、遍路の観察者というアウトサイダーの立場をとったことが深くかかわっているのだと思う。やはり遍路をふくめて広く巡礼の旅は、ふつうの旅行とは違ったものであり、また違わなければならないと思う。多くの遍路たちが娯楽の気分で旅をしているにしても、一番一番札所を打って行くのは、それだけではやりおおせるものではない。単純な行為のくりかえしを尊いと思い、敬虔な気持になっていくのが普通である。私がどの寺も本堂があって大師堂があって同じようではないかと少々あきれたのも、巡礼の心がまえが欠けていた証拠であろう。

　多くの遍路たちはそれぞれ胸中に願い事があってまわっている。その願いは、八十八ヵ所一周を無事に終えたい、身体の痛みを除きたい、老後を平安に送りたい、故人の冥福を祈りたい等、境遇や年齢によって千差万別であろう。私は、そうした願いを抱いてひたすら弘法大師をしたって歩く遍路を美しいと思った。多くの人々が齢とって家も捨て家族も捨て遍路に出たいと願うのもわかるような気がした。

　宗教とは別段格調が高くなければいけないものではない。ただそこに人々の心をとらえて離さないものがなくてはいけない。人々は仏像や寺の大きさに感動するのではない。仏像や堂宇は所詮「物」であり象徴にしかすぎない。熊谷寺《くまがや》で大師堂に合掌していた乞食の姿に、はるかに心打たれるものがあった。乞食はその日一日のことを大師に感謝しているようであった。それほどまでに信仰される弘法大師はすばらしい人物であると思った。同時に、私は二つの弘法大師像があると思うようになった。一人は歴史上実在の、もう一人は想像された弘法大師像である。もし、弘法大師が再びこの世に生まれ出たとしたら、学問的な難しいことばかり研究し、政治的手腕を振るって、人々に陰険だと嫌われてしまうかもしれない。他方、人々の心の中にある弘法大師は、長い年月の間に醞醸《うんじょう》されてきた理想像であり、自分の願いをききとどけてくれる神仏に相当する人間なのである。遍路たちは弘法大師さんとは言うが、空海さんとは絶対に言わない。空海が学問僧であり政治人であるからだと思う。

箸蔵寺の境内に並ぶ八十八ヵ所石像の第一番。徳島県池田町

　遍路たちが巡礼の旅の中で求めているのは、理想の弘法大師が心の中でどれくらい確かな存在となったかの証しであると思う。それは結願を果し、「やれやれお大師さまと一緒にまわったので、無事旅を終えることができた」という実感が尊いのである。だから遍路の中には「確信」を持続させるために幾度も八十八ヵ所をめぐる人が出てくるのである。

　また私にとって興味深かったのは、想像もしてみなかったような友人や知人が、異口同音に一生に一度は遍路の旅をしてみたいと心ひそかに願っていることである。「遍路」という言葉には人々を魅了する何ものかがあるようである。それは一口に言えないが、遍路をすることで、凝縮した人生を体験できると思うからであろう。八十八ヵ所は、山あり川ありで難渋するが、また一面では人の世の情を知り、元気づけられ、まるで人生双六の盤面を紆余曲折して歩むかのように、いろいろな経

箸蔵寺の境内に並ぶ八十八ヵ所石像の第八十八番。徳島県池田町

験を積まされることはたしかである。そういう意味で千四百キロあまりの旅路はたいへん変化に富み、社会的意義のあるすぐれた周遊路だといえよう。人々はそこで汲みとるものを汲みとり、新しい発見をする。八十八ヵ所のめぐり方も、年齢、体力、時間、ふところ具合等でさまざまであろうが、人々はそれに見合っためぐり方をする。

残念に思うことは、遍路の世界にも旅行のパック化がすすみ、なんとなく味けなくなってきたことである。

八十八番までまわって考えたのは、やはり歩くべきだということである。一例をあげると六十番横峰寺で、けわしい参道を登って来る老遍路の一行に会った。かれらは脚が悪くておくれる者に、長いサラシをにぎらせ、元気な者が牽いてあげていた。「ロッコンショージョ！ロッコンショージョ！」と、老婆は童女のような声を張りあげ、顔は玉のような汗である。しかし、どの顔も明るく、同じ目的のために苦労している喜びがにじみ出ているようであった。一人の老人が、神経痛もこうしたきつい坂道を登ると治ってしまうと言っていたが、あながち嘘ではないであろう。つらいことも、それを通りすぎることで楽なところに行きつくならば、その苦労は人生においてこよなく楽しい思い出となる。

遍路が誦唱する『般若心経』の終りの方の偈頌《げじゅ》に、

「羯諦《ぎゃてい》、羯諦《ぎゃてい》、波羅羯諦《はらぎゃてい》、波羅僧羯諦《はらそうぎゃてい》、菩提薩婆訶《ぼじそわか》」

とあるが、これをわかりやすく訳すと次のような意味になるそうだ（岩本為雄　訳）。

歩け歩け　彼岸（仏の国）に向かって歩け　一人でなしに同行衆と共に彼岸に向かって歩け　菩提が得られるぞ　道は達せられるぞ

今までこの偈頌については考えてもみなかったが、なかなか味わいがある。歩くことは人間の行為の基本であり、それによって彼岸というもう一つの世界へ到達できるというのであるから、さしずめ西洋でいう至福千年への志向にあたろう。

わたしがふたたび遍路に出たくなるのは、おそらく歳をとってからだろう。その時には身一つ軽装で千四百キロの道のりをすべて歩き通したいと思っている。

時代が変わっても遍路は変わらない。

早池峯山麓

——山伏神楽の里——

文・写真　須藤　功

早池峯山麓には、大きな茅葺屋根の農家が多かった。

大償《おおつぐない》神楽の「機織」

それまでの知識から、神楽《かぐら》、だから〝ピューヒョロヒョロ〟と笛の音が流れるんだと言う先入観で会場にはいったのである。

ところが、その先入観は太鼓が笛が銅拍子《どびょうし》が鳴り出すと同時にふっとんでしまった。ありきたりないい方ながら、いや、そうとしかいいようがないのだが、まるで金縛りにされたように小さな舞台にすいつけられてしまったのである。会場いっぱいに響きわたる太鼓の音、鉦《かね》の音、その二つを結ぶように流れる笛の音。

袖先から土くれた太い男の腕が見えているのに、なぜかその動きになまめかしさを感じさせる女舞。力強く、舞台を踏み抜かんばかりに舞う荒舞。その一つ一つが私をひきつけてはなさなかったのである。

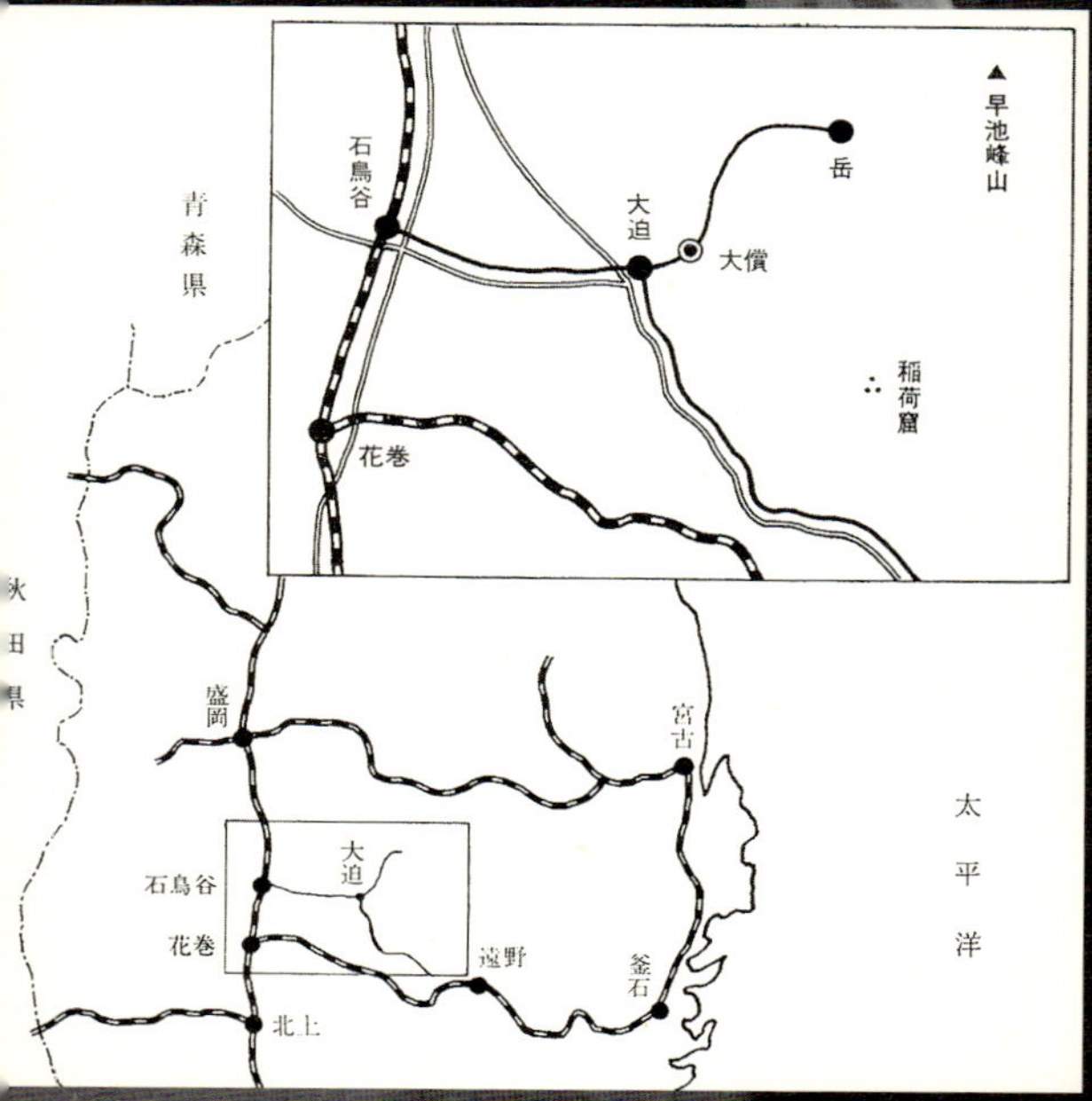

早池峯山麓周辺略図

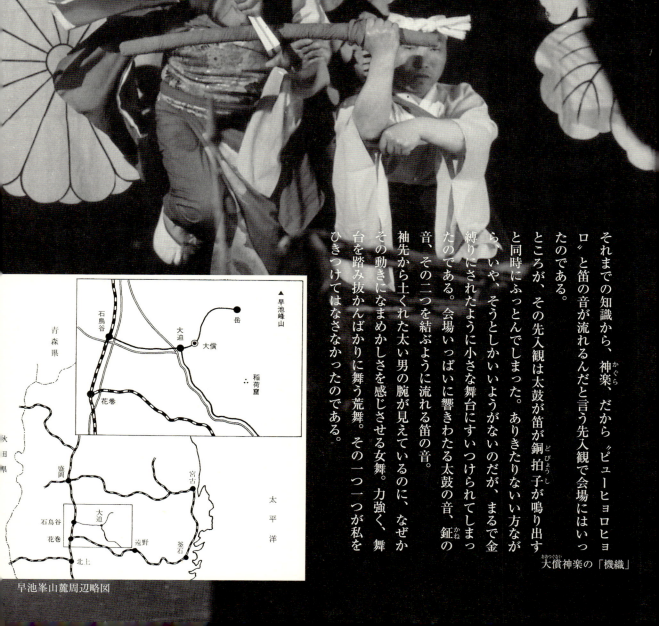

岳集落から見る冬の早池峰山

はじめての山麓

それは私が静岡県浜松市に住んでいた昭和三十八年（一九六三）のことになる。私が民俗芸能というものに興味を持ちはじめたころで、ある人に誘われて静岡市の県民会館に神楽を見に行った。小さな新聞社が主催して呼んだ大償《おおつぐない》神楽で、その解説には、岩手県の中央にそびえる早池峰《はやちね》山の麓、大迫《おおはさま》町大償に伝わる神楽で…、と記してあった。

早池峰山は修験の山でかつてそこには大勢の山伏がいたこと、その山伏が信仰をひろめるために神楽を持って歩いたこと、現在、山麓に伝わっている神楽はその流れをくんでいることなど、私はいまでこそ少しは語れるが、そのころにはそんな知識は何も持ち合わせていなかった。ただただ、おかめ・ひょっとこの笛の感じで、入りの少ない会場の椅子の一つに座ったのである。ところが、太鼓が笛が銅拍子が鳴り出すと、舞台の上の小さな空間は、そのまま宇宙にまで広がっているようにさえ感じられた。いま思うと、あるいはそれが信仰への誘い、言葉を変えると魔力だったのかもしれない。初めてその神楽を見た人のほとんどが、その出会いでとりつかれたようになってしまう。そして、私もそのひとりだったのである。

それから二ヵ月ほどして、今度は名古屋にやってきた岳《たけ》神楽を見に行った。それが何なのか、その本質をいまでもうまく説明できないのだが、とにかくそこでもその太鼓の音や舞に強くうたれた。そして、できればこんな都会の舞台ではなく、現地で、しかも土地の人々と一緒に舞を見たいと思った。しかし、宮仕えの身ではその希望はなかなかかなえられそうにもなかった。

その宮仕えを辞めて写真家としてひとり立ちした年、大償や岳にはじめて行った年はそんなことからも私には忘れられない。身が自由になる、それは例えようもないほどに嬉しいものであったが、それにも増して自由にはなりそうもないカネへの不安があった。

その早池峰山麓にはじめて行ったのは昭和四十二年（一九六七）の五月、あらためて指折るまでもなくそれはもう十年近くも前のことになる。大償や岳にも行くからと誘われて、二つ返事で名古屋のまつり同好会の人達と道連れになることにした。

それは見たいと思っていた神楽が現地で見られると思ったからなのだが、一方で、あわよくばその神楽を主題にして売れる写真をものにしてやれ、という下心が

大償神楽を見る。

あったのも否めない。

　大償は岩手県稗貫《ひえぬき》郡大迫町の一小字で、町の中心街からおよそ四キロ、戸数二十戸の小さな集落である。そのころの大償はまだ茅屋根の家が多く、みどりの麦畑と一つになって、さわやかな山里の風景を描きだしていた。そのころの山麓はときは五月の初め、大償にかぎらず、そのころの山麓は美しい。若芽吹く私の一番好きな季節である。同じ早池峯山麓ながら、南麓の遠野市は、柳田國男の『遠野物語』で知られたところで、その世界を求めて訪れる人も多い。それにくらべ、北麓にあるこの大迫町は訪れる人もまれである。

　そんな五月の北山麓にはいったはじめの日は大償の佐々木家で神楽を見せてもらった。同家もカヤ屋根の大きな家で、太い柱も舞台の板間も、ツヤツヤと黒光りしていた。

その家での神楽は特別に演じてもらったもので、都会の舞台で見るよりはずっと身近だったが、私が望んでいた土地の人々と一緒に、ということは満たされなかった。ただ、翌日、白岩というところで年祝いの神楽があると聞いていたので、その希望はつながっていた。白岩は大償からさらに早池峯山よりに二キロほどはいったところにある。

　七、八名いた道連れの中で、翌日の年祝いに残ったのは二人だけだった。そのひとりが私で、五月の連休が明けてもウロウロしていられる身軽さであった。

　年祝いは一般には年祓いといわれる。厄年にあたる人がその厄を祓う一つの儀式のようなものである。普通、男は二十五歳、四十二歳、六十歳、女は十九歳、三十三歳、六十歳がその年齢で、その儀式の方法は土地によってさまざまである。大迫町のあたりでは大償か岳の神楽を呼んで祓いをしてもらうことが多い。そうすることは、御守札を買うのと同じようなことで、科学的な根拠はないのだが、心に安心感をもつことができる。

その年の白岩の年祝いの家もカヤ屋根の年代を経た家だった。

家の前の小川に掛かる木橋を渡るとすぐ庭で、その一角にチューリップの花が一つ二つ開きはじめていた。家の中もまもなく祝いの花が開く様子で、にぎやかに準備が進んでいた。白岩はほとんどが農家で、いつもは田畑で土にまみれているのだが、年祝いのようなときにはみな助人にかけつける。だからカッテバで働くカアサン達も大勢だ。ひとりのトウサンが鉄ナベの前にどっかと腰をおろし、つぎつぎに汁をついでいた。並んだ木椀の数の多かったこと。皿に盛られたワラビの瑞々しさ。タラの芽やミズやウドなどの山菜も豊富だった。「御祝」と書かれた一升ビンの本数も多かった。こまめに動くカアサン達のところに、ときどきトウサン達がやってきて、ああだ、こうだと言って笑わせていく。

大償神楽の「鳥舞」

年祝いのあった白岩の農家

年祝いはみかぐらではじまった。床間に飾られた権現様に向って、太鼓、鉦、笛を打ち鳴らすのである。権現様は形は獅子頭だが、神の仮の姿として人々にあがめられている。胴前と言われる太鼓の叩き手は、当時まだかくしゃくとしていた藤原源吉さんである。源吉さんは大償神楽の長老で、小柄な人であったが、太鼓の前に座ると大きく見えた。背筋をしゃんと伸ばして正座し、動かしているのかどうかわからないくらいの振りでバチをさばいていった。

年祝いの家

源吉さんの叩く太鼓は直径六十センチほどの締太鼓、そのバチは細長いムチみたいなもので、手首の動きはわずかでもその音は力強い。笛は六つ穴の横笛、銅拍子はドラを小さくしたような楽器である。

床間のあるザシキは家の奥の方にある部屋で、普段はあまり使わない。特別な客の寝室として、あるいは祝儀ごとがあるときにだけふすまが開けられる。大勢の人が集まる年祝いのようなときには仕切りのふすまがはずされて、上下のザシキは二間つづきに広げられる。床間には「天照皇大神・豊受大神」を中心に二、三の掛軸がさげられ、根ごともってきたような花も活けられていたが、太いシイタケのほだ木も一緒であった。

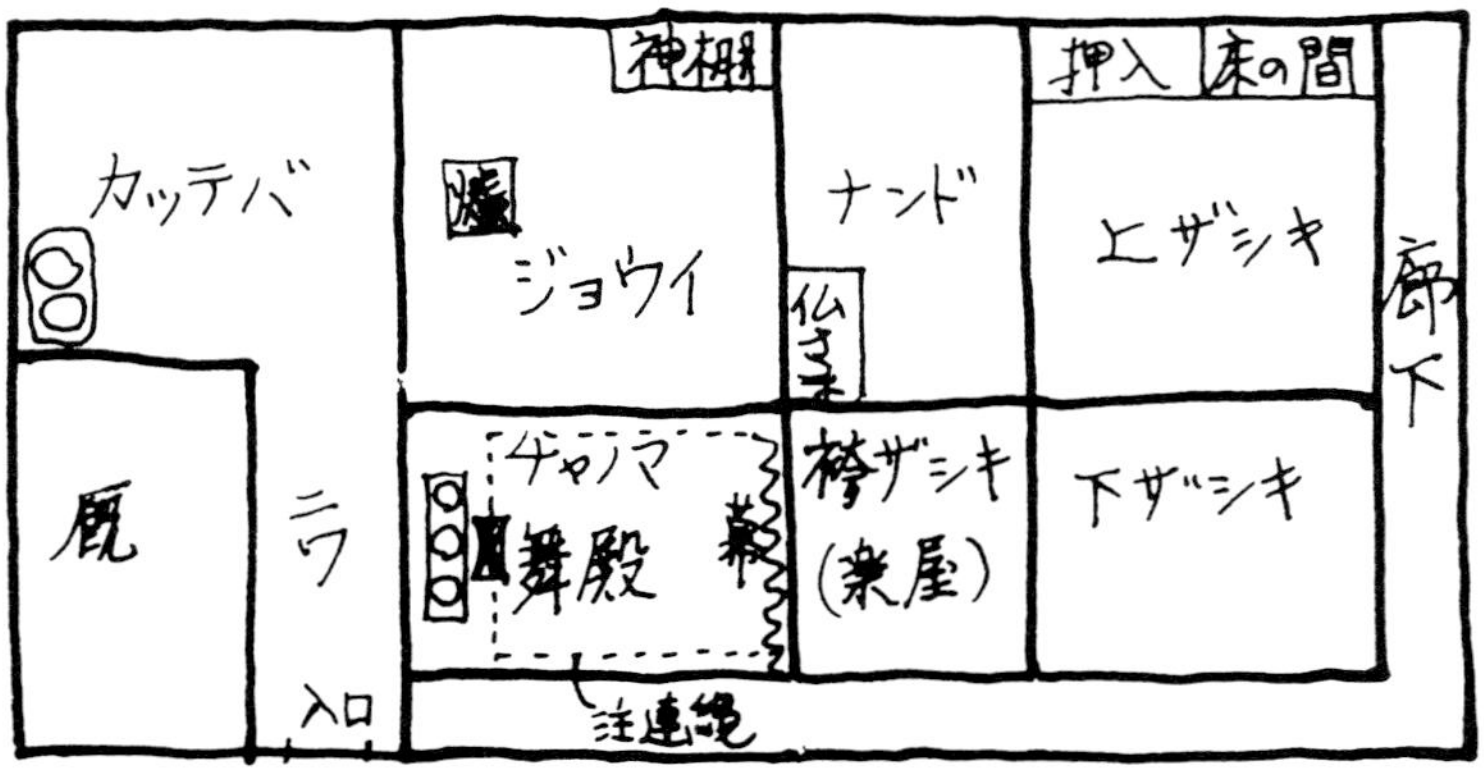

年祝いの家の間取り

権現様は、その床間の真中、一段高くしつらえられた台の上にある。供物は丸い大きな重ね餅、その両側にはリンゴの

どの家でも床の間に権現様をすえている。

床の間の権現様の前で打つ年祝いのみかぐら

盛盆、神酒は一升ビンのままである。祝いの席の途中で、その日の祝いの膳も供えられた。

みかぐらは楽の音を一段落す後半から神歌《かみうた》がはいり、まわりに正座していた人達もみな口を合せる。権現様の前で終ると今度はジョウイにある神棚の下に移って同じみかぐらを奏する。その間にザシキの方には膳が運ばれる。ザシキは上下合せて二十畳ほど、そのザシキにびっしりと膳が並べられていった。

みかぐらがすんで招かれた人々や神楽の人達が祝いの座につくと、本家のトウサンがまず口上を述べた。本日の席はだれそれの年祝いで、と紹介し、おそまつなものですが酒だけは十分にありますので、と結んだように思う。

これは最近になって知ったことだが、そのときのその家の年祝いは男ばかり三人だったという。二十二歳、四十二歳、六十二歳の親子三代で、まことにめでたい年祝いだったのである。それを聞くまで私は二人の年祝いだったと思いこんでいた。

その祝いの席には招かざる客であったろうが私も呼ばれて座についた。ツヤツヤとみどり色したワラビはまことうまかった。盃もよくまわってきた。そのあたりの習わしで、その盃を受ける人はなみなみとつがれないうちに「オットットット」と言いながら盃を上の方に持ち上げていく。つぐ人は「いや、いや」と言いながらそれでもつぎつづける。それに、その盃はだれのかれのと言うことはない。私のように見知らぬ者にも、知らぬからと言って盃をまわしてよこす。その盃を受けて酔いしれな

年祝いは厄年の祓いの式。その式を受ける二人

がらも、私は並んだ客人の顔にピントを合せつづけた。

それまであぐらをかいて膳をつついていた人達がいっせいに座を直し、手拍子をいれながら神歌を歌いだしたのは、二人の男の人が尾頭付きを運んできたときである。めりはりのきいたまことに軽快な神歌と手拍子の中で、二人は神前に進み出たときのように神妙な顔つきで正座していた。その二人がその日の年祝いの人、そうだれかが教えてくれたことから、私はそのときの年祝いは二人だったと思っていたのである。

そんな祝いの席から、いつどんなきっかけで神楽に移ったかはもう覚えていないが、神楽の太鼓が鳴り出したときには、赤ら顔で陽気になった人達がジョウイの方に座っていた。ただ、最前列は子供達であった。


その日の神楽の舞台にはチャノマと言われる十畳ほどの部屋があてられた。板間の部屋で、黒光りするその板には顔さえ写りそうであった。

舞台の部屋には三方にしめなわがめぐらされる。残る一方には幕が張られる。幕には大償神社の文字と、その左に菊、右に桐の紋がはいっている。幕の向うはハカマ

親類や集落の人が集い、年祝いの宴となる。

ザシキと言われる部屋なのだが、神楽の日は楽屋裏になる。舞手はその楽屋裏から幕を持ち上げて舞台に出てくる。その持ち上げたときに衣裳を着替えているごつい足元が幕の向うに見えたりするのだが、それだからといってそれが興に水をそそぐようなことにはならない。かえって、神楽だなあー、という思いをより強くさせてくれるし、あんなむくつけき人にどうして柔らかい女の線がだせるんだろうと思わせてくれたりする。ごたごたした楽屋裏と舞台と、雄々しい本来の姿と女舞と、この神楽にはそんな面白さもある。

神楽は〈鳥舞〉で始まった。鳥かぶとと言うかぶり物を頭につけた女装の二人が、扇と鈴を持ってまう。この舞には面はつけない。鳥かぶとの鳥というのはニワトリである。それは物の始めの象徴である。そして、この神楽の始まりにもふさわしくいつも新鮮な感じで、神楽の中にひきずりこんでいってくれる。

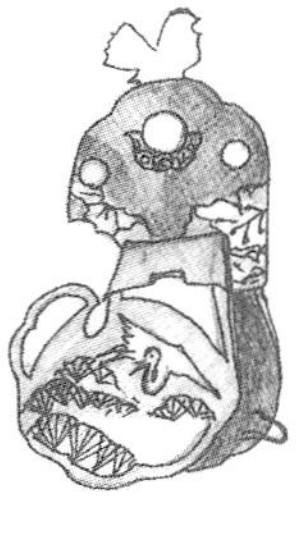

神楽舞の世界

民家で神楽を演ずるときには太鼓や銅拍子は幕に向って座る。それは神前では神前に向って座るように、また、権現様に相対して座るのと同じ形になる。十畳ほどの広さの下手を太鼓と銅拍子がしめ、幕とのわずかな空間が舞台の内の舞所となる。見物席はその舞台とひとつづきで、「手を出すなよ」と子供達に言っても出そうと思えば舞手にすぐ手がとどくし、長い衣裳の袖先が前列にいるその顔をなでたりする。

そんな決して広いとはいえない舞台に、幕の向うから人ではなくなっている人が出てくる。鳥かぶとをかぶり、はなやかな模様の着物をつけた女舞や、面をつけ、脱ぎ垂《た》るをつけた荒舞、その女舞と荒舞の合間に、面白おかし狂言のおどけた顔がぬーっと出たりする。そして、舞が狂言がはじまる。

神楽を一口で説明するのは難しい。舞の一つ一つを手にとるように文でわからせるのも容易ではない。ただ、とにかく神楽には演ずる人と見る人がいることだけはうなずけると思う。神楽の場は普段の生活とは違う世界だから、見る人もそのつもりでやってくる。

普段の日と違う世界、それは舞台の上に描き出される。たとえば衣裳である。脱ぎ垂るというのは片袖脱いだ衣裳のつけ方だが、それはただ衣裳の片袖を脱ぐというのではなく、そうした上に赤や黄色のたすきを掛けたりする。女舞の着物は普通のものだが、そのつけ方は普段の生活のものではない。

面も普段の生活とは違った世界を作りだすための小道具である。面はそれをつけたときからその人は自分ではない自分、面の人になってしまう。また、面には眼の穴があるのだが、ほとんどの場合そこからは見えない。かぶる人に合せて作ったものではないからで、だから、舞手は目が見えない状態で舞をまう。

普段の生活ではやらないような衣裳のつけ方をし、目の見えない面をつけ、そうして、身も心も自分ではない自分になってしまう。

人が着けると魂のはいる大償の神楽面

幕の向うから人ではなくなっている人が出てくる、と言ったのはそのことである。神楽を演ずる人—それを舞手と言うのなら、その舞手は神あるいは仏と人の間に立つ人と言ってもいい。間に立つということは、人々の願いを神あるいは仏に伝え、神や仏の言葉を人々に知らせることである。その言葉も信仰を持っている人、たとえば修験道の場合には山伏が作り出したものに違いはないのだが、神楽は、その神あるいは仏の言葉を人々に知らせるための手段の一つとして演じられてきた。神楽の舞の一つ一つは確かに舞に違いないのだが、その内には神あるいは仏の言葉、すなわち信仰の教えが秘められている。その教えは、ああしなさいこうしなさいと言った理屈っぽいものではない。その動きによってわかるようにしたもの、それが神楽の舞だったのである。この山麓に伝わる神楽の舞は全て男が舞う。それはこの神楽にたずさわってきた山伏の信仰ともかかわっているのだが、女性がまったのでは女の美しさあやしさに目をうばわれて教えを説くことにはならない。土くれた太い腕をまる出しにしてまう女舞、それは一見して美しいとはいえないが、それだけにその体で精いっぱい女を表現しようとするとき、見る者はかえって想像力をかりたてられ、舞の所作から心の内に秘められた教えを読みとろうとするものである。

その舞にはひとり、二人、三人、四人でまう舞がある。女舞は静かに、荒舞は荒々しくまう。四人の荒舞のときなど、目をつぶって聞いているとまるで百人もの人が舞台にいるようである。それこそ舞台をはみ出すようにして袖先がまわり、肩と肩とが触れ合うようにして舞手がすれ違う。床を踏む音もひときわ大きくなる。その音が一つになって聞えるのは四人の足がみな太鼓の調子に乗っているからだろう。「ドン」と床を踏む音と音の間に、舞手は一回転し、二回転し、四人が右に左に動いて空間に無形の絵を描く。

剣を使う舞のときなど、手元から剣が離れやしないかとヒヤヒヤする。刃のついた真剣だからで、刃がないと空気が切れない、空気が切れないと舞も調子よく流れない。そんな刃では手元が狂うと自分の体を傷つけることもある。太ももを七針も縫うほど切りながらも、最後までまいつづけたという例もある。その舞のときには舞手の顔もきつくなり、汗の玉が光りながら四方に飛び散る。

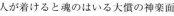

宴も半ばに神楽が始まる。まずめでたい舞の「松迎」

太鼓や銅拍子や笛の音も、近代建築の会場で聞くより澄んでいる。空気の中に音をはねかえすチリがなく、音が濁りようもないからだろう。山麓の民家は自然の中にある。

酔いと興奮をさますためにその舞台から抜け出して木橋を渡り、振り返って見るとカヤ屋根の向うに陽が沈もうとしていた。戸障子がだいだい色に染まっている。電灯が一つともっている。その中にいるときには舞に目をうばわれていてそんなことには気がつかなかった。そんな家の中から聞えてくる太鼓の音がいつまでも私の心の中に残っていた。

そのときの神楽の写真をいま改めて眺めてみると、祝いの席の次は〈松迎《まつむかえ》〉の写真になっている。この神楽の最初は〈鳥舞〉と決っているし、その光景を覚えているから舞ったのは確かなのだが、前日、佐々木家で見て写したからとズルを決めこんでそこでは写さなかったのだろう。

〈松迎〉というのは長寿の兄弟が松竹を立て正月を迎えるというめでたい舞である。その〈松迎〉につづく舞は〈裏三番《うらさんば》〉になっているのだが、それは、そのときの式《しき》舞《まい》が「裏舞」だったことを語ってくれる。

この神楽は大きく「式舞の神楽」と「式外の神楽」にわけられている。普通には「式舞」、「式外」といい、大《おお》償《つぐない》の場合には、式表舞十二座、式裏舞七座、式外二十七座があり、それに奏楽一番、狂言二十二番を加えて六十九種類の番組がある。その中にはもうまえなくなっているものもある。岳《たけ》神楽もほぼ同じだが、岳では狂言が

山麓に数軒あった屋根に木の生えた農家

早池峯山のお花畑

例大祭には奉納相撲もあった。

岳川で遊ぶ子どもたち

やれなくなっている。

表舞と裏舞は、そのまま昼と夜の区別と言うこともできる。昼夜つづけてまうときには表舞で始まり、夜にはいって一休みした後につづくとき裏舞をまずまう。その一休みのことを「幕ひかず」と言う。舞台をかくすための幕はもとよりないのだからひこうにもひけるはずがなく、それはまだ舞がつづくことを意味する言葉のようである。

式舞は六番まわれる。だから「式六番」という。同じ式六番でも表舞は真剣な舞、裏舞は滑稽味をおびた舞になる。神楽はこの式六番ではじまり、ついで式外からいくつか選ばれる。その舞には〈機織《はたおり》〉、〈潮汲《しおくみ》〉、〈鐘巻《かねまき》〉などといった物語を舞にしたもの、〈鞍馬〉、〈屋島〉、〈曽我《そが》〉などの戦記物を主題にした舞などがある。

狂言はその式外の舞の間にはさまれ、見物人を笑わせる。内容は日常生活を題材にしたものだが、なまりのあるせりふととぼけた面がぴったり合って面白い。

「とざい　とーざいー」とハナの口上を述べ、その御礼にまうのも式外の中から選ばれる。ときには、舞手にその家の人や神楽好きの人が加わって、オヤオヤという舞になっていくこともあるという。太鼓は別にして、銅拍子も好きな人が持つ。神楽の最後は権現舞でしめくくられる。

滑稽味を持った「年寿」

再び山麓へ

その年祝いの家での神楽は私の心を躍らせてくれた。カヤ屋根の家の黒光りする板間で、土地の人々と共に—、それは写真の被写体として私の望んでいたものであった。それは生活のために、という下心を十分に満足させ、シャッターを押す手にも次第に熱がこもっていった。舞台に写真電球をこうこうとともし、あっちこっち、人の前を平然と通って私は仕事をつづけた。

私がそうして夢中になっていったのとは反対に、家の人達は次第にシラケていったのかもしれない。

「こんなだとみんな遠慮するから」

案内してくれた人が、突然、照明を指差して私にそう言った。

「いつもだば、このあたりから家の人などが出て舞う

はげしい動きの舞の「鞍馬」

のだけど、今日は…」

その原因が私だとわかったとき、私は頭を〝ガン〟となぐられたような思いがした。これから面白くなりそうなのに、権現舞も見ないで…いくら私がそう思っても引下がるよりほかなかった。後髪ひかれる、と言う言葉をそのときほど実感として味わったことはない。それだけに、その家のことはいつまでも忘れられなかった。

その翌年にも大償まで行ったが、年祝いもなく、また、その年の印象もほとんどない。

それから十年近くも訪れることがなかったのは、他の地方をまわるのに忙しかったからである。その間に、私の写真に対する考え方も神楽を見る目も変ってしまった。写真では、売るという下心を持ってシャッターを切るということは白岩以後しなくなった。神楽では、舞そのものはなるべく見て楽しむことにし、その神楽を支えてきた風土や人に関心を持つようになった。

「ひと昔だばナー、わがらねナー」

岳の小国《おぐに》誠吉さんは私の顔を覚えていないといった。小国さんは岳神楽の保存会長、昨年（昭和五十年）十二月十六日のことである。

「ほら、まつり同好会の田中先生と、白岩からこっちにまわって…」

「んだったかナー」

十年ほど前の白岩の年祝いの家を途中で辞した夜は岳にまわって一泊した。同じ年の八月一、二日の早池峰神社の祭礼にも行っているので、小国さんとはその年に一度ならず二度三度と会っているはずであった。

昨年、再び岳に行くことになったのは山村振興調査会の仕事があったからである。文化財保護法が改正され、山村の文化財の現況を把握することになり、私に岳がまわってきた。そこで、またあの神楽が見られると思ったのは、やはりあの響きの魅力を忘れていなかったからなのだが、一方で、今度は写真はさておいて、岳神楽を支えてきた背景にもっと興味を集中させてみようと思ったのである。

調査は地元の人と組んでということで、私が一緒させていただいたのは県教育委員会の小形さんである。小形さんは文化財の調査で幾度か岳にも行かれている。今度のことでも私より先に現地を訪れていた。遅れて私が十二月に行くことにしたのは、十七日の早池峰神社の年越祭を見たいと思ったからである。

その年越祭に行く前々日、県庁のティールームで小形さんが調査されたあらましを聞いた。それによると、舞

早池峯神社から御旅所に渡る権現様

の質が落ちていること、後継者がいないこと、また、古い記録などがなくてその歴史を語れないなど、どちらかというと悲観的なものであった。最後に盛岡から大迫《おおはさま》行のバスがあることも教えてもらったが、リュックが駅だったので列車で石鳥谷《いしどりや》まで上り、十五日の夜は石鳥谷駅前の宿に泊った。

石鳥谷駅前から大迫行のバスはわりに多くある。翌朝のバスは乗客もまばらであった。

「お客さん、ヒーター具合わるぐて、さむべども、しばらくがまんして下さい」

バスが出ると運転手は申しわけなさそうにまずそう断った。石鳥谷の街を出ると、バス道はほぼ一直線に大迫につづいている。師走もなかばでは、両側の田や畑に働く人の姿も見えない。どんよりと重い空からいまにも雪が落ちてきそうであった。

冬枯れと言う季節の違いはあっても、大迫の中心街は昔と少しも変っていなかった。バス停の前の雑貨屋には相変らず大きな竹カゴやウケがあった。荒ナワもある。二、三軒おいた魚屋の軒下にはカーテンのようにサケがぶらさがっていた。年末大売出しの文字も見えたが、街には師走のあわただしさなど少しもなかった。

大迫町は人口一万人ほどの町で、集落は早池峯山麓の山間にとびとびにある。一番まとまって町の形をしているのは街道に沿った役場のあるあたりなのだが、中心街といっても端から端まで歩いて十分とかからない。山間のほんに狭い平地の真中を街道が走り、その両側に家や店があるようなところである。街道は南東に遠野、大船渡へ通じて

鮭が暖簾のようにさがる暮れの魚屋

大きな竹籠もある雑貨屋

いる。

早池峰山に源を持つ岳川はその中心地で中居川と合流して稗貫《ひえぬき》川となる。よく晴れた日に高台に立ってみると、その岳川に沿った段丘上に田んぼが並び、重なり合った山の向うに早池峰山がそびえている。遠くから見るとなだらかでおとなしい感じだが、実際はガレが多く登りにくい山である。岳はその早池峰山に一番近いところ、逆に言うと中心街からは一番遠いところにあるわけで、その距離およそ十八キロ、岳川に沿った道をバスでも四十五分はかかる。

雪のない季節は早池峰山の登山者も多く、岳まではいるバスも多いが、冬期は途中の武士ヶ沢までとなり、岳まで通ずるのは一日三本だけとなる。一便は朝早く、私が大迫に着いた時刻は二便までも間があった。一時間ほど歩くことにして武士ヶ沢までのバスに乗った。町はずれの病院の前で、腰の曲ったバアサンが手を上げて歩いてくる。急いでも子供より遅い。それでもバスは待っていた。相変わらずのんびりしている。私にはうれしい光景だった。

バスは見覚えのある風景を車窓に流していく。あすこに大きなカヤ屋根の家があったはずだが、ここに面白い木があったはずだが、思い出させてくれるものがいくつかある。どちらかというと田よりは畑方が多いのだが、冬の日はどちらも土だけである。

雪が降りはじめた。その雪は小国さんの家に着くころから本格的になっていった。

修験の山の歴史

「すっかり立派になってしまって」

「もう茅屋根はわしの家だけだナー」

その小国さんの茅屋根の家も物置で、住いは新築の家である。私が訪れた日、小国さん夫婦はストーブのそばでタバコの葉をひろげていた。子供さん達はみな都会に出て、新築の家は夫婦二人だけである。

「年中ちょこちょこ仕事あて、他のものだばできねおナー」

小国さんは小柄ながら、いつも何か張りつめているような人である。そのために初めての人はとっつき難いらしいのだが、実は大変に優しい人である。ただ、神楽のときはピリッと厳しくなる。その小国さんは保存会長という関係で年中こまごまとした仕事がある。だから、タバコ以外の手間のかかる畑仕事はできない。

そのタバコの仕事は昔からのもので変りないものだが、変ったのは岳の民家である。ひと昔前には木の生えた屋根や、千木《ちぎ》のところに青草が繁りユリの花の咲いている屋根があった。その屋根を手入れする余裕もなかったからだが、いまは赤や青のトタン板の屋根に変り、ガタガタと開けられていた雨戸もアルミサッシになっている。その岳には十四戸の家があって、そのうち十戸が民宿をやっている。玄関にかかる木札はその坊名である。小国さんの家は「久保坊」である。その民宿と、岳の神楽は直接ではないにしろ関係があったらしい。

岳の十四戸の家はほとんど神社参道入口のところに並び、小国さんの家だけが少し離れている。早池峯山のゆるやかなすその途中にあるもので、まわりはすべて山、わずかな耕地も山の斜面をほんの少し平らにしたところにある。

神社というのは早池峯神社のことで、その神社は早池峯山を御神体とし、祭神は瀬織津姫《せおりつひめ》大神である。

その高さ一九一四メートル、岩手県で二番目に高い早池峯山は古く東根嶽《あずまねだけ》といわれ、伝えによると大同二年（八〇七）に田中兵部成房《ひょうぶなるふさ》と四角《しかく》藤蔵によって開山された。以来、早池峯山は修験の山として多くの山伏を集めてきた。しかし、他の修験の山と同じように、その山伏の実態についてはほとんどといってよいくらいわからなくなっている。明治維新の神仏分離令による廃仏毀釈の運動がその大きな原因なのだが、早池峯山の場合には、神社の火災で古記録が失われてしまったこともある。

廃仏毀釈は、国の宗教を神道として、仏教をことごとく消し去ろうとしたものである。慶応四年（一八六八）のことで、修験道はそれによってほとんどといってよいほどその形を失ってしまう。山伏もその身分をはがされ、ある者は百姓になり、またある者は神主になった。

神と仏を分ける「神仏分離令」、それは逆にいうとそれまでその二つは一緒だったわけで、早池峯神社も真言宗の妙泉寺と一つであった。正安二年（一三〇〇）に荒れていた早池峯神社を興したのも高僧円性《えんじょう》阿闍梨《あじゃり》で、自ら早池峯大権現別当となったと伝えられている。そして、柳田大和守、神林和泉守、小国日向守、小国因幡守、鎌津田《かまつだ》相模守、鎌津田民部守を六坊職にして祭りや神楽役に当たらせたと伝えられている。その六坊職の人達もやはり山伏だったのだろう。その血を引くと言われる同姓の家が岳のほとんどをしめている。そして、いまも神社の祭りにたずさわり、神楽もその家の人達が中心になって行なわれている。

そこ早池峯山麓だけではなく、山伏が持って歩いてい

雪の早池峯神社

たといわれる神楽はみちのくに数多く見られる。下北半島の能舞、秋田の番楽、宮城の法印神楽などで、それらをひっくるめて呼ぶときには山伏神楽と言う。さらに範囲を広めて、全国各地に伝わる民俗芸能の神楽を見ると、その担い手が山伏だったというものが少なくない。

　それでは岳の人達は廃仏毀釈のときどんな影響を受けたのだろう。坊はそのまま宿屋をかねていたので、しばらくはそれが本業になっていた。打撃を受けたと言ってもその信仰は根強く、信仰として早池峯山に登る人もしばらくは絶えなかった。坊の人々は先達としてその登山者の案内もしていた。そして、冬の登山者のなくなる季節に神楽を持って村々をまわっていたのである。

　菅原隆太郎氏の『早池峯山』にはかつての登山や岳の宿のことが書かれている。それによると、明治期までは男子は十五歳になると「お山がけ」と言って父兄にともなわれて登山した。岳ではその登山者を喜んで迎えて泊めたが、大抵は顔見知りの人で、互いに「ヤア」、「ヤア」という一言ですぐ世間話に移っていった。それは神楽を持って廻った村々の人達だったからである。

　その宿坊も信仰が薄れると共に成り立たなくなっていった。女人禁制だった山も明治末には解かれる。いつからいつまでという年代ははっきりしないが、その後の岳の人々は、牛馬を飼ったり、鉄道の枕木造りに従事したり、炭を焼いたり、タバコなどでわずかながら収入を得ていた。畑だけの耕地ではいまもタバコはつづけている。米の自給できる家は昭和二十九年（一九五四）によようやく一軒できた。くわしくは聞かなかったが、戦後も苦しい日がつづいたようだ。

　そんなに生活は苦しくても、神楽だけは絶やさなかった。その神楽を支えていたのはいったいなんだったのだろう。みちのくに伝わる同系統の神楽の中で、早池峯山麓のこの神楽だけはどこか違うという人が多い。

縁の下の力

　この十年近くの間に、大償《おおつぐない》でも岳《たけ》でも神楽の中心だった人が亡くなっている。白岩の年祝いに胴前をつとめた藤原源吉さんは昭和四十七年（一九七二）だから新しいが、岳の伊藤己太郎さんの場合には私がはじめて岳を訪れた年の暮れのことであった。

　話はまた十年前のことになる。白岩から岳にまわり一泊した翌日は神社の下の家で岳神楽の型だけをやってもらった。できれば太鼓をいれて少しでもまってもらいた

いと思ったのだが、胴前の伊藤己太郎さんがもう叩けなくなっていた。耳が遠くなり、手も思うように動かないと言うのであった。昭和三十八年（一九六三）、私が見に行った名古屋での公演をさかいに体力や気力が衰え、岳からよそへ出ることもなかったらしい。己太郎さんの衰えはそのまま岳神楽の衰えでもあった。神楽は太鼓の調子でまうものだから、その叩き手がいなくてはどうにもならない。そのころだったかもしれない。岳神楽はもうだめになるかもしれないと東京の方にも聞えてきたのは。その懸念はその年の暮れに己太郎さんが八十七歳で世を去って現実になったように流れてきた。

伊藤己太郎さんが亡くなった昭和四十二年（一九六七）に岳に一つの建物が出来上がった。レストハウス・峯南荘で、岳のカヤ屋根の家にくらべるとモダンであった。昭和四十五年の岩手国体に早池峯山が登山競技の山になったため、町当局がその前進基地のような形で建てたものであった。

岳の民宿はその国体とレストハウスがきっかけになっている。民宿は明治以前の、そしてそれ以後もしばらくは岳の人々の生活を支えてきた宿坊と同じようなものである。ただ、その当時とはっきり違っているのは、信仰というものがなくなっていることである。それはともかく、国体で大勢の人が岳に来たために、以後、民宿の客も順調に伸び、前にもまして岳の人々の心にゆとりができることになった。それは神楽を保持していく上にもプラスであった。生活にゆとりができると神楽にでてくるのも容易になるからである。

世間に目を向けてみると、そのころから多くの人々が民俗芸能というものに関心をしめすようになっていた。ＮＨＫの「ふるさとの歌まつり」——この番組はよくない一面を持ちながら、一面では郷土の良さを再認識させるのに役立っていたのである。

ところで、かけがえのない胴前を失った後の岳神楽は実際にはどうだったのだろう。

だめになるというのはうわさだけで、胴前の座に小国さんがつき、神楽そのものが消えるという心配はまったくなかったのである。明けて正月の初打ちを見学に行ったまつり同好会の田中先生は、そのときの見学記に、小国さんを中心にして若手がはりきっていた、と記している。ただ、胴前についたため小国さん自身はほとんどまえなくなってしまった。幼いときから厳しく仕込まれた人なので、女舞など他の人ではとうてい出せそうもない味を持っている。そんな良いものを持っていながらまえないということは、それを若手が見ることもなく、

太鼓の名人だった岳の伊藤己太郎さん

岳神楽を引っ張ってきた小国誠吉さん

次の世代に伝えるということからもマイナスになる。後継ぎにかかわるそのあたりの問題は当時と変ることなく今もつづいている。

そのように岳神楽そのものの命に別状はなかったのであるが、それだけにそうして受継いできた人々にはどこか一徹なところがあったらしい。これは後援会を作った人の当時の話である。

「なんと、がんとして教えなかったもだもな」

大迫町は大きく内川目と外川目に分けられていて、大償、岳は内川目の内にある。その内川目の青年会が県の演劇祭に何かを持っていくことになり、いろいろ考えたすえに岳神楽を習って、ということになった。その思いつきにやはり「ふるさとの歌まつり」があったらしい。

ところが岳の人は「ウン、教える」とは言ってくれなかったのである。岳以外の者には教えられない、という腹があったのだろう。

「そんな馬鹿なことがあるもんか、とわれわれも口をきいてやったんさ」

それで岳の人も折れて教えてくれたのだが、教わる方も一生懸命だったのだろう。演劇祭ではその出し物がよい線までいった。そして次の年には一番になった。青年会の神楽はそれから何かの集まりがあると呼ばれてまうようになっていった。

そこで青年会の後援会を作ろうということになったのだが、それならばいっそ青年達を岳神楽の組内にしてということになり、昭和四十四年（一九六九）に「早池峯神楽後援会」が発足した。当初、その会の発足に賛同してくれた人は八十余名、現在その会員は倍に増えている。そのほとんどが内川目の人である。

この後援会の年度は早池峯神社の年越祭の日、すなわち十二月十七日をさかいにしている。会場は「快慶荘」と名のついた神社の社務所である。昼はその総会、年越祭は夕方からで、両方とも神楽が演じられる。

後援会は、神楽殿で演じられる神楽の撮影会や写生会を主催したりしている。そんなことが別の角度から神楽に関心を持たせることになっている。大迫町の友好都市、オーストリーのベルンドルフに送る子供の絵にも最近は神楽を描いたものが多くなってきたと聞く。

昨年は大きな事業をなした。ビデオがあったらなあー、と言う神楽の人達の声を聞いて、募金を募ることになったのである。初めの予定では三十万も集めればと思っていたのだが、結果は五十万近くにもなった。

昨年の総会はそのビデオテーププレコーダーの披露もかねていた。保存会も二十万円を出し集った金で録画本体の方はカラーのものにし、少し資金が足らなかったためにカメラはとりあえず白黒用を購入したのである。

昔からの神楽と、近代の機械と、しかし、そこには心の通じているものを私は見たのである。

「ほしいなあー、と思っていたものが手にはえって」

小国さんのその日の挨拶は声もはずんでいた。現在、岳神楽保存会のメンバーは青年会の三人をいれて十人、平均年齢三十七歳である。冬の間は民宿も暇なので、夜ごと小国さんの家に集って練習をしている。そして一汗かくたびに互いに批評しあっている。

「そこはそでねー」

ストーブに手をかざしながら、小国さんはきびしく声を飛ばす。それでいて何かなごやかなのは、五十五歳の小国さんの人柄であろうか。

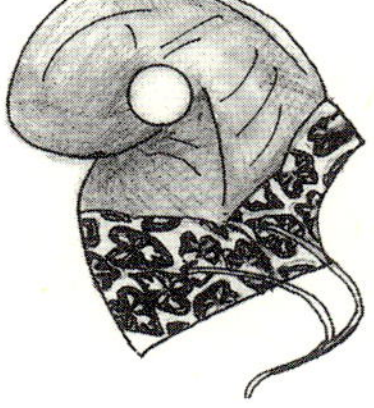

里を巡る権現様

年越祭の日は前日からの雪が降り止まず、一日のうちにもっこりと積った。その冬初めての大雪であった。

「さむいしべー」

久保坊の奥さんはふっくらとした人である。その人にそう言われると心までふっくらとして寒さもふきとんでしまう。子供さんは五人、真中が後継ぎなのだが、いまのところ小国さんの神楽を受継ぐ気はないらしい。じかに聞いたわけではないのだが、奥さんも小国さんの持っている舞をだれか継いでくれないかと気をもんでいるようだ。本格的に舞を仕込むにはやはり幼い日からでないとだめなのである。大きくなってからでは体がなじまないところが出てくる。だから、ある程度まで形は出来るが、舞に味が出てこない。

翌日は晴天になった。一番バスまでには起られず、武士ヶ沢まで歩いてそこでバスに乗って帰ることにした。新雪の山路は気持がいい。山々もキラキラと輝いていた。

あちこち、カメラを向けながら歩いていたら、結局、武士ヶ沢からのバスにも間に合わなかった。岳から五キロほど歩いた落合と言うところで、今度こそ大丈夫とリュックをおろしかけたら、後からきた車から声が掛った。遠慮なく乗せてもらうことにする。岳から歩いてきたと言ったら驚いて、別れぎわには「またどうぞ」と言ってくれた。そのとき、今度はいつくるだろうと思ったのだが、この冊子で早池峯山麓をやることになり、十日後にはまた同じ道の上にいた。

正月には「門打ち」や「舞初め」がある。舞初めはともかく、門打ちは前から一度見たいと思っていた。

岳神楽の門打ちは元旦、毎年、白岩と決っている。今年は五軒の家から頼まれていた。最初は小松さんというカヤ屋根の大きな家である。断りがない限り、始まりは毎年その家だという。私も一緒させてもらった岳神楽の車が家の前に着くと、おじいさんが挨拶に出て権現様をジョウイの正月棚の下に迎えた。そして正月の膳を供え

権現様をまわして祓いをする門打ち

た。小松さんの家では、その家の裏山にある稲荷さんと山ノ神の前でまず打ち鳴らしをした。打ち鳴らしはみかぐらと同じもので、そこでは権現様をまわさない。裏山から戻ると、今度はジョウイで打ち鳴らしをし、それから権現様をまわした。

権現様をまわすと言うのは、祓いの舞をすることで、権現様をぐるぐると振りまわすことではない。舞が円を描くように動くのと、〝まう〟という言葉を掛けたものである。

ジョウイにあがって権現様をまわしたのは小松さんの家だけで、他の家では入口の土間でまわした。そのとき太鼓を載せる台はウスを伏せたものであった。一軒の家では馬が太鼓の音に驚いていた。馬のいるその家では家族そろって権現様の下をくぐり、その大きな口で〝パクッ、パクッ〟とやってもらった。それで無病息災と家内安全の祓いになる。それによって夢のような幸せがまいこむことはないのだが、とにかく心に安心感が宿る。気持がすーっとするのである。

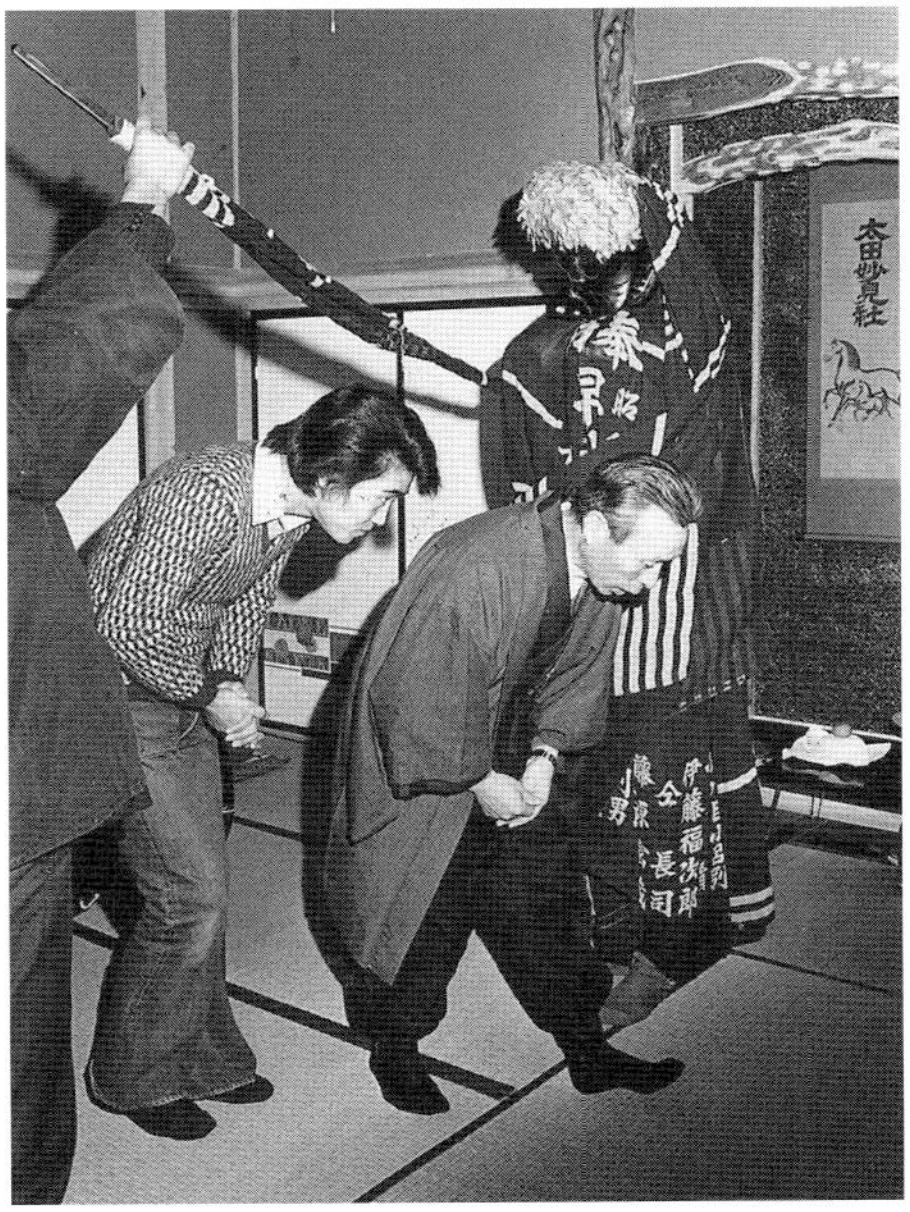

権現様の幕をくぐると体が祓われる。

前にも述べたように、権現様は神の仮の姿だと言われている。この早池峯山麓に伝わる神楽の中で、信仰の型をよく表わしているのがこの権現様とその舞である。同じ一つの神楽の内ではあるが、権現舞と神楽舞とでは少し性格を異にしている。権現舞は祈りあるいは祓いの意味を持った信仰の舞であり、神楽舞は信仰の一面を持ちながら、また、娯楽のための舞である。

権現様は獅子頭である。その色は目のふちが金色なのと、大きな口が赤い他は真黒である。他の獅子頭と同じように鼻に特徴があるのだが、この権現様はそれが特にいちじるしい、山型になった鼻の穴を目と見間違うほどである。

「たけ（岳）のごんげさん耳なしごんげさん、おんつこねえ、あ（大償）のごんげさん、舌なしごんげさん」

大償と岳の権現様の違いは、そんな子供達の唄にも歌われていた。権現様だけではなく、太鼓や舞の型にも前者は静かに、後者は荒くという違いがある。それは神社のコマ犬にも見られるように「ア」「ウン」の関係になっている。もっと平たくいうと、女と男の区別だとも言える。

権現様のあつかいは丁重である。たとえば新しい権現様が奉納されると、古いものは望んだ家に迎えてもらって床間にすえておいてもらう。その権現様は、年に一度八月一、二日の早池峯神社の大祭のとき一堂に集り、みこしの渡御に加わる。数が多いだけに、まるで権現様の渡御のようである。

権現様の一番古いものは神社の奥殿にまつられている文禄四年（一五九五）六月吉日のものである。もう一つ宝暦四年（一七五四）九月吉日のものがある。文禄四年というと太閤秀吉の時代の末期に近いのであるが、そのころすでに権現様がこの山麓に生きていたことを物語ってくれる。

伏せた臼を太鼓台にする。

権現様は二人でまわされる。権現様を持つ人をシシツカイ、幕のすそを持つ人をシコトリと呼ぶ。神楽舞と違って、権現舞をやるときは特に緊張するという。シシツカイは権現様を手に持つ前に手を合せ、まい終るとまた手を合せる。そうしてまう権現様にはやはり神々しいものが感ぜられるのである。

心を結ぶ神楽宿

ある年、岳神楽のひとりが用事で少し遅れて門打ちにやってきた。そして、いきなり、オレがやるから、と言ってシシツカイになった。ところが、最後の〝パクッ、パクッ〟になって音が出ない。その家の人は口をつぐんでしまった。シシツカイの本人も首をかしげている。

「え（家）の人はだまっている。じゃが、こっちじゃねえーがなと思った」

小国さんのその勘は適中して、そのシシツカイにはまもなく奥さんが倒れたという使いがきた。

音が出なかったのは、ちょっとした部分がはずれて歯がうまくかみ合わなかったからだが、それでも、とにかく音が出ないということは大変なことであった。

土間で権現様をまわす家もある。

そんな権現様を持って、昭和の初めまでは内川目の内を一軒ずつ門打ちして歩いた。大償と岳と一年交替で、それを大償では「通りかぐら」、岳では「まわりかぐら」と言った。それに対して「祈祷」といわれるものがある。権現様をまわすということは同じながら、両者の異なるところは、まわりかぐらは頼まれようが頼まれまいがとにかく各家をまわるもの、祈祷の方は頼まれた家だけまわるということである。白岩の門打ちも、正確には「祈祷の門打ち」ということが出来る。

　祈祷の方は頼まれれば月日を問わないが、まわりかぐらの方は霜月（十一月）から初春にかけてと決っていた。どの家は何日と言うことも決っていて、その日に行かないと小言を食うこともあった。そんな家は大抵ちそうを作って待っていてくれる家で、言われる小言もうれしかったが、逆に悲しい思いをしなければならないこともあった。「また米をとりにきやがって」とか、「ホイトかぐら」とかいわれることもあった。門打ちの礼は穀物で、やはり米が一番で、かつてはそれで半年分の食料を得た。ホイトというのは乞食のことである。しかし、そんなことをいったのはごくわずかな心ない人で、多くの人々は権現様を敬っていたのだろう。それは神楽がこれまでつづいてきたことからもうかがえる。

　岳神楽ではそんなまわりかぐらを経験した人はもういない。いまもつづいている祈祷でも、よその町や村に出かけて一ヶ月以上もまわり歩いた経験者は小国さんの他にひとりだけである。それも昭和二十六年（一九五一）が最後であった。いまは車で大抵のところは日帰り出来るから、よほど遠くでない限り宿をとることはない。かつて足だけだったころには帰りたくともそんな簡単にはいかなかった。いきおい日が延びていく。しかし、それが訪れた土地の人々と心を結びつけることになった。昼は権現様をまわして祓いをなし、夜はきめられた宿で神楽をまった。その宿を神楽宿といった。娯楽の少なかった山里の人々にとって、その神楽が何よりの楽しみだったことは言うまでもない。神楽の人にとっても喜んでもらうことはうれしいことであった。

荷物を運ぶにもいまは便利である。そのころはみな肩か背であった。ただ、その荷物をかつぐ人は、「神さんの手伝いをしたい」といって自ら加わることが多かった。

つぎの家に門打ちに向かう。

荷物と言っても小道具類が主で、着物はほとんど持ち歩かなかった。行く先々で用意されていたからである。いずれも仕立おろしの新品で、初めての袖を神楽の人に通してもらうと魔除けになるとか、安産とかいった。一年目に同じ家に行ったら赤ちゃんが生まれていて、厚く礼を述べられたということも少なくなかったのである。

東和町の小田民五郎さんという農家には、いまでも着物を持っていかない。昔と同じように用意してくれているからである。そんな振袖を着る娘さんがいないのに、神楽のために、といってわざわざ作ってくれていたこともあった。

民五郎さんの話だと、それは祖母の心を受継いだものだという。昭和二十三年（一九四八）に八十八歳で亡くなった方で、亡くなるまで機を織っていた。

そのおばあさんは、六十歳を越えて家の中が自分の自由になるようになると、せっせと機を織っては神楽のための着物を作った。そして岳神楽がくるたびにそれを着てまってもらった。民五郎さんも、小さかった小国さんが袖四尺という長い着物を着けてまったのを見ている。

「あのときゃ、こまったあー」

そのときの話がでるたびに小国さんはそういって笑うらしい。

そうして作った着物の多くは戦争中にこわして別のものにしてしまった。いくつか残ったものは、売ってはいかんというガンコなおばあさんの言で、そのままにした。そのおばあさんが願っていながら一つだけ出来なかったことがある。それは権現様の幕である。その代りというわけではないが、昭和四十七年（一九七二）に引幕を民五郎さんが贈った。その幕がいま岳神楽で使われている。

十年の歳月

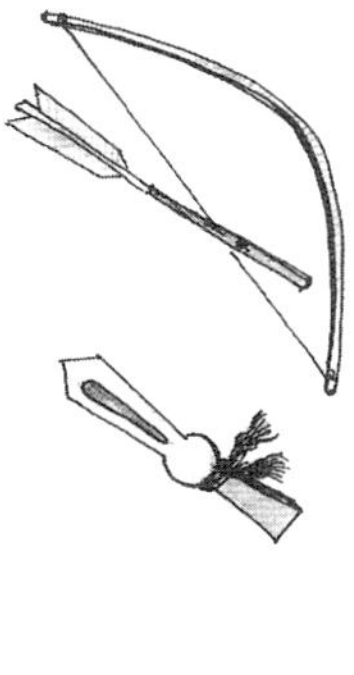

元旦の朝、一番の門打ちをした小松さんの家ではこんなこともあった。

最初の家での権現舞はやる方も見る方も緊張する。その権現舞をおえてほっと一休みしているときベルが鳴った。遠くからの電話だという。子供だろうか、話の途中で「神楽を聞かせるからな」、そういってほんの少し前に録音したテープを受話器の前でまわしはじめた。

「いまだば、遠くにいても聞けるな」

ミカンの皮をむきながら、お茶をのみながら、私達も一緒にテープのはやしを聞いた。

その白岩での門打ちは午前中からだったのだが、舞いおわると座に呼ばれて酒になるので少しずつ時間が長くなり、五軒目を出たときには五時を過ぎていた。聞くともう一軒あるという。ツルツルと滑る雪道を一行の後についていくと、岳川に掛かる橋を渡って見覚えのある方に進んで行った。あの木橋がある。昔のままだった。

だが、その庭の向うにある家はもうカヤ屋根ではなかった。新素材の家になっていた。

「今夜はここだあー」

小国さんは挨拶にはいっていった。小道具や衣裳のはいったトランクを車からおろしはじめると、アルミサッシの戸があいてまゆ毛の太い見覚えのあるおじいさんの顔が出た。尾頭付を運んだトウサンもいる。小松平という家であった。

めぐりあわせの面白さと言うのだろうか、五軒の家で順ぐりに受け持っている、その今年の宿がたまたま小松平さんの家で、そこにまた、たまたま私が来あわせたのであった。

五軒の家というのは昼に門打ちをした五軒の家とは直接関係がない。いまから三十年ほど前に五軒で組になって用水路を開いた。そのおかげで田が出来て稲が作れるようになった。用水路を流れる水、稲を育ててくれる水、その水は早池峯山に源を持つ、そのおかげでということから、毎年正月に岳神楽を呼んでいるのだという。

その家での神楽は昔と同じく床間の権現様のみかぐらで始まった。そこは同じザシキではありながら、柱も畳も新しいにおいに満ちていた。

神棚の下でのみかぐらがすみ、同じように祝いの席になったが、昔のようなひとりひとりの膳ではなかった。

座りテーブルの上に、イサバヤ（仕出屋）からとった駅弁を大きくしたような盛合せの料理であった。料理のやっかいをはぶくために四年ほど前からそうしたのだと言う。台所にはトウサンやカアサンの掛合いもなかった。しかし、盃の回転だけは昔と少しも変っていなかった。十年前に来たということが知れて、まわってくる私への盃は前にも増して多かった。

新しくなっていた10年前に年祝いをした家の座敷

　神楽になる。上ザシキと下ザシキの間に幕を張り、上ザシキが楽屋裏であった。下ザシキの畳を上げると、黒光りこそしていなかったが板間になった。見物席はジュウタンのしかれたハカマザシキであった。その最前列で私はカメラをかまえた。何かを期待して――。しかし、こうこうとした私の照明もない代りに、飛入りの舞手も現れそうにもなかった。それでも、とにかく神楽に対する人々の心は少しも変っていないようで私にはうれしかった。

　翌一月二日には内川目小学校で大償神楽の舞初めがあった。その舞初めには土沢神楽と東京の日本民俗舞踊研究会の人々も一緒にまった。

　土沢神楽は大償神楽の弟子神楽である。研究会と言うのは須藤武子さんを代表とする若い人達の集りである。日本各地に伝わる民俗芸能のいくつかを現地で教わり、体をぶっつけるようにしておぼえ、習ったものをそのままの形で公開している。その中で大償神楽は特に熱心に習いおぼえたものである。ただ、男の舞を女性がまうと言うことで私には気になることがないでもない。

　たとえば、舞初めの鳥舞は研究会の四人鳥舞であったが、舞手があまりにも美しい。男の私は正直に言って舞よりも布を巻いたその奥の目や鼻や口元ばかりが気になった。そして思ったのである。山ノ神が女だとするならば、こんな美しい女性がまったのでは山ノ神がヤキモチを焼くはずだな、と。だから舞手は男でなければならなかったのだとも思ったのである。

その会場で私はひとりの少女に会った。昭和四十二年（一九六七）の八月一日、祭礼の境内で写真を写してあげた少女である。その写真を送ってあげたのだがそのときは便りがなかった。

それから何年たってだろう。高校生になった少女が修学旅行で東京にきて、帰ってから私を思い出したらしく便りがきた。その少女も今年は高校をおえる。東京に出て働きながら保母の学校に通い、おえたら、また故郷に帰ってくるつもりだといった。それでもこの少女の場合には帰ってくる気でいるからいい。多くの若者は都会に出てそのまま帰ってこない。

通いつめる人達

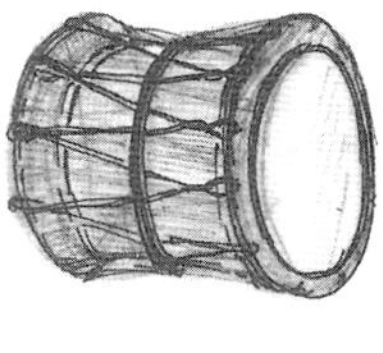

この早池峯山麓の神楽にひかれて、いろいろな人がいろいろな形でかかわってきている。

東京に本拠を持ちながら、須藤武子さんの場合には舞を習うことで大償の人々と生活まで共にしてという感じである。初めて手ほどきをうけたときには、本当に足腰が立たなくなったという。土を耕す経験が体になかったからで、現在、わずかながら自分で畑を作るようになって、民俗芸能が何であるかがわかりかけてきたという。

ホーフ・フランクさんの場合には、『能の研究』というテーマでアメリカから日本にきていたのだが、やはりこの山麓の神楽に魅せられて足しげく通い、故国に帰ってから山伏神楽の研究で学位をとった。

ホーフさんがこの神楽にひかれるきっかけとなったものに能があり、さらにその前にギリシャ演劇があった。ギリシャ演劇も能と同じように語りがあって動きがある。その演出方法はよく似ているのだが、ギリシャ演劇の場合にはそれが完成されるまでの資料がないためにその道順を追うことが出来ない。ところが、日本の能の場合には、各地に伝わる民俗芸能の中にその手掛りとなるものが残されている。その手掛りによって能が完成されるまでの道順をひもとくことは、ギリシャ演劇の道順をひもとくヒントになりはしないかと思ってホーフさんは能の研究を始めたのであった。この山麓の神楽の中にはその手掛りが沢山ある。ホーフさんを山麓にひきつけたもう一つのわけはそんなところにあった。ただ、岩手なまりにはほとほと困ったらしい。謡本をすらすらと読めるくらいだから日本語に不自由はなかったのだが、方言になるとお手上げだった。

茂木悦雄さんの名は初め久保坊の奥さんに聞いた。

「…くるでしょうー、とねー、ごはんを食べながらハシで台のふちを叩いているんですよー」

須藤さんと話しているときに再びその名が出て、私は会ってみたくなった。

茂木さんは栃木県の壬生《みぶ》町に住んでいる。都合をうかがう速達を出して二、三日たったある夜、私の家に電話があった。

「茂木です」

突然なので私はすぐにはだれだかわからなかった。ハテ、と思っているうちにつづいて第二声があった。

「あなたも神楽をやるんですか…」

私にはそんな素質はまったくないんでと断って、神楽のことで取材させて欲しいと頼むと、そんな柄ではないとしぶった。それでも、とにかく会ってくれるという。

茂木さんが初めて神楽を見たのは盛岡市にある桜山神社の春祭りのときだった。岩手大学に席をおき、休日はブラブラということが多かったのだが、それ以後は神楽のとりことなり祭りを探しては神楽を見て歩いた。

卒業は昭和四十四年（一九六九）、東京に就職したが、その生活でまず思ったことは、ここには神楽がないということであった。そこで桜山神社に手紙を出し、一番初めに見た神楽はどこのものだったかとたずねると、石鳩《いしはと》岡《おか》のものだという返事がきた。それからの茂木さんの休日は東京―石鳩岡についやされた。石鳩岡は大迫町の南にある東和町の内である。

古文書も読んだホーフさん

石鳩岡神楽は岳神楽の弟子神楽である。かつて村々をめぐり宿で神楽を演じていたころ、ところどころで神楽を教えることがあった。岳にかぎらず、大償にもそうして教えた弟子神楽がいくつかある。弟子から習って孫神楽などと言われるものもある。森口多里先生の『岩手県民俗芸能誌』にも始めの年代がはっきりしているものもいくつか挙げられている。石鳩岡の場合はいつだかわからないが、とにかくある時代に岳から習ったのだろう。

そこに通っているうちに茂木さんは菅原盛一郎さんと知りあった。東和町の人で、そのあたりの神楽について実によく調べていた。そして、岳神楽が重要なことを教えられた。

石鳩岡を見ているうちに、茂木さんは太鼓を覚えたいと思った。ところが、太鼓をやりたいのなら舞をやらなきゃいかん、と言われた。そこで小国さんの門を叩いた。

「なにやりで」

「うーん、あまくだり、を」

小国さんは首をかしげて、ムリだと言った。結局、〈注連切《しめきり》〉を習うことになって始めたのだが、とにかく手も足も首も、何もかも動かなかった。

「見込みねなー」

月日がたち、しばらくしてから小国さんが何気なくそう言った。

それでも、それから〈三番叟〉や女舞を少しずつ習った。そして、二年目にまた振出しに戻って〈注連切〉に専念した。それでどうにか形ができるようになった。その一つを覚えると、あと荒舞は楽に覚えられた。

時代と共に

「テープの音を一度聞くだけで、茂木さんはもう太鼓が頭の中にはいってしまうんですよ」

私が茂木さんに会いたいと思ったのは、そんな須藤さんの話だった。

そのことを確かめてみると、「いやー」とテレた。太鼓の音は舞によって少しずつ微妙に違っているのだが、基本を覚えるとあとはわりに楽に頭にはいっていくという。舞の方では、荒舞はただ荒く体を動かしてごまかすことも出来るが、女舞は静かに見せなくてはいけないのでごまかすことができない。女舞の練習のとき、ひざをしばられたことがあるという。女舞は内にこもるものを体で表現しなくてはならないのである。

茂木さんは舞や太鼓を習っていただけではない。岳系統の神楽を各地に訪ねてまわった。中にはいまにも消えてしまいそうなものもあったが、そんなところでも神楽を知っているおじいさんを探し出し、太鼓を叩いてもらってその音色を確かめる。その音色で岳系統か大償系統かがわかる。

そうしてまわっている間に強く感じたことがあった。文化行政にたずさわっている人達は、よく知られたものだけを大切にして、消えかかっているものには何の手もさしのべようとはしない、ということで、その感情をあるときその関係の人にぶつけてみたこともあった。

茂木さんの話はもう一つある。菅原盛一郎さんは昭和四十九年（一九七四）四月に亡くなるのだが、その亡くなる直前、菅原さんはそれまで自分で集めていた鳥かぶとの型紙を茂木さんに送っていた。その郵便物が茂木さんの手元に着く前に菅原さん逝去の知らせがはいり、それを追うように荷が届いた。菅原さんとのつながりを、若い茂木さんは「向きあう」という表現で説明してくれた。互に向きあうと何でもやっていけます、というのである。

この茂木さんの話は正月に岳から帰ってから聞いたものである。

一月三日、岳神楽の舞初めの会場、快慶荘の大広間は満員だった。〈鳥舞〉、〈翁舞〉、〈三番叟〉とつづく式表舞の途中で町長さんの挨拶があった。

「……昔だば、わたしのももた（太もも）みたいなマキっこくべて……煙っこ目っこさはえって……と、柴坊、煙っこ行くどいい男さなる……」

町長さんの名は柴太という。その日の町長さんの挨拶は昔の神楽宿の情景から始まった。

イロリのまわりに陣取って、見物人は大きなマキの煙にボロボロと涙を流しながら見たものだという。煙と涙で、それでなくとも薄暗い舞台にうごめく面はいよいよかすんでしまう。そのイロリの火はまた舞台を照らす燈でもあった。面の色が派手だったのも、その衣裳がはなやかだったのも、かすかな灯ではそれで丁度よい色彩になったのである。

　イロリの火の上にはドブロクもあった。そのドブロクを茶わんですくってのみ、口のまわりを白くして酔いつぶれる。しかし、どんなに酔っても舞手の上手下手を見逃しはしなかった。目に一丁字なかった人も、その観賞眼はするどく、その眼がまた舞手を練習にはげませていった。

　権現様で祓いをする。それは無病息災とか家内安全とかいったものを含みながら、かつては、大きく豊作ということにつながっていた。雨、風、雪、それらが幸いにつながっているときはいいとして、災いになったときにそれを除いてもらうのには神・仏にたよるほかなかった。神楽を呼び権現様をまわしてもらうのも、その災いを先に祓っておくためである。

　時代が下って科学の知識を持つようになっても、心に安心感を得るために権現様をまわしてもらうことに変りはない。しかし、明治の人がいなくなり、大正の人が少くなり、昭和の人口がぐんと増えたとき、その祈りの心はどう変るのだろうか。生活に苦しんでいたときにも神楽を絶やさなかったのがそういった人々の信仰心の支えだったとするなら、その信仰のなくなった神楽はただの見せ物になるのではないかと私は不安になる。その不安を打消してくれるのか、それとももっと変ってしまうのか、町長さんの挨拶はつづいていた。

「…近い将来、カヤ屋根の家を移築して、昔の状態の中で神楽を見れるようにしたい…」

町長さんの口から次第に方言が消えていった。

大償神楽の「機織」

石塔入門記

—野の石塔たち—

文・写真　印南敏秀

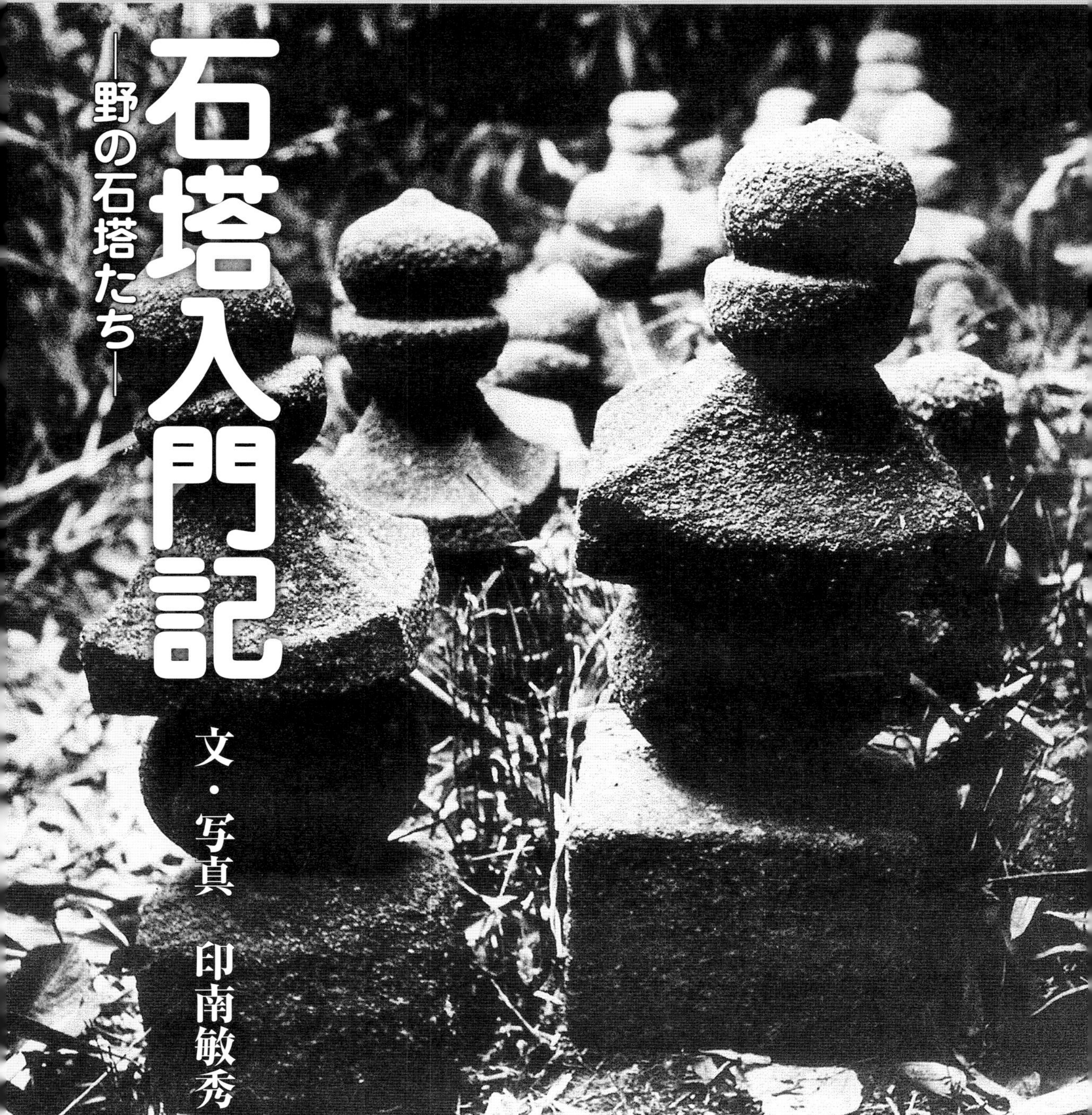

無住になって久しい庵の裏の笹藪のなかにあった石塔群。三原市小泉町

米山《べいさん》寺の小早川氏歴代の墓塔。宝篋印塔が基壇上に整然と並んでいる。（沼田東町）

旧三原城下の極楽寺の無縁墓地。小形の墓標の中には地蔵を刻んだ子供の墓も多い。

石塔との出会い■

美術大学の学生として、最後の暑い夏の日々を、私は広島県三原市で過した。それは昭和五十年（一九七五）のことで、当時、私の母校で民俗学の講義をされていた宮本常一先生が三原市史の民俗編の調査をされており、その手伝いに誘われて三原へ足を運んだのであった。

私はそれまでにも、沖縄や福島県で大学の先輩の尻にくっついて民具調査をしたことがあった。それは私には、まだ知らぬ土地を旅できるという楽しさが先に立つものであったが、単なる観光の旅ではなく、民具調査という、土地に生きる人々のなまの生活や文化にも直接触れることのできる旅でもあった。ある土地を丹念に歩き、様々のものを見、地元の人々と語り合えるような旅を、もう一度卒業するまでにしてみたかった。そんな思いがあったころ、三原の調査に参加しないかという誘いがあり、何を調査するのかも知らないまま、三原を訪れたのである。

三原の駅前に廃屋のような三軒長屋があり、そこが調査員の宿舎となっていた。

夜は宮本先生を囲んでのミーティングで、その時、私の調査が、墓の調査だと知らされた。墓の調査といわれても、何を、どのように調べればよいのか見当もつかない。しかも以前のように先輩と一緒に歩く調査の手助けというのではなく、一人でも歩かなければならない調査だという。内心不安であったが、〝盲蛇におじず〟で、とにかく三原を歩くことにした。

三原とは■

三原は東に尾道市、西に竹原市をひかえた都市で、市域のほぼ中央を南北に備後国と安芸《あき》国の国境線が走っている。西の安芸側には賀茂・豊田郡の山地からいくつもの谷川を集めて東南に流れる沼田《ぬた》川があり、その中流から河口近くまでに広い田園地帯がひろがっている。そして東の備後側には竜王山・大峰山といった海抜六〇〇メートル級の山塊があり、その南側に幾本かの川が流れ出て、その集まるところが三原市街の平地となっている。三原は戦国から織豊時代の武将小早川隆景《こばやかわたかかげ》の築いた城下町として発展するようになったが、現在ではかつての城下町の面影は薄く、瀬戸内海の浅い入江を干拓してできた工業都市の観が強い。

ところで、三原の墓、というより石塔や石仏を調べ始めた最初の地は、三原の中心地ではなく、竜王山の北側の八幡《やはた》町であった。この地を選んだのは、私の意志ではなく、前夜八幡町の調査をせよといわれたからにすぎない。当時の私には三原の土地観もなく、どこから歩きはじめると効果的な調査ができるのか、全くわからなかった。八幡は駅前からバスにゆられて四〇分ほどのところにある山村である。福山平野をつくる芦田川の支流御調《みつぎ》川の上流であるが、谷底は比較的広く、奥深い山村の感じはしない。二五〇〇〇分の一の地図を唯一の頼りに川ぞいの舗装道路を歩いた。朝八時ころ、夏の陽はもう高かったが、朝露はまだ青々とした稲葉の端にのこっていた。田圃はよく拓かれていて、谷間の山腹まで棚田が登っている。民家は棚田をはさむ上下に点々とある。そんな農家の中には、左右に倉と納屋を配した草屋根の堂々とした主屋の家も見られた。

地図には石造物の位置など示されてはいない。〝犬も歩けば棒に……〟ということもある。どこかの墓地に行けば、めざす石塔に出会えるのではないかと思っていたが、墓には見なれた角柱の墓標ばかりであった。蝉の声が勢いづいた昼近くまで歩いたが、棒に当らない。意を決して近くの農家を訪ねた。

「今、市役所で三原の昔からのことを本にするため調査をしています。私は五輪塔や宝篋印塔《ほうきょういんとう》という石で出来た古い墓を探しているのですが、ご存知ありませんか」

「ごりんとう、ほうき……、それはどんなもんかね」

老人は私の言うことが全くわからないようであった。私自身もそれまで五輪塔や宝篋印塔の実物を見たことがない。昨夜のミーティングの時、写真をみせられ、はじめて知ったにすぎない。その形を思い浮べながら、

「五輪塔というのは、一番下が四角で、次に丸いもの、三角・半円・一番上に団子のような形の石がのっていて、宝篋印塔は、下から四角いものを三つ積み重ね、上に丸くて細長い石をのせたものですが……」

「……、知らんなあ……」

これ以上会話を続けて、何かのとっかかりを引き出すには、私の知識があまりにも少なすぎた。午後も何人かの人に尋ねてみたが、答えはいつも同じであった。

昨夜見せられた写真は『日本石材工芸史』という本に載っていたものだが、ぱらぱらとめくっただけでも、石造物にはずいぶん種類が多かった。石塔類だけでも、層塔・宝塔・多宝塔・宝篋印塔・五輪塔・笠塔婆《かさとうば》・無縫《むほう》塔《とう》・板碑《いたひ》・石幢《せきとう》など、聞いたこともない名称や、見たこともない塔型が並んでいた。わずかに層塔だけは、三重塔や五重塔などで、寺院でみる木造の層塔の雛型のようなもので、私にもすぐ理解できた。宮本先生の話をきくと、五重塔や宝篋印塔などの石塔は、平安末から鎌倉時代のころから死者の極楽往生を願って造立されはじめる供養塔で、とくに中世には日本の各地で建立されたものということであった。そしてこうした石塔類を丹念に調査してゆけば、三原地方の中世のなにごとかがわかってくるといわれるのである。ものいわぬ石造物が、どうして歴史を語り出すのであろうか。私には雲をつかむような話ばかりで見当もつかない。東京の美術大学で専攻していたのは油絵である。絵筆をとって石塔を描くならともかく、日本の歴史とのかかわりの中で、石塔を見ていかねばならないようであった。三原で最も有名な歴史上の人物である小早川隆景のことすら、私は知らないで三原

中世以来の武家筋の家の墓。宝篋印塔・五輪塔・一石五輪塔・大型墓標などが建ち並んでいる。八幡町本庄

に来ていたのだった。

　陽は山の端に落ちた。しかし初日はなんの成果もなく、むなしく三原の宿舎に向うバスの客となった。竜王山と大峰山の間を縫う道をバスは走っている。足だけがなんとなくほてっていた。バスが三原市街に向って坂を下り出すと、瀬戸内独特の夕凪に街はもやっている。そして日中の熱気だけが街の上をおおっているようであった。瀬戸内の夕凪が私に生まれ故郷の新居浜（愛媛県）のことを思い出させた。新居浜は、三原のほぼ対岸にある。そういえば、私の家の墓地にも石塔はなかったし、また故郷でも石塔などみたことがないような気がするのである。

　夜は十数人の調査員のミーティングで、その日の調査を報告し合うことになっていた。八幡町の話も出た。八幡町の氏神御調八幡《みつぎはちまん》は奈良時代末に宇佐八幡宮から勧請したという古社であるという。この社へその日は行っていない。八幡町内には古代の山陽道が通っていたというう。私の歩いた御調川ぞいの道が古代の山陽道だったらしい。海ぞいに走る現在の山陽道をもとにしてこの地方の古いことを考えては、どうもいけないらしい。三原市域のあちこちに、中世的な土地景観をよく残しているところがあり、八幡地区もその一つらしい。ミーティングでの会話がはずめばはずむほど、八幡に中世の遺品ともいえる石塔が残存していないはずがないように思えてくる。しかし、私のその日の成果は零であり、それを報告するのはつらかったが、一枚の油絵をかくにも、デッサンを重ねなくてはならないのだ。私の画布は、まだまだ白紙でよいのだと自らをなぐさめるほかなかった。

　翌日、必ず石塔はあるのだと、自分にいいきかせながら同じ八幡を歩いた。

　垣内《かいち》というところでバスを降り、石塔を探し歩いた。歩きはじめて間もなく、道から眺めると、少し高台の山際に墓所らしいものがみえた。棚田の畔道を登っていくと、草むらに五輪塔が二基みつかった。それは写真で想像していたのよりはるかに小振りで、粗末にみえた。五輪塔の他にも見慣れた何基かの墓標も立っていたが、そんなことはどうでもよく、小走りに近くの民家にとびこんで、

「あそこの墓所の五輪塔はどこの家のものでしょうか」

と多少うわずった声で尋ねた。

「そんなもんがあるんかいなあ?」

　老人はけげんそうな顔をしながらも、突然の訪問者について墓所まで一緒にきてくれた。

「ああ、ゴリンサンのことかね。……この墓の下の段に昔あった家のもんだときいとるが、よくは知らんよ。ゴリンサンを探しとるんなら、すぐそこにもう一つあるんだがね……」

と言って、老人は雑木林の方に立って歩きだした。下生えの青草をかきわけながらあちこち探して、やっと一基の五輪塔をみつけることができた。久しく訪う人のなかった石塔は、草に半ば隠れ、木漏れ日の中で静かに立っていた。自分だけが空想の中でひそかに描いていた宝物にはじめて出会ったときのように、この石塔に愛着を感じた。老人は、この塔も墓なのかわからないという。

石塔は、このように地元の人でさえ探しあぐねるようなところにあるのだろうか。だとすれば、簡単に見つけることができないのも当然であった。歩き方や人への質問の仕方も、よほど考えなおさなくてはならない。

私は地図に石塔の所在地点をおとし、メジャーで石塔の大きさをはかり、調査用紙に石塔のラフなスケッチをした。調査カードができたとき、ほっとした。

しかし、夕暮れ時までに出会った石塔は、他にわずか二、三基であった。一つは山畑の片隅の小さな五輪塔、もう一つはある墓所の一石五輪塔二基であった。一石五輪塔は、普通の五輪塔のように地輪（方形）・水輪（円形）・火輪（三角形）を一石ずつ重ね、その上に風輪（半月形）と空輪（宝珠形）を一石に刻んだものをのせたものとはちがって、一本の石柱に五輪のそれぞれの型を刻んで簡略化された五輪塔である。それは高さ五〇センチばかりの小形のもので、非常に慎ましい感じのする墓塔であった。

一日の成果は少なかったけれども、私はとにかく石塔を発見したということに安堵した。だが一方では、これらの石塔がいつ建立されたのか、全くわからなかった。こんどの調査では、ただ古い石塔だというような曖昧さは許されない。先の本の写真でみたように造塔年月日などの銘のあるものは別にして、これらの石塔のように無銘のものは、どうして造立年代を推定したらよいのだろう。石塔発見のよろこびと同時に、新しい不安も生じていた。しかし、宿舎へは、なんとなくうきうきした気分で帰ることができた。

おもしろくなった頃帰る日が■

夏の調査に予定していた十数日間、私はほとんど八幡町を歩きまわった。その間、四十数基の石塔を調べることができたにすぎないが、それでも歩くこつのようなものが多少わかってきた。たとえば、初めのころ歩いていた御調川ぞいの道よりも、石塔の探訪には都合のよい道のあることなどである。その道というのは、棚田の上端あたりを等高線にそうように作られている細道である。この細道にそうて点在している農家は、川ぞいの道に面した家よりも、かなり古い家が多く、屋敷も大きく、古格のある家構えであった。この古い家々を結ぶように作られている細道を歩いていると、古い屋敷跡と思われる石垣や、粗末にならないように寄せ集めたと思える無縁の五輪塔を見ることもできた。そして古い屋敷の背後の林のなかに墓所があり、そこに五輪塔が残っていることが、しばしばであり、ときには宝篋印塔を見いだすこともあった。

これらの石塔も全て紀年銘がないため、造立年代の推定がまだできていないのであるが、その見通しがついていけば、八幡町の歴史のなにごとかを語り始めるのではないかと、あわい期待がでてきた。

また、こんな経験もあった。それは備後国でも古社に数えられる御調八幡に参ったときのことである。本殿の裏の雑木林の中に古い宝篋印塔が一基建っていた。私はこの社へは石塔を求めて訪ねたわけではなかったのであるが、その境内で偶然みつけたのである。仏教寺院に石塔があるのは当然で、八幡町内の寺にも石塔があったが、神社に仏教の石塔があるとは思いもしなかった。何故だろう。神主の桑原氏にきいてみると、この神社には、明治初年に神仏分離令が出るまでは真言宗の神宮寺があって社僧もいたのだという。私は高校の日本史で学んだ神仏習合という言葉を、ふと思いだした。私にとって死語であった言葉が甦るようであった。かりに、石塔調査という目的もなく漫然と旅をしていたときに、この古社を訪ねていたとしたら、恐らく石塔などは見すごしていたであろう。かりに気付いたとしても、それが神仏習合時代の遺品であるということも、さらに今は跡形もない神宮寺があったことも知らないまま、この社から去っていったにちがいない。旅でものを見るということの精粗さを思い知った。

　地図でみると八幡町はそれほど広いところではなかった。しかし、実際に歩いてみるとなかなかに広い。この地方の農村部では、共同墓地や寺の墓地に墓をもっている家よりも、各家が自分の墓所をかまえている方が多い。各所に散らばっている墓所を一つ一つ訪ねては石塔の有無を確かめていくと、思ったほど調査範囲は広がっていかないのだ。しかも多くの墓所では、自然石の墓標や、古いものでも江戸時代末頃の年号と戒名を刻んだ墓標が建っていて、めざす石塔のないことの方が多かった。そして、地元の人と語り合う時間も増え、時には馳走になることもあり、一日に歩ける所はわずかなものであった。しかし、そうした談合の中で得た知識もある。たとえば会話の中でよく出る「ゴリンサン」という言葉である。このやさしい響きをもった言葉は、五輪塔の愛称にちがいないのだが、

「ゴリンサンまで案内してあげましょう」

というので、後をついていくと、それが宝篋印塔であったりした。この地方では、ゴリンサンという言葉を石塔類の代名詞にしているようで、私はそれに気付くと、人に尋ねるとき、五輪塔とか宝篋印塔などの用語を使わず「ゴリンサンはありませんか」と問うようになった。

　石塔調査に少し慣れ、三原というところに親しみを感じはじめたころ、予定の十日余りが過ぎてしまった。八幡町の調査は、まだ半分にすぎない。三原全域からみれば極くわずかである。石塔調査の興味もわいてきたし、同時に毎晩行なわれるミーティングで先生や先輩の人たちから聞く様々な知識が私にはいつも新鮮であった。調査を中途半端に終わらすより、継続してやってみようと思った。

　八月の初め、私は故郷の新居浜には帰らず、大学の卒業制作にとりくむため、東京に向った。

　こうしてはじまった私と三原とのかかわりは、さらに今に続いている日本の石

路傍の堂に寄せ集められた石塔。無縁の石塔を粗末にしてはいけないと思った村人たちが、信仰の場に集めた。八幡町美生

塔・石造物調査の出発点となったのである。

石塔と古い字名

　晩秋、大学の学園祭の休講期間を利用して、私は再び三原の調査に参加した。

　八幡町の調査の続行であったが、それと平行して糸崎町にも行くことがあった。糸崎町では、祭祀組織（宮《みや》座《ざ》）の調査をすすめられていた田村善次郎先生に同行した。

　糸崎町は三原市街の東側につづく、海に面した傾斜地に拓けた農村である。ここでも石塔は、八幡町と同じように斜面の中腹に多く残っていた。そして興味をひいたのは、五輪塔が地神としてまつられている例がいくつかあったことである。これは糸崎の祭祀関係の調査と平行して調べたためにわかったことであるが、山ノ神や穀神社などを祀っている組の人たちが、同時に地神とされる五輪塔を祀っていた。一般に地神、あるいは地主神といわれるのは、多くはその土地の開拓先祖を祀ったものであると考えられる。石塔を地神として祀る例は他の地方にもあると先生から聞いたが実際に確かめてはおらず、今も明らかにできない。ただ、糸崎の場合は、土地を拓いた先祖のために建てた供養塔、あるいは墓塔としての五輪塔が、いつのまにか土地の守り神として祀つられるようになったのではなかろうか。

　このことに関連して、少し気になり出したことがある。それは八幡や糸崎の石塔の所在地の記録に出てくる字名のことである。調査をはじめたころから、字名を書くようにと示唆されていたが、それは石塔の所在地を正確にするためだとばかり思っていた。しかし、八幡町本庄や糸崎町の調査をすすめていくうちに、人名と思える字名にしばしば出会うようになり、字名のもっている意味を考えるようになっていった。本庄には五郎丸・久《ひさ》光《みつ》・国安《くにやす》・国宗《くにむね》、糸崎町には広友《ひろとも》・時貞《ときさだ》・水兼《みずかね》・広兼《ひろかね》・是国《これくに》・治郎丸など、古い字名がかなりの密度で残っていた。これらの字名は、名田《みょうでん》とよばれるもので、土地の開拓者・所有者の名を冠した田畑の地籍名に由来しており、その名田の持主が名主《みょうしゅ》とよばれたと知った。そして、名田は平安時代の荘園の発達にともなって増え、中世の武士社会も名田を経済的基盤にしていたのである。三原の中世を考えるには、この名田と名主層のあり方を知らなくてはならないという。私は、手持ちの地図にも載っていないような字名のなかにも土地の歴史を解き明かす手がかりがあるとは思ってもみなかったが、石塔を調べていくうちに、名田的地名の残っているようなところには、ほとんど五輪塔や宝篋印塔があることを発見した。これは後でわかったことだが、三原市域の古い名田的地名のあるところでは、ほぼ同様のことが言えるのである。さらに石塔の立地する場所が、八幡と糸崎で似ていることも、名田との関係があるように思えてきた。糸崎や八幡町本庄などの字名の範囲を地籍図によって詳しく調べ、それを地形図にあてはめていくと、字の境界が地形図に載っている道・川・尾根などと一致し、一つの字は何らかの地形的制約で区切られたまとまった範囲で、開発は水利の便のよい小谷の上端部からはじまって

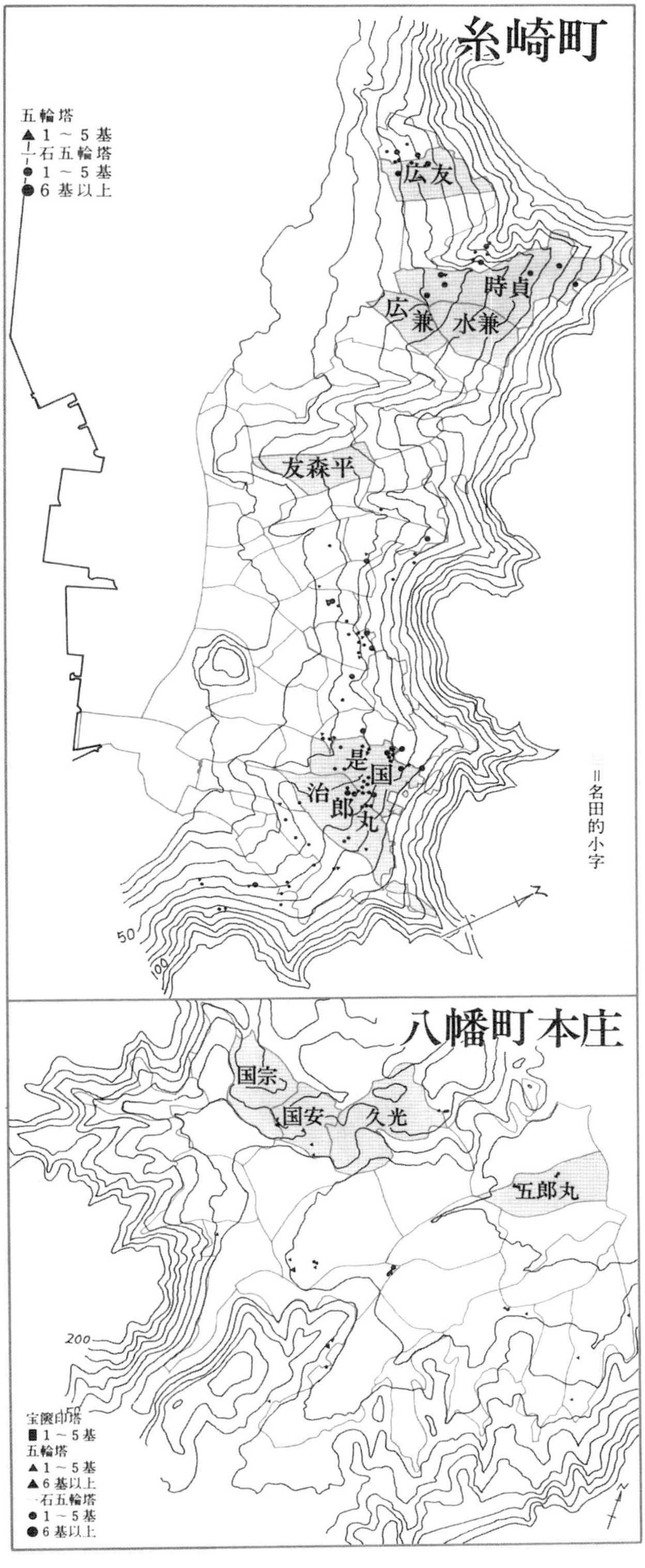

いるようであった。そして名主層の家は、拓かれた土地の上端部に構えられたようである。このように考えてみると、石塔の立地する所が、多くは棚田の上端の古い道ぞいにあったことも理解できるようになる。少し想像をたくましくしていえば、旧名主層は、ある時期から先祖の墓塔（あるいは供養塔）として五輪塔や宝篋印塔を造立したのではないだろうか。それがいつのころなのか、また五輪塔と宝篋印塔の塔類の相違は、どうして起っているのか、糸崎や八幡の調査だけではわからなかった。ただ、同じような名田的地名のところでも、糸崎には八幡のそれのように宝篋印塔が一基もなかったことが不思議であった。それにもなにか理由があるのだろうか。

石塔を調べるには、字名を知っておくことが大変役立つことがわかりだしたころ、「三原小字名一覧表」が手に入った。この字名をみていると、塔ノ岡という地名が二つ出ていた。一つは沼田東町、一つは小坂町の字名であった。のちにそこを訪ねてみると、二ヶ所ともに形のよい宝篋印塔が建っていた。私は三原以外の各地の石造物を訪ね歩くときも、この三原の経験か

小字の分布と石塔分布

糸崎町の石塔の分布を見ると、多くは海抜五〇メートル前後の等高線にそっている。そこは、糸崎の集落では山林と畑地の境あたりになっていて、そんなところに古くからの家と墓地があった。小字の範囲を見ると三町ぐらいしかなく、ほぼ均一的に分布している。そうした小字のなかには中世的な名田地名が残っている。

八幡町本庄は、糸崎町に比べればゆるやかな地形で水田もよく開かれていて、小字の範囲も広くなっている。ここにも、名田地名が残り、石塔も分布しているが、糸崎では一石五輪塔が大半を占めるのに、本庄では五輪塔が多く宝篋印塔も並存する。本庄は古くから豊かな荘園があり、それが石塔文化に反映しているようだ。

一石五輪塔《年代的変遷》

ら字名を注意するようになったが、塔ノ岡という地名があれば、必ずそこを訪ねることにしている。そして今までにそこで石塔に出会ったことが数例あったのである。

ところで、八幡や糸崎の石塔の調査がかなりすすんで八幡町で宝篋印塔十八基、五輪塔は両地域で二百基を超えるようになったが、依然として在銘の石塔は一基もなかった。名田的地名との関係から、これらの石塔の中には中世のある時期に造立されたものもあるだろうという推定は可能になってきたが、一方では、これらの石塔は、現在、自分の家の先祖の墓塔だといって祀っている例をほとんど聞くことがなかった。そのせいか石塔は雑木林や草むらの中に半ば埋れていたり、崩れて残欠が散在していることが多かった。一見すると、のんびりしていて時代変遷すら感じさせないかにみえる山間や海辺の村でも、個々の家の歴史は流動的で、盛衰があったのである。拓かれた田畑は、昔とかわらず実りの秋をむかえていた。しかし、その田畑の持主は、かつての名主層の血縁者ではないようである。無縁化している石塔をみると、家督の相続を何代も何代もつづけることの難しさを感じた。そういう意味では、地神として地域の人たちに祀られている五輪塔は幸せな石塔なのかもしれない。

旧城下の寺々の墓地■

石塔を丹念に見て歩き、石塔の理解を深めていこうとすれば、地形や地名、あるいは地域の歴史や人々の信仰といった問題が次々に現われてくる。どれ一つとっても、はじめての経験で、十分な理解ができないでいたが、石塔に焦点をしぼって、その周辺の様々な問題を考えようとした。いろんな問題をかかえて歩くようになると、同じ場所を幾度みてもあきることは少なく、むしろ自分にとっては新しい発見があって再訪の喜びを感じるようにすらなっていた。冬休みや春休みを利用して三原の調査に入ったころには、不思議に自分の目が多角的に対象をみるようになっていた。

八幡や糸崎のような農村部と、三原市街地のような都市部とでは、石塔のあり方に相違があるのだろうか。農村部の調査も、三原全体では、まだ一部でしかなかったが、三原の旧城下との比較をはやくしてみたかった。そこで冬から春にかけて、私は思いきって旧城下の調査をすることにした。

三原城は、小早川隆景が天正八年から十年（一五八〇～八二）ころ沼田《ぬた》川川口、三原浦の入江を埋立てて築い

一石五輪塔がつくられはじめたころには三尺の規格化された五輪塔より大きい、一メートルを超すようなものも少なくない。しかも、各輪形も明確にわけられ、五輪塔よりも多少細長いという程度のちがいでしかなかった。ところが、一七〇〇年前後になると、線刻によって各輪形をわけ、空輪の先端が丸くなったものがあらわれる。それは、全体に小形化したにもかかわらず、戒名を彫る基礎だけは広いスペースが必要で水輪以上をちぢめざるをえなかったからであろう。
しかし、こうなると本来の五輪塔の形はうしなわれてしまい、戒名を書くのに適した広いスペースをもち、形態も位牌に似た角柱・薄板状の墓標にかわって行くのは当然の結果である。それでも、江戸時代中頃までつづくのは、五輪塔は中世を代表する石塔であったという伝統が人々の意識のなかにのこっていたからであろう。

た平城で、それまでの小早川氏の本拠地であった沼田川中流の本郷（豊田郡）から移っている。この時期は、中世的な山城から平野部に近世的な城郭と城下町がつくられるころで、中国地方の雄、毛利氏も太田川川口に広島城を築いているのである。小早川氏の新しい本拠三原城は、当時は海に直接臨んだ城の構えで、浮城のようであったという。これは小早川氏が瀬戸内海の水軍を掌握していたので城郭自体が軍港の機能もかねるように造られていたからである。城下には、家臣団の武士が集まり住み、町人町も形成され、中世期に御調郡の一郷でしかなかった三原がにわかに活況を呈するようになっていった。そして城下町がつくられたとき、小早川氏は本郷などにあった寺院を城の北から北東の山麓の高台に移していた。現在、三原市街地にある寺院の多くは、この時に移建されたものである。

旧三原城下の石塔調査は、ほぼこれらの寺院の墓地調査といってよかった。それは調査に入る時点から、おおよそわかっていたことだが、私は最初、その寺院を訪れないで、三原の城郭の唯一の遺構である天守台の石垣を調べることにした。それには一つの理由があって、隆景の築城の際、石垣に近在の石塔や石仏を石材として転用していないかと考えたからである。近世初頭、城郭を急いで築くとき、石塔や石仏がしばしば転用される例があって、大和《やまと》郡山《こおりやま》城の石垣などはその一つとして私も知っていた。かりに三原城にもそれがあれば、石造物の造られた時代の下限がわかると思えた。

歳の瀬もおしせまった冬で、隠和な瀬戸内といえども、風の冷たい日であった。私は一日がかりで、石垣を調べた。濠の外から眺めると、それほどではないと思えた石垣の傾斜も間近に見ると、高さ七、八メートルあって、急勾配に積まれていた。それでも私は、どこかに石塔か石仏を石積みに使っていないかと思って、石垣の上端にまで這い登って一石ずつ調べてみた。石は切り石・割り石が使用されていて、一石たりとも転用石材は利用されていない。天守台とその周辺の石垣といえば、城の顔であって、そこに転用石材を用いるはずはない。細心の注意がはらわれて積まれている一石、一石を見おわって私は納得した。徒労であったが、気分はなぜか爽やかであった。今思い返せば、石垣にへばりついて調べている姿に、我ながら滑稽なのだが。

三原市街には、二十数ヶ寺の寺院が、城を扇の要のようにして分布している。その墓地には、近世初頭から現在に至る約四〇〇年間に建てられた墓塔、墓標が、ざっと見ただけでも数万基は優にあるのである。そのうち五輪塔のような石塔類は数パーセントにすぎないようであったが、何百基かの石塔を調べるだけでも、私一人の手では処理しきれないようだし、また城下以外にもまだまだ調査しなくてはならない所が広く残っていた。さらに城下の寺々の墓標をみると、江戸初期の寛文・延宝と

一石五輪塔《形のパターン》

いった紀年名や戒名の刻まれたものもみられ、石塔類だけでなく、そうした古い墓標、すくなくとも元禄時代までのものは調べてみたかった。そうすれば、三原全体の石塔、とくに墓塔の変遷史がより理解しやすくなるのではないかと思えたからである。そうなれば調査対象はぐっと増えて、綿密な調査は数年かけようとも一人で出来るような仕事ではなかった。三原市役所の理解もあって、地元の大学生十数人の調査グループができた。学生といっても、工業・経済・家政・医学部と様々な専攻をもった学生ばかりで、石造物の調査は、半年前の私のようにずぶの素人であったが、皆真剣にとりくんだ。

城下の寺々の調査は、こうしてはじまり、冬休み、そして春休みと続いた。

冬の調査はきつかった。寺の墓地は、ほとんど旧城下を見下ろす高台の、しかも斜面にあって、そこは海から吹き上げてくる寒風にさらされていた。相手は冷い石である。一基ずつスケッチ・計測・写真撮影をする。計測は、はじめ高さと幅ぐらいであったが、途中で、後になって計り直しをしないように、計測点を増やしていったので、一基の調査にもかなり時間がかかるようになった。八幡や糸崎では、宝篋印塔・五輪塔・一石五輪塔だけに注目していて、幸か不幸か、それらには銘文がなかったが、城下のものには、銘文のあるものが石塔類にもでてきた。

そして城下では、江戸初期の墓標も調査対象にしたため、数万基の中からそれを選分けなくてはならないやっかいな仕事が加わっていた。

それには江戸初期の年号を頭にたたきこんでおかねばならない。慶長・元和・寛永・正保・慶安・承応・明暦・万治・寛文・延宝・天和・貞享・元禄と一三の年号が一七世紀の江戸時代の年号である。この年号をよりどころにして選分けるのであるが、すでに三〇〇年前後の半月を経ているので、風化が進んで、年号などの銘文を読むのに苦労がつきまとい、また漢字の中には、みなれない字もでてくる。

古字はまだしも、松→枩、養→羪といった変字体や、菩提を廾（これをササテンという）と書いた異体字とも略体字ともいえそうな字もでてくる。寺の和尚さんに教えられてはじめてわかった字もずいぶんあった。またこんなのもある。「元禄二二辛未年」の二二は四を示しているのは辛未の干支でわかるが、四が死に通じて不吉であるので四を二二と書いたのだという。死者の墓標に四を諱《い》むというのも奇妙であるが、古くからの紀年銘の書き方の慣習がわかって面白い。

一石五輪塔は年代が新しくなるにしたがって簡略化がすすむ。Ⓐ＝輪形が次第に省略され、溝でわけられたものになる。地中に埋めることを前提に下端が不整形になっている。Ⓑ＝一輪省略され四輪になっている。Ⓒ＝輪形は線刻になり、三輪もあらわれる。Ⓓ＝各輪をわける線刻がなくなる。Ⓔ＝下端に石切出しの時の穴の跡がのこる。Ⓕ＝基壇が彫られている。

風化で消えかかった字や難解な字を判読してはカードに記入する。これも時間をとった。しかしその判読が正しいかどうかあやぶまれるので、拓本をとって後で検討できるようにした。しかし、よい拓本をとるには、それなりの技術がいるが、仲間の中に誰もその技術をもっているものはおらず、うまくいかない。拓本技術を専門家に学んだのは、年を越した春、桜の花がつぼみをふくらますころであった。

　ところで、寺々の墓地調査が進んでいくと、自ずから気付くことがあった。境内の墓地には、どこでも数十基あるいは数百基の無縁墓がびっしりと並べられたところがあり、私たちが調査対象にしていた石塔、とくに五輪塔や一石五輪塔と、元禄以前の古い墓標とがこの無縁墓の群の中に多く見いだされた。ということは、元禄以前の墓塔や墓標を今も供養しつづけている家が、三原市街には数少ないのではなかろうか。そして無縁墓の中には、江戸末期や明治時代のものもしばしば見られ、数代で家系が絶えているのだ。都市部の家々の盛衰は、農村部のそれよりはげしいように思えた。

一石五輪塔と墓標■

旧城下の寺々の石塔の中には、極めて稀れではあったが、在銘遺品がポツポツ見つかってきた。八幡や糸崎では全く見いだせなかっただけに、私にはそれらが宝物のように貴重で、三原地方の石塔の変遷をたどるのによい手がかりになるのではないかと思えた。

　なかで興味を引いたのは、一石五輪塔であった。この石塔は八幡や糸崎でも多くみていた墓塔であったが、農村部のものは高さ五〇センチ前後の粗末な感じのものが多かったのに対して、旧城下の寺々のそれは大きなものは一メートル前後のものもあり、形もバラエティーに富んでいた。寺々にはあわせて約二五〇基の一石五輪塔があったが、その中に一〇基の戒名と紀年銘の刻まれたものをみつけた。この在銘の最も古いものは慶長十七年（一六一二）で、最も新しいものは延宝七年（一六七九）であった。一石五輪塔の大きな特徴は地輪部が足長になっていることであるが、それは一つには地中に建てるためと、戒名を刻む空間をとるためである。一般的に墓塔に戒名を刻むようになるのは、江戸初期からのようである。しかし三原地方の一石五輪塔には戒名を刻む空間がありながら実際に石に刻まれて残っているのは稀れであった。これは私の推測であるが、石造物、ことに三原地方の石造物のほとんどが硬い花崗岩であって、それに細かい文字を陰刻することは、石工の技術もかなり高いものでなくてはならず、陰刻のかわりに造立当初には墨書されていたのではないだろうか。というのは石造物に梵字や銘文を墨書した例が、近くでは周防（山口県）で見られるからである。このように考えてくると、一石五輪塔の造立年代の上限と下限を在銘の年代をもって区切ることはできないが、写真（一〇六頁）でみるように、在銘遺品を年代順に並べてみると、その大きさや様式に時代的な特徴があり、無銘のものも、ほぼその範疇におさまってくるのである。そして私たちが同時に進めていた墓標の調査結果と対照してみると、興味深いことに気付いた。墓標の場合は寛永年間（一六二四〜四四）の初期から造立がはじまり、延宝年間（一六七三〜八一）から急増しはじめる。一石五輪塔は、この墓標の増えるころから小形化し、様式も簡略化して五輪塔独特の形状も失われていく。元禄時代（一六八八〜一七〇四）になると、墓は墓標形式が主流となり、一石五輪塔は次第に姿を消していくのである。こうした墓標につながる墓塔のうつり変りを知ることによって、石塔の一つである一石五輪塔の造立されたおおよその時代を判別することができるようになった。八幡や糸崎の調査のころは、一石五輪塔を含めて石塔といえば、中世のものという先入観のあった私にとっては、これは大きな発見であった。ふりかえってみると、八幡や糸崎の墓所で、しばしば一石五輪塔と相並んで元禄以降の紀年銘のある墓標の建っていたのを思い出すが、それはこの墓塔の変遷の様子がわかってみれば、少しも不思議なことではなかった。

後に、旧城下の寺々の調査から、再び農村部の調査に入ったとき、この経験的知識は大いに役立って、無銘の一石五輪塔をみても、その様式から造立の年代のだいたいの見当がついた。旧城下を囲む周辺部の農村部では、旧城下の寺々ではみられなかった小形・簡略化の進んだ一石五輪塔も多く建っていた。幸にも、それらの様式と同じ在銘の一石五輪塔が四基みつかった。それらの紀年銘は元禄から寛延（一七四八〜五一）ころまでのもので、農村部では旧城下に比べて、一石五輪塔は年代的に少し遅れて造立される傾向があったようだ。

一石五輪塔の小形・簡略化は、五輪塔の形を残しながら、安価な石塔を造ることであった。それは墓塔を建てる人たちの階層が、中世期よりもより下層にまでひろがり、農村では本百姓、城下町では商人層までが一石五輪塔を建立するようになったからではないだろうか。

江戸中期を過ぎると墓標が一般化するが、そうした墓標の中には、地蔵尊を浮彫りにしたものを多くみかけた。その地蔵墓標のほとんどの戒名は童子・童女である。幼児を亡くした親がわが子の冥福を地蔵さんに願って造立したものであろう。江戸中期ごろには、地蔵さんが子供を守る仏として厚く信仰されるようになり、それが墓標にも表われているのだ。やさしく微笑みかけてくる地蔵墓標は、子に先立たれた親の悲しみなのかも知れない。

調査方法の基本を学ぶ■

戒名と紀年銘の必ずある墓標や十基の在銘遺品をみつけた一石五輪塔については、寺々の墓地の調査が少しずつ進む中で、ある程度、その成果が目にみえてきだしたのであるが、一方では、こんどの調査の主眼であった宝篋印塔や五輪塔などの石塔については、どのように処理してよいか、依然として暗中模索であった。寺々の墓地で宝篋印塔五十基、五輪塔百数十基、それに三原では有名な宗光寺の七重塔など、その所在はほぼわかっていたのであるが、例えば七重塔は紀年銘がないにもかかわらず、すでに鎌倉時代の後期のものだといわれているものであり、それが何故に鎌倉後期のものなのか、層塔という実物をはじめて見た私には全くわからなかった。そしてすでに見慣れているはずの宝篋印塔や五輪塔にしても、どのような見方をすれば、時代的特色がつかめるか、やはりまだのみこめなかった。これは石造物についての机上の知識、それも概略を知っているだけでは、石塔の種類の区別にしか役立たないのであった。

右は米山寺の宝篋印塔の基壇反花《かえりばな》の拓本を取る。左は宝篋印塔の相輪部を計測中

　要するに、石塔調査の基本が身についていないのである。調査カードは、グループで行なっていると日に日に増えていくばかりで、このままでは調査の行きづまりは明らかであった。そんな悩みをかかえているころ、東京の私の大学では卒業式が行なわれたが、私は三原に留まって調査を続けていた。いろんな意味で区切りをつけなければならない時期であった。私は宮本先生の古くからの友人で、石造美術の研究家として知られていた田岡香逸先生を西宮のお宅に訪ねた。そこで三原の実情を話すと、私たちの調査の無謀さを厳しく叱責された。しかし、先生は、石造物に造詣の深い福沢邦夫氏を同伴して、三月末に三原まで来て下さり、旧城下の宗光寺や沼田東町の米山寺などの石塔調査をして下さった。私たちはつき従って、先生方の調査の手伝いをしながら、同時に綿密な調査方法を見学し、多くのことを習うことができた。様々な塔型の基本的な見方、計測の仕方、拓本の採り方、そして礼儀作法にいたるまで、一つ一つ教えられた。さらにデータは常に全国的な視野に立って比較し、位置づけていくようにと注意された。田岡先生の宗光寺調査のときも色々のことを学んだが、中でも、私に強く印象に残っているのは七重塔の銘文のことと、宝篋印塔の残欠塔身の発見のことであった。

　七重塔は私たちも銘文を記録していたのだが、そこにこの層塔が鎌倉後期に造立されたという証拠があるとは思ってもいなかった。先生は塔身部に陰刻された銘文中の「大工心阿」を読まれると、この塔が鎌倉後期、それも永仁（一二九三〜九九）ごろだろうと推定されるのである。それは大工（石工）心阿の名を刻した石造物がすでに知られており、田岡先生自ら発見されたもの（兵庫県朝来郡朝来町岩津の鷲原寺の不動二童子石仏―永仁四年）もあったので、大工心阿の銘だけでもその時代推定

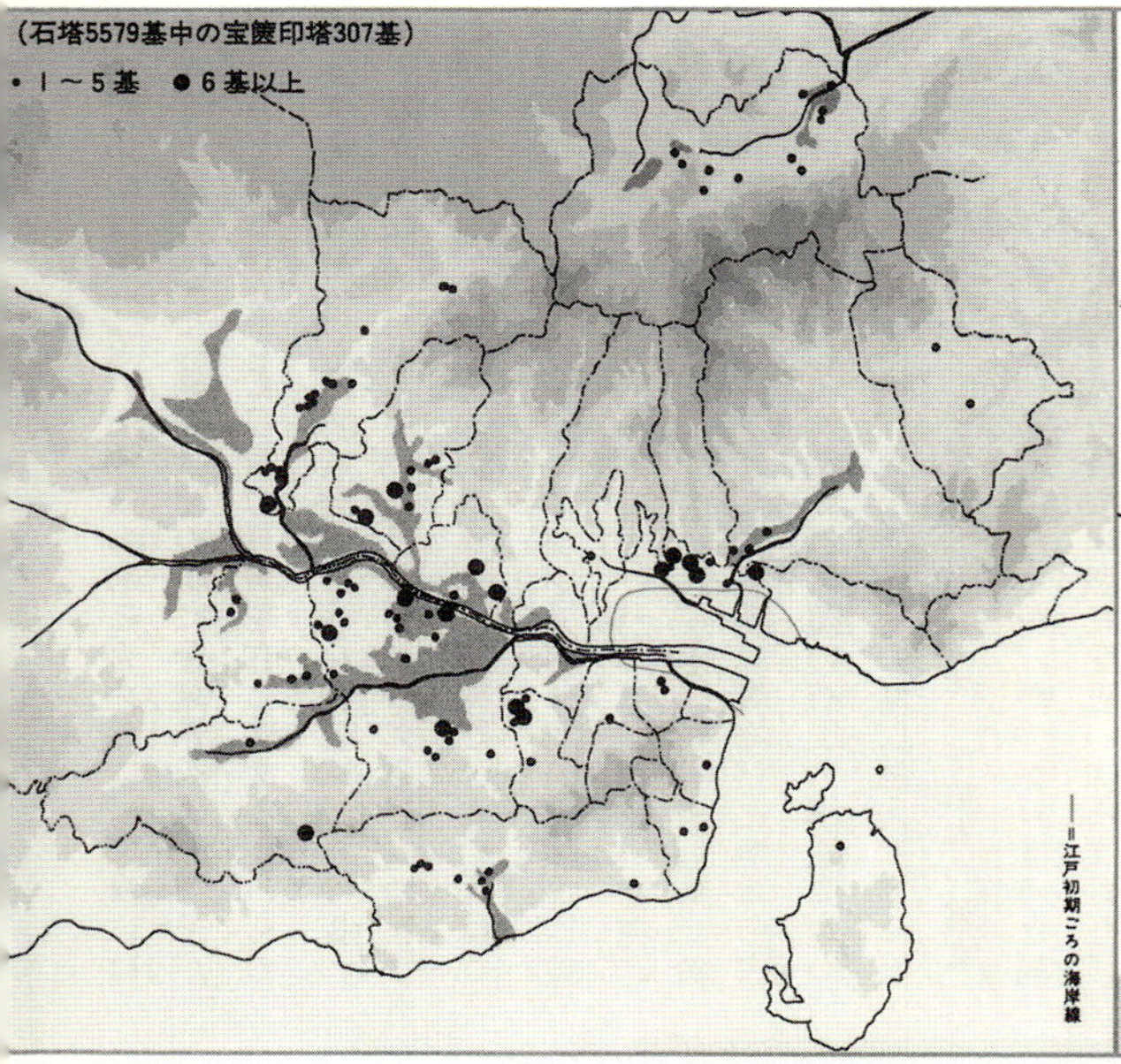

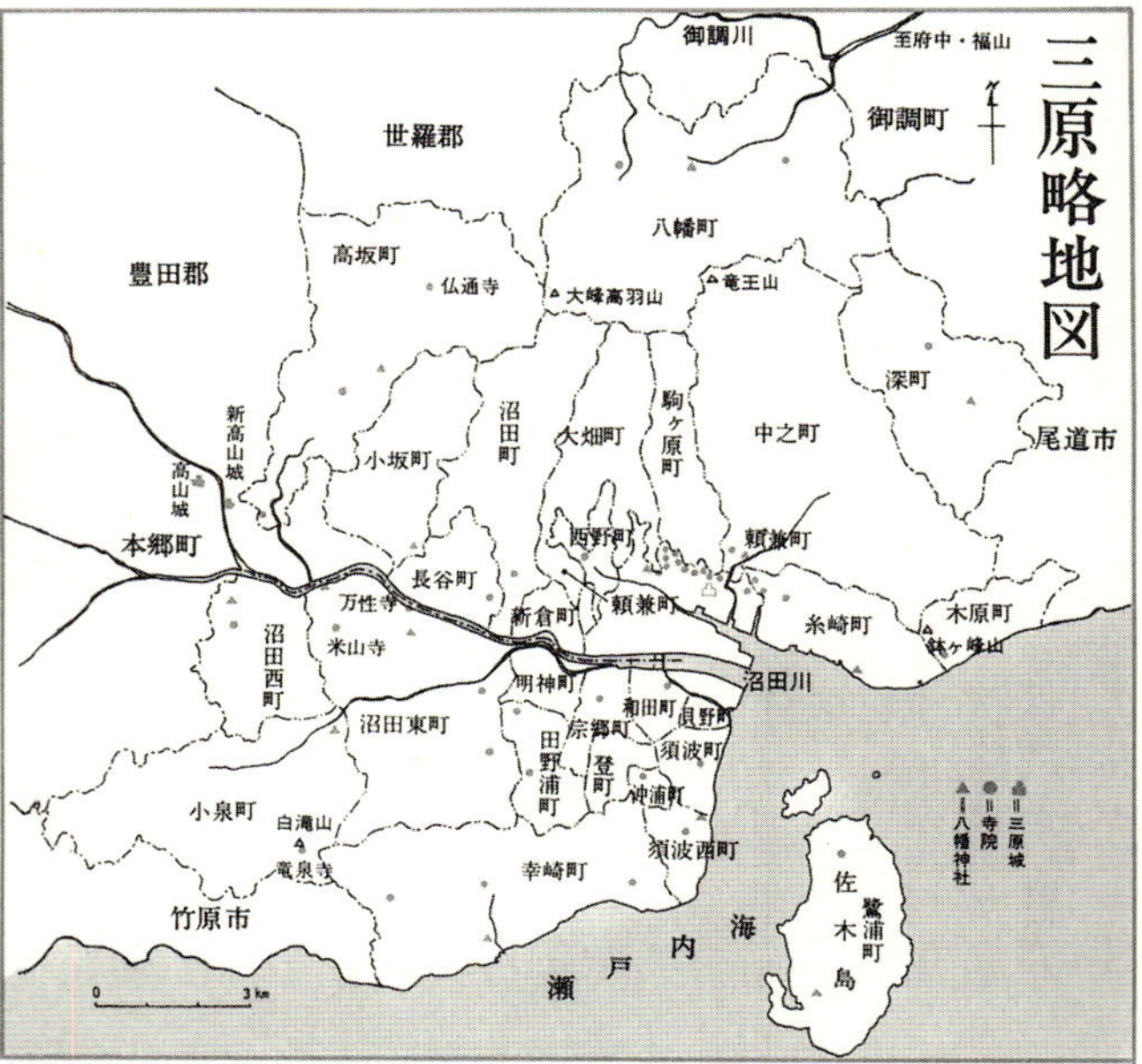

三原の石塔分布図

三原の宝篋印塔分布図
宝篋印塔は小早川氏の惣領家の本荘であった豊田郡本郷町や沼田東などと、庶家のいた小泉・小坂・高坂（真良）・幸崎（浦）などに多く分布する。八幡町は渋川氏に関係したものであろうか。三原城下の寺々には、近世の武家の墓塔が多い。

ができたのであろうが、勿論それだけでなく、塔自体の時代的特徴や加工技術などの面からの判断があってのことである。心阿の名のある最も有名なものは、箱根町精進池畔の多田満仲の墓とされる宝篋印塔で、いずれも優れた遺品である。心阿は、当時真言律宗の中心的寺院であった大和西大寺に属した石工といわれ、その足跡は東と西に遠く離れているが、三原の宗光寺の例は、その西の端のようであった。またこの層塔は、その構造形式や細部の手法などは大和系の特色がよくでているといわれる。私は先生が塔のポイント・ポイントをミリ単位で計測される厳しい姿勢に感動をおぼえたが、わずかな銘文が多くのことを石造物に語らせることも知った。これは一朝一夕に身につくものではなく、日本各地の石造物に触れ、また他人の調査報告などにも常に耳を傾けていなければ、出来ないことであった。私はまだ石造物の世界に一歩、いや半歩足を踏み入れていたに過ぎないのである。

　しばらく後に、宗光寺の層塔と同じような石塔が沼田東町納所《のうそ》の万性寺にあると聞いて訪ねてみた。境内に入ると本堂左に美しい石肌を見せた七重塔があった。宗光寺のものには欠けていた相輪もある完全品で、塔身には宗光寺と同じように線刻月輪の中に金剛界四仏の種子《しゅじ》（仏を梵字一文字で表わしたもの）が刻まれている。そして二面の月輪左右に銘文らしいものがみえる。私は寺の許

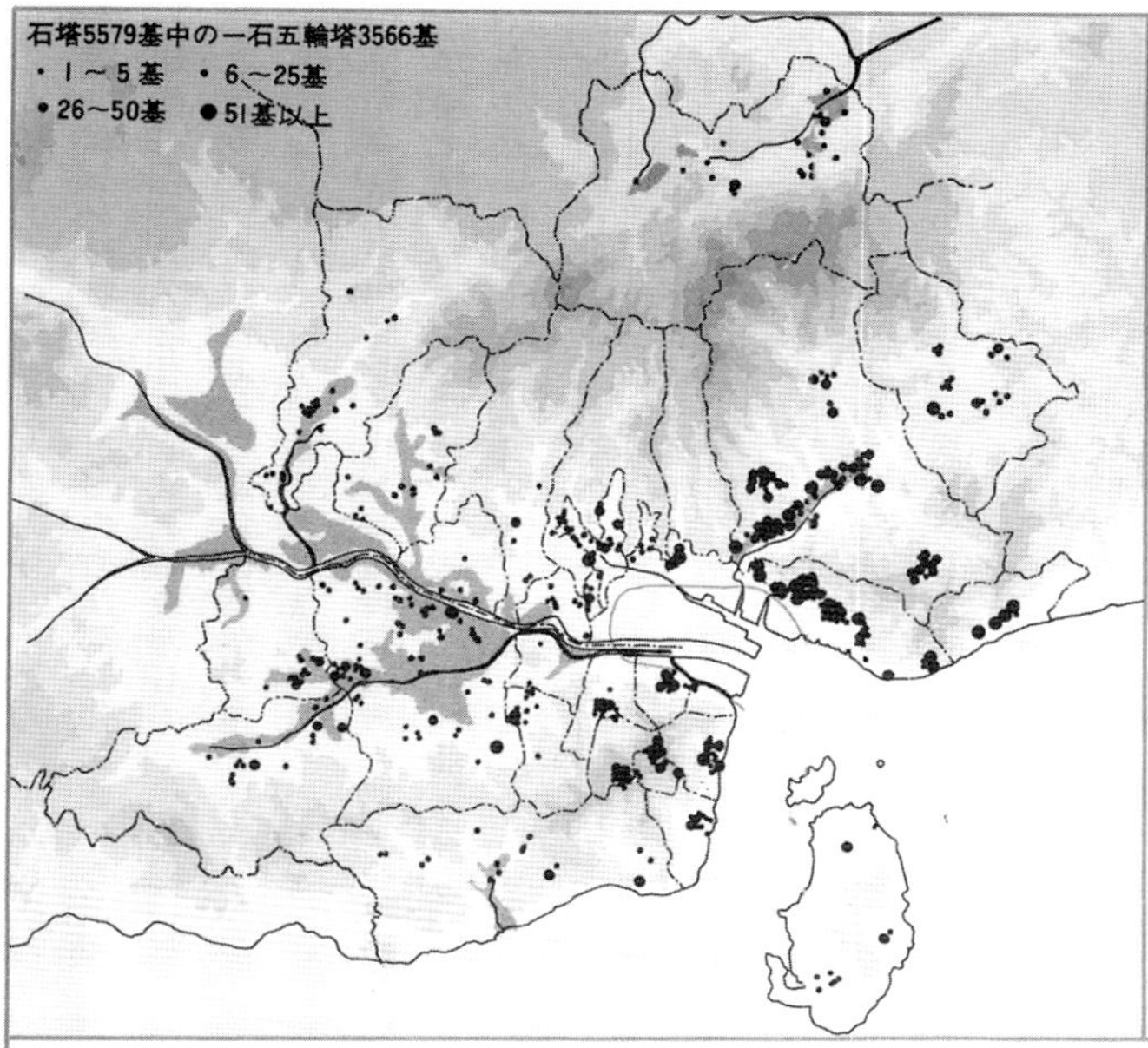

三原の一石五輪塔分布図
一石五輪塔は城下の周辺部に集中して見られる。ことに、中之町・糸崎・木原・登町・沖浦には多い。城下に少ないのは墓標の出現がはやいことや、武家が多かったことによるのだろう。

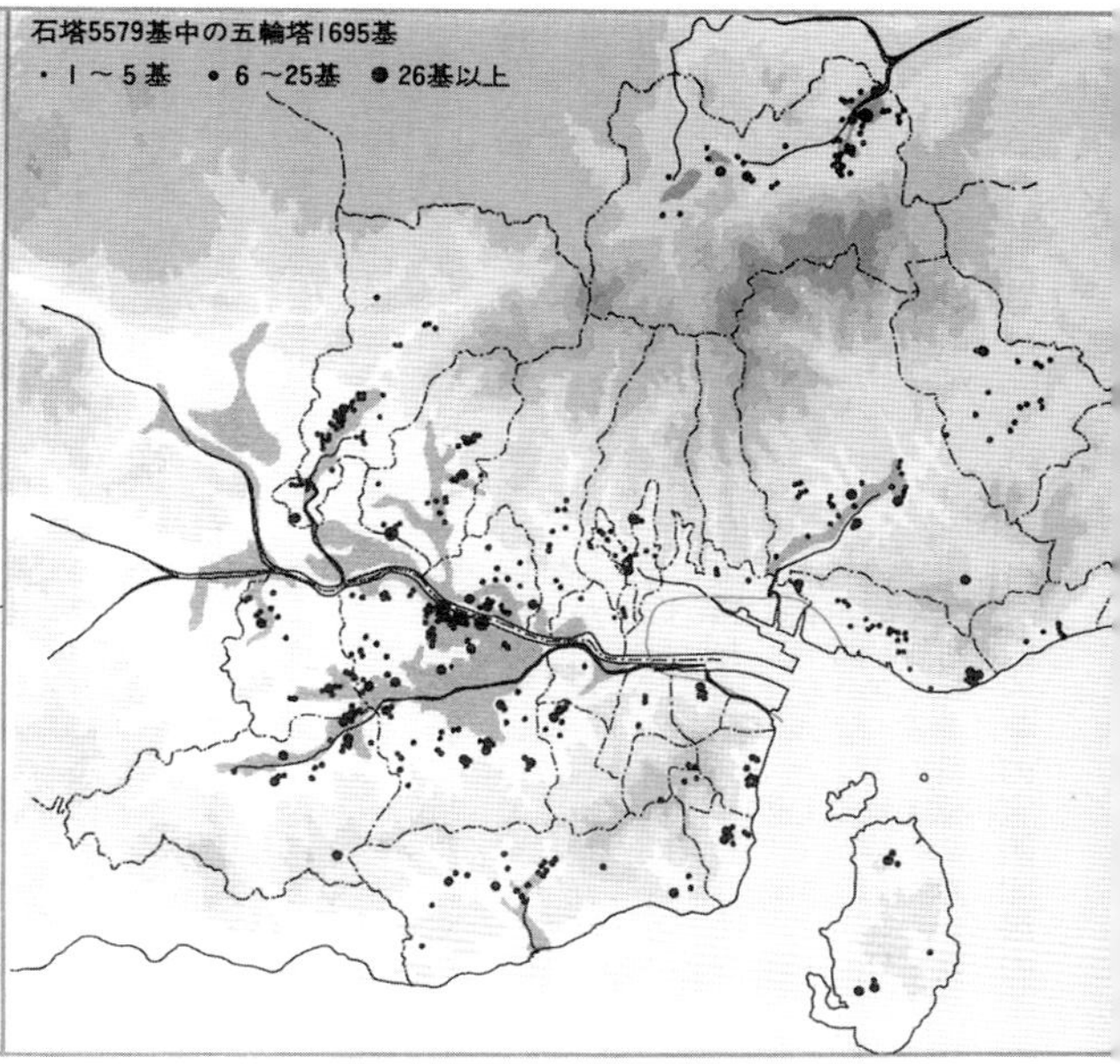

三原の五輪塔分布図
五輪塔の分布は三原全域に及び、かたよりがない。空白は集落のない所といってよいのである。ほとんどは三尺の小形五輪塔で、より大形のものは宝篋印塔の分布と重なる。

可を得て、習いたての拓本を採った。銘文中に「永仁二年甲午六月十日」の文字がはっきりと浮きあがってくる。永仁二年（一二九四）といえば、三原市では鎌倉時代の紀年銘のある遺品は、当時二基しか知られておらず、私は新発見に心躍る思いで、拓本用紙をはがした。

ところが、数日後、万性寺の層塔は贋物だと地元の古老からきかされた。昭和初期に尾道の石工に模造品をつくらせ、本物は大阪府枚方市の某家の庭に据えてあるという。『大阪金石志』をみると、私の採った拓本の銘文と同じものが載っているではないか。がっかりすると同時に、私の石造物を見る目の未熟さを思い知らされた。痛い目に何度もあわないと上達できないもののようだ。万性寺で贋物と知らないで採った拓本と宗光寺層塔の拓本をあらためて比べてみると、同じ金剛界四仏の種子でも、宗光寺のものは、隅々まできりっときまったシャープさがあるのに対して万性寺のそれは字画がにぶく、宗光寺のそれのように断面V字の薬研《やげん》彫りの鋭利さがないのである。古い種子はハケ書きといって竹ベラで書いたため、字画がきりっとしているのである。後に沼田東町の調査に入ったとき、万性寺の層塔を再び見てみると、種子は薬研彫りではなく、底の丸いミカン刻りであって、それだけでも、永仁という年号にまどわされずに鎌倉期のものではないと判断しなく

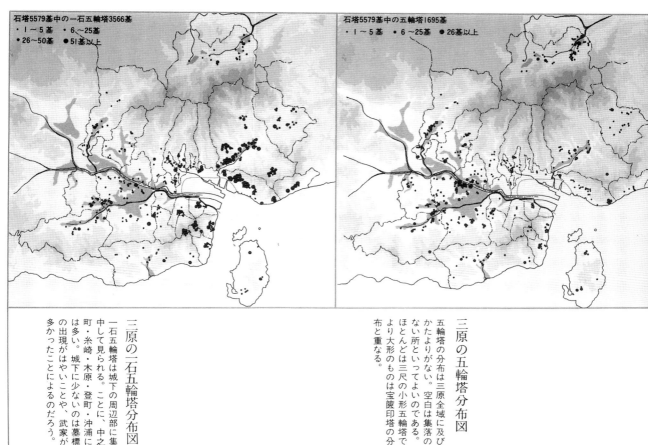

てはならなかったのだ。しかし、当時の私にはそれができなかった。それにしても贋物といっても、近頃はやりの名品石塔の模造品とは比べものにならないほど、秀れた贋物ではないか。庭園などに据えてある近頃の模造品は、一見してそれとわかるものが多い。現代人の好みかも知れないが、むやみに石面を磨きあげ、部分的に誇張したところがあるのだ。鋼より堅い合金製の石彫道具ができ、石細工を機械でする部分が多くなって、石工が時間をかけ、愛情をこめて石材に向うことが少なくなっているからだろうか。とくに、古い石塔を訪ねて歩いていて気付くことは、戦後の墓標や石碑の文字に品位がなく、石工の個性というものが感じられないことである。それは文字を機械で彫るようになったからだろう。そうしたものに比べれば、万性寺の層塔は、贋物とはいえ立派である。昭和の初期のものであり、しかも瀬戸内では指折りの古い伝統をもった尾道の石工、恐らくその名工が造ったものではないだろうか。そう思うと、はじめ贋物と見ぬけなかった自分へのなぐさめとなったし、言葉はおかしいが、秀れた贋物に出会ったことは、私のよい勉強になった。

田岡先生の調査で学んだもう一つのことは、宗光寺の宝篋印塔の塔身残欠のことである。私たちは、先生の調査以前に宗光寺の石塔は丹念に調べていたはずであった。しかし先生の発見された宝篋印塔の塔身残欠には気付かなかった。私は、八幡や糸崎、そして旧城下の寺々でも、沢山の石塔、とくに五輪塔の残欠を見ていたはずである。それらは、とくに古い石塔類を寄せ集めたところなどでみかけた。ときには、五輪の火輪部が二つも重ねられたり、ばらばらであったものを五輪にするため、小さな水輪の上に不釣合な火輪が乗っていたり、また逆のこともあったりして、一見しただけで残欠の寄せ集めということがわかるものも多かったのである。そうしたものの中には、ユーモラスなものもあって、単調な調査の一服の清涼剤になることもあった。

ところが、宗光寺の残欠は見すごしてしまっていた。宗光寺には十数基の宝篋印塔や数十基の五輪塔などが、本堂背後の墓地に林立していて、それらに目をうばわれていたためかも知れない。先生が墓地の一角で発見された方形の塔身をみると、上端に大きい円孔がうがたれていて、かつて手水鉢にでも利用したもののようであった。この穴に私たちはまどわされて、その存在には気付いていても石塔の残欠とは思いもせず、簡単に見すごしたのだろう。よく見ると塔身四面に薬研彫りの見事な金剛界四仏の種子が月輪内の蓮華座上に配されている。そして拓本を採ってみると、風化のため消えかかっていた銘文も浮きあがってくる。その銘の中に暦応三年（一三四〇）の紀年銘もあって、南北朝初期の造塔であったことがわかってきた。先生はその塔身の大きさ（高さ四二・七センチ、幅上下端とも四三・二センチ）から、完全なものなら総高約二四〇センチの、宝篋印塔なら巨塔に属する八尺塔であろうと推定された。私には、塔の一部から塔全体の大きさまで推測される先生が、まるで手品師のように見えた。もちろん先生は幻術を使われているのではない。長年にわたる綿密な調査に基づいて推定されているのだ。各種の石塔の部分を正確に計測し、どのような比率で塔が構成されているかに常に注意をはらった調査を積み重ねていなくては出来ることではなかった。しかも、石塔の造られた時代、地域差、そして石工の系統などを考慮して総合的に判断しなくてはならないようだった。先生は、この石塔も宗光寺の層塔と同様に大和系の石工の作であろうといわれ、また、この塔身が、同形の塔身をもつ層塔の可能性もあるといわれる。宝篋印塔の可能性が高いとされたのは、一つには南北朝時代になると、層塔造立が下火になるからであると教えられた。宗光寺の層塔や万性寺にもとあった層塔の造立期から年代が下ること、わずか四、五〇年で、造塔の流行が変ってくるのである。私たちは数日間の先生方の調査から、実に多くのことを学んだのだが、それらをすぐマスターできたのではなく、むしろ消化不良をおこしたことの方が多かった。万性寺の贋物の件など、そのよい例であった。田岡先生や福沢氏には、三原の調査が終るまで、貴重な助言をいただき、昭和五十一年（一九七六）の初秋には再び三原の調査をしていただいた。私たちも計測を正確にするため大型ノギスを用いたり、地中に埋まりかかった石塔基部を掘り出すためにスコップも持ち歩いて調査するようになっていった。

　こうした正確な調査方法を覚えていくと、最初の調査に自信がなくなって、再調査した。そうしてみると、たとえば八幡のある墓地などでは、それまで二〇基と思っていた五輪塔が正しくは四二基となった。というのは、散在していた五輪塔を寄せ集めたときに、五輪各部の組み方がでたらめになり、また不完全な五輪塔の残欠部を無理に一基の五輪に組みあわせたりしたために、もとの基数が一見しただけではわからず、正確に五輪の各部の計測をしなおして復元してみると、二〇基が四二基となったのである。こうした例は三原各地にもあり、石塔の基数を正しく出すためにも、正確な計測がいかに重要であるかということがわかった。

三原城下の石塔と宗派

旧城下の寺々の石塔調査のころから、気にかかることがあった。それは宗光寺に鎌倉後期の層塔や南北朝時代の塔身残欠があったり、また、西町の万福寺に地蔵石仏をのせる基礎に利用された宝塔の塔身―康永四年（一三四五）の紀年銘のある残欠があり、東町の松寿寺には各種の石塔の残欠を寄せ集めて造った石燈籠に鎌倉時代後期と推定できる宝塔の笠の部分があったりして、三原城が築城される以前の中世の石塔類が存在することであった。旧城下の寺々

右は本町宗光寺の七重の石塔。三原に残る五基の層塔の一つで、大和にみられる鎌倉後期の層塔様式と同じ優品である。左は宗光寺墓地に建つ福島正之の墓塔。江戸時代の宝篋印塔としてはまれにみる優品で、中台を基壇と塔身の間に入れているのが特徴。

は、三原城ができるころ、小早川氏の本拠本郷などから移築したものや江戸時代創建の寺であるから、寺々の石塔も三原城築城後のものと思っていたのであるが、前記のような鎌倉後期から南北朝のものが残存しているのはどうしてであろうか。

　宗光寺は小早川隆景時代から禅宗の大きな寺で、小早川氏が関ヶ原の合戦後、廃絶した後も広島藩の福島氏（一六〇〇～一九年の間）・浅野氏（一六一九～一八六八年）の時代にもよく大寺の格をたもっていた（福島氏のとき臨済宗から曹洞宗に改まっている）。この他真言宗の正法寺、浄土宗の大善寺なども城とともに移った由緒ある大寺で、それに延宝時代創建の日蓮宗の妙正寺も大きな寺である。それぞれ、三原城主や上層武家とのかかわりの強い寺といえ、宗光寺にある慶長六年（一六〇一）没の福島正之の戒名を刻した秀れた宝篋印塔や、三原浅野家の菩提所でもあった妙正寺にある浅野家歴代の五輪塔などは、寺と武家の関係をよく物語っているもので、また寺々に残る多くの宝篋印塔や五輪塔の大半は、三原城下の上層武家の墓塔とみてよいのである。これらの宝篋印塔や五輪塔にも規模の大小があり、同じ武家でも、その家格の上下を示しているように思えた。そして寺々の僧の墓には無縫塔もあった。

　こうした近世の墓塔にまじって、中世の石塔がわずかながらまじっていた。宗光寺の層塔以外は残欠であるが、それらは何を示しているのだろうか。私たちの調査が、主として中世の石塔を対象にしていただけに気になる存在であった。宗光寺の層塔は同類のものが、もと万性寺にあったことでも推察がつくように、伝承としてもこれは古くは万性寺にあったといわれている。万性寺は沼田東の古い真言宗の寺で、宗光寺とは、本来関係のない塔のようである。では同じ宗光寺の暦応三年（一三四〇）の宝篋印塔の塔身はどうであろうか。これについて、私は宗光寺の移建以前にこの寺地にあった万福寺に関係するものではないかと思う。この万福寺は、西町に移されたもので、そこには康永四年（一三四五）の宝塔の塔身が残っているのである。万福寺は、三原城ができる以前のこの地域（三原郷木梨荘）の中心的な真言宗寺院であって、三原郷が古く高野山領であったころに建立されたものかも知れない。というのは、暦応三年銘の塔身には、「阿闍梨□□」という、この石塔の造立にかかわったと思える僧のことが銘文にあり、僧名は不明であるが、その僧に阿闍梨《あじゃり》という真言宗で用いる高い位階がみえるからである。そして、天台や真言の密教、とくに真言密教は、塔の建立に最も熱心で、塔自体が主尊の大日如来の顕現で、塔身をそれに当て、四方に金剛界（または胎蔵界）四仏を配して造塔した。鎌倉時代からは、層塔・宝篋印塔・五輪塔・宝塔などを建立することの功徳を熱心に説き勧めたため、石塔造立が流行するのである。これは密教だけでなく、次第に、鎌倉新仏教の各宗派（浄土真宗は別にして）にもうけいれられ、各種の供養塔として、また個人の冥福を祈願するための墓塔として、石塔の中の宝篋印塔や五輪塔が造立され、中世も時代が下るほど、一般的な供養塔よりも墓塔として造立されることが多くなるのである。こうした石塔造立の経過を考えてみると、恐らく、暦応三年の宝篋印塔は真言僧の阿闍梨が旧万福寺に供養塔として造立したものとはいえないだろうか。そして西町の万福寺の宝塔も、ほぼ同じころ供養塔として造立されたものであろう。一方は宗光寺に残り、いつのまにか残欠が手水鉢に転用され、一方は万福寺の移建とともに移されたのではあるまいか。さらに松寿寺（曹洞宗）の鎌倉末期の宝塔の残欠についても、松寿寺が小早川氏以前には真言宗の来迎寺のあったところに建立されたといわれ、やはりこの地方の真言宗とかかわりがあるようである。

このように、三原市域でも、中世的歴史景観を全くといっていいほどとどめていない三原市街地にあっても、丹念に石塔を探し、その石塔の存在したわけを歴史資料にあたって検討してみると、中世期の三原郷の仏教のあり方の一端をのぞくことができるようであった。

石塔探訪の旅

旧城下の寺々の調査が一段落したところで、私たちは、再び農村部の調査に入った。それは五十一年の夏からで、以後、五十三年の冬までかかったのであるが、私は大学を一応卒業し、一、二年は就職はあきらめて、三原の調査を続け、折り折りに、東京にアルバイトに帰ったり、金がたまると、田岡先生に教えられたように、なるべく多くの中世の石造美術を自分の目でたしかめてみようと思い、各地を旅した。その中には中世石造美術の宝庫である近江（滋賀県）での田岡先生の調査に同行させてもらったり、三原とのかかわりの深い広島県内や香川県にも先生の道案内役として歩いたこともあった。もちろん、それらの旅は、調査旅行とか、三原のように、石塔なら全部しらみつぶしに調査するというものではなく、私にとっては、全くの石塔入門の旅というもので、すでに調査され、『大阪金石志』などでその存在が知られているものばかりを、点々と見て歩く旅であった。こうした旅は、三原での調査が行きづまったり、調査カードづくりなど、単調な仕事のくりかえしで疲れたときなどは、気分転換になったし、多くの中世の石造物の優品に出会える喜びがあった。三原には中世の石塔が、実に沢山あるのだが、在銘遺品が実に少ない。私たちが調べた五千五百余基中、紀年銘のあるのは一石五輪を除けば、わずかに十数基でしかなく、これは関東の中世の板《いた》碑《ひ》や近江の石塔などとは比べものにならないほど少ないのである。そのため、各地で得た様々の石塔の時代的特徴は、三原の石塔を改めてみたり、カード整理のとき、大いに役立った。

三原の中世の石塔と、深い結びつきのある地方があった。それは、思いもしなかったことであるが、私の郷里新居浜とその周辺の伊予東部であった。三原の調査をはじめたとき、石塔など見たことがないと思ったのは、私の郷里での体験からであったのだが、三原や、その周辺部、たとえば竹原市、尾道市、福山市、御調《みつぎ》郡、世羅《せら》郡、豊田郡、賀茂郡などに足を延ばして要所要所を調べてみると、中世に開発がさかのぼれるような農村部でも、尾道のように中世に栄えた歴史をもつような都市部でも、必ずといってよいほど古い石塔を見ることができ

〈石塔の見方―宝篋印塔・五輪塔―〉

石塔を見るとき、全体感は一つの目安となる。鎌倉時代などの遺品は大形塔が多く、安定感に富んだものが多い。石塔一般に、その基礎の高さに対する幅の比率が大きいほど安定感があり、時代が降るに従って比率は小さくなる。このことが、塔の各部分にも影響を与え、宝篋印塔の場合、基礎の格狭間《こうざま》の形や反《かえり》花《ばな》の形や位置に時代的な変化がみられる。

石塔の塔身には種子《しゅじ》を配することが多く、一般には面いっぱいに彫られたものほど古い。五輪塔では五大梵字を四面に配するのが本格式であるが、後の三尺塔などでは梵字も省略される。近世になると以後は、五大を漢字で示した五大文字にかわって行く。壺形の水輪が見られるのは鎌倉後期から南北朝にかけてである（次頁の図を参照）。

笠では、宝篋印塔の四隅の隅飾《すみかざり》の場合、外側への傾きかげんが大きいほど時代が新しいと一般的にいわれるが、下の四基の拓本の例でわかるように、必ずしもそうでない場合もある。五輪塔の火輪（笠）は、軒の厚さ、反りのおだやかなものは古く、江戸時代になると反りが誇張される。

以上のことは石塔をみる一つの目安で、一基ごとの部分の変化に注意しながらも、最後には全体感から判断しなければならない。

仏通寺開山堂内の宝篋印塔実測図（一四〇〇年頃）

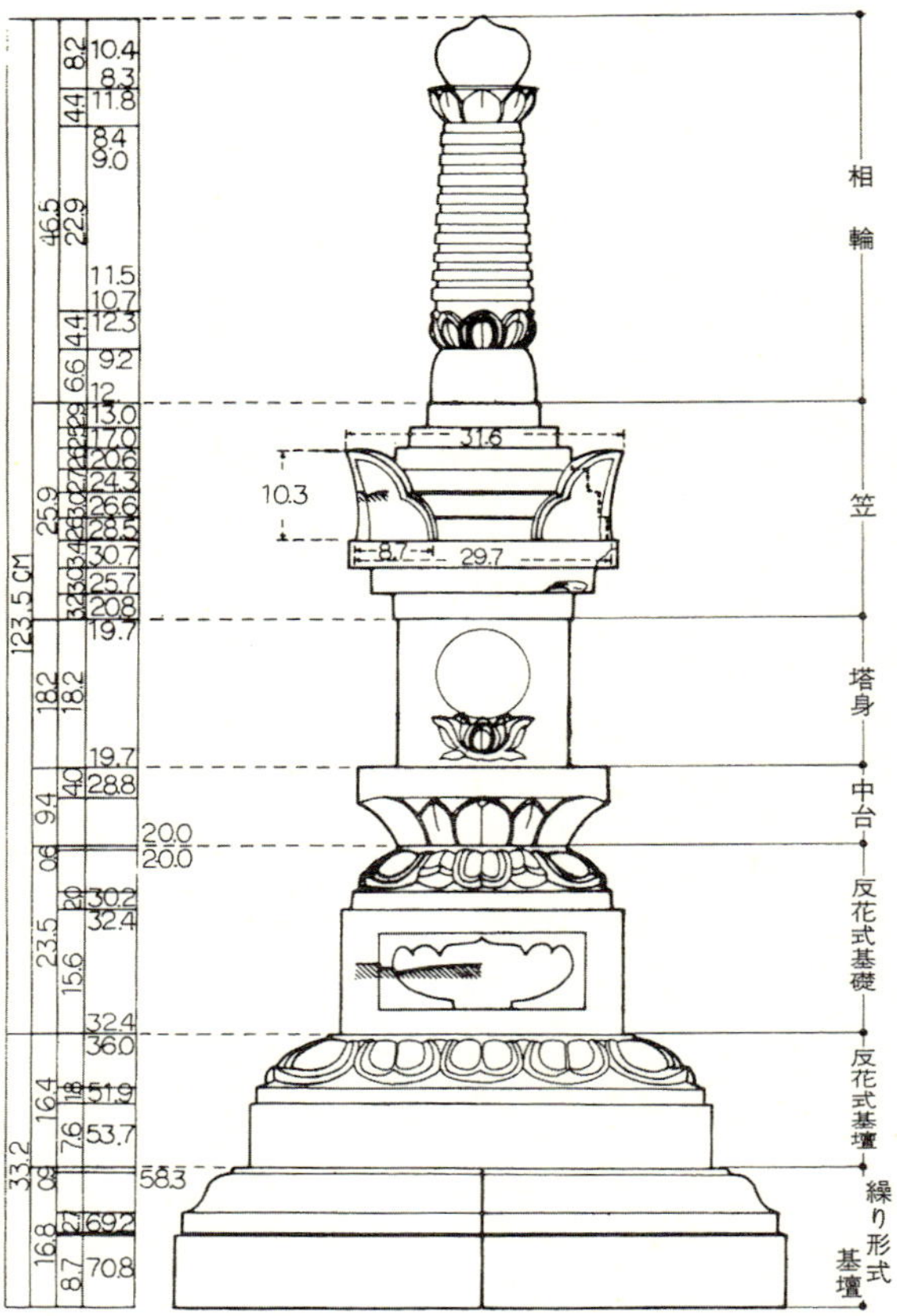

'76.3.27　福沢邦夫実測
'78.4.2　印南敏秀図

宝篋印塔の拓本（笠の段形と相輪部分を除く）

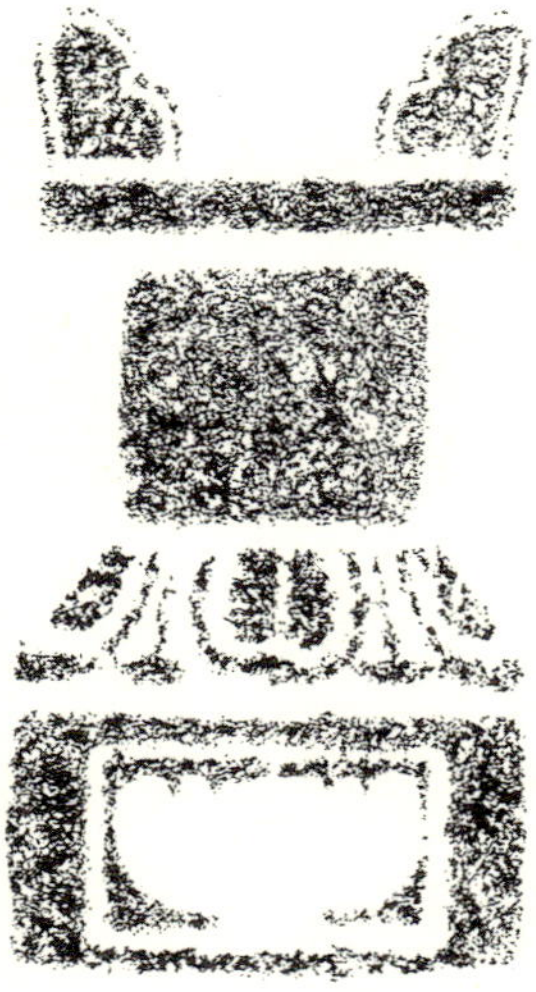

深町字土井溝・江戸初期

本町・宗光寺・元和5年（1619）塔―反花式基壇と中台が付いている

福山市金江町・実蔵坊・永和4年（1378）塔

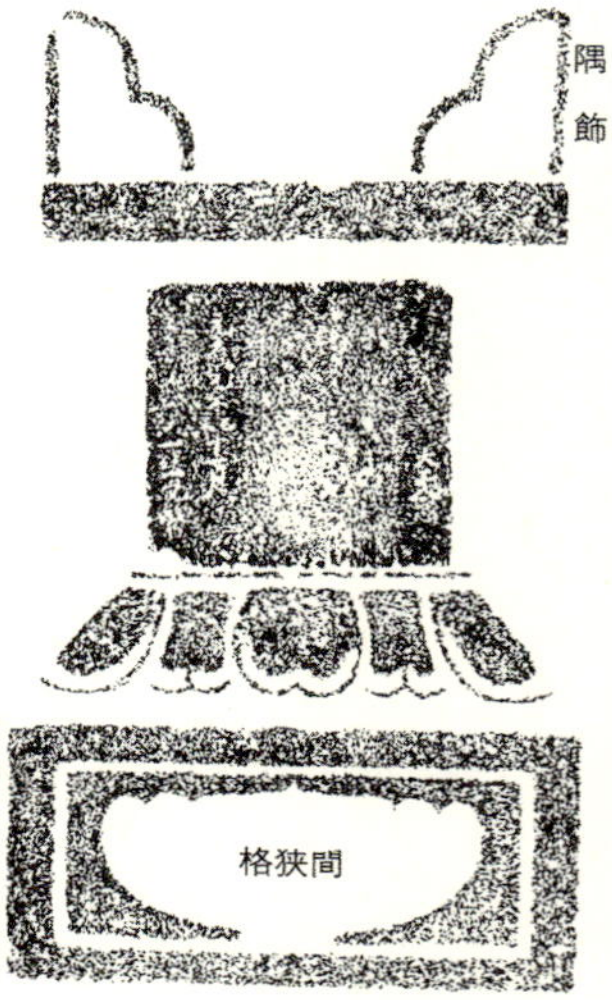

沼田東町納所・小早川氏墓所・元応1年（1319）塔

小早川隆景像。沼田東町・米山寺蔵。撮影・須藤　功

小早川家墓地の宝篋印塔。撮影・須藤　功

た。同じ瀬戸内文化圏として共通な歩みがあるとすれば、三原の対岸になる私の郷里に古い石塔がないというのは、どうしても腑に落ちない。その有無を確かめたくもあって、帰省のついでに、新居浜の寺々をみてまわった。

私の家の墓地（共同墓地）にいってみたが、石塔はやはりない。家の檀那寺によってみたが、境内に三原の旧城下でみたような墓地はない。あらためて考えてみると、私の家の宗派は浄土真宗で、日本の仏教宗派の中で、石塔を最も重んじる真言・天台宗の密教と対照的に塔（石塔、木造塔をとわず）の建立に全く無関心な、というより否定的な宗派である。同じく専修念仏を説く浄土系でも浄土宗や時宗と、このへんが大いに異っていて面白い。広島県、とくに西部の安芸は、安芸門徒の名で知られるように、真宗のさかんなところで、安芸と備後の両国にまたがる三原でも、禅宗や真言宗の寺々にまざって真宗寺院も多い。そして、そうした寺院にも、また門徒の墓地にも石塔はなかったように思える。私がはじめ石塔を見たことがないと思ったのは、私の家の宗派とあるいは関係があったのかも知れない。

五輪塔の各時代の特色

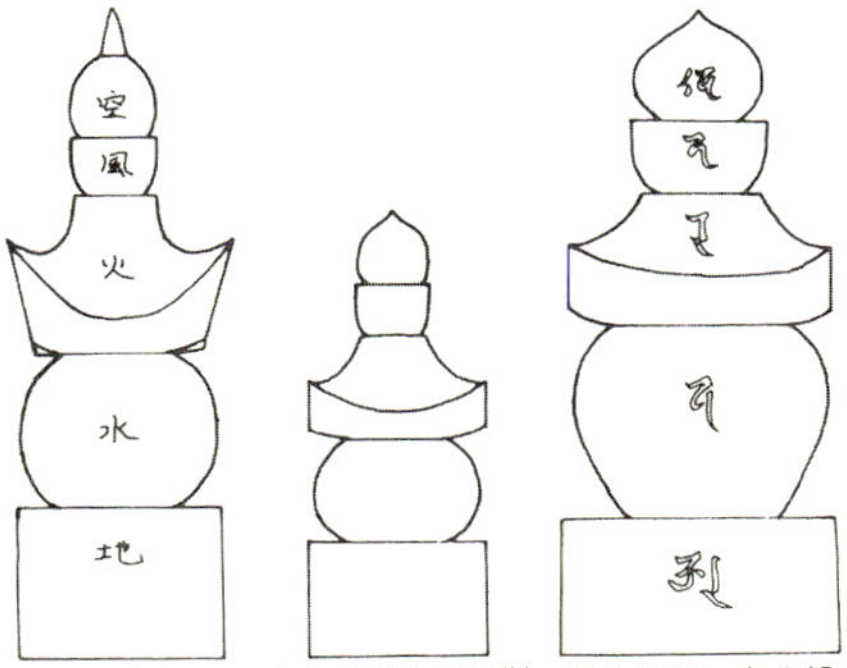

江戸時代　室町後期（三尺塔）　鎌倉後期～南北朝

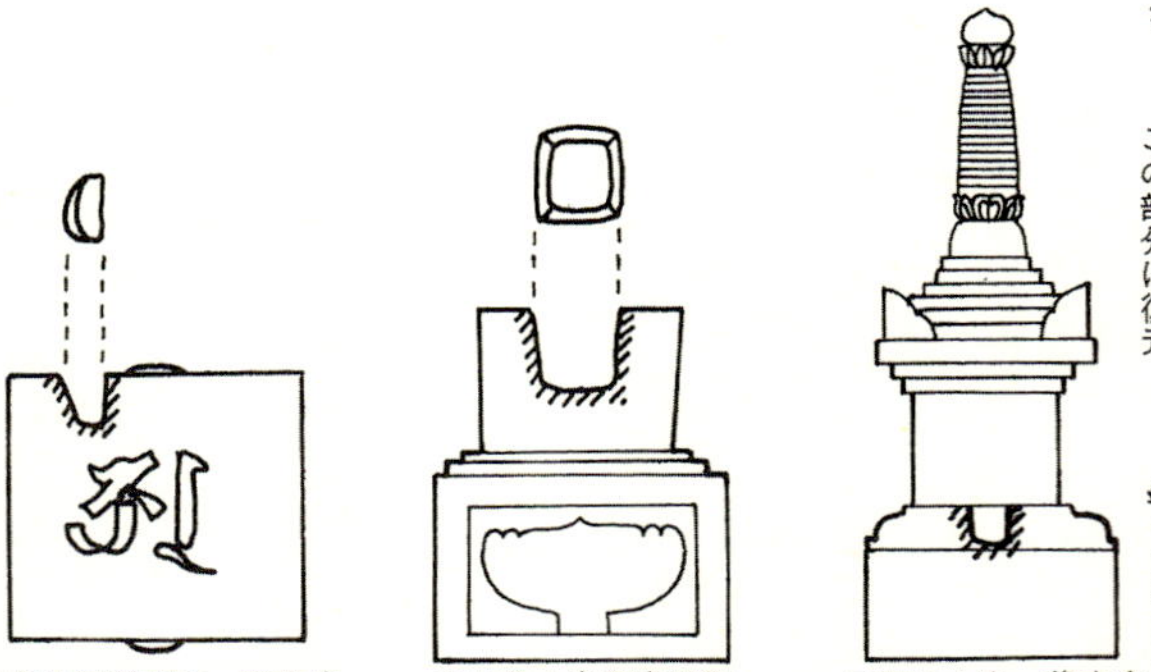

宝篋印塔

三原市小泉・龍泉寺　山口県大島郡東和町　三原市沼田東町・万性寺

◆瀬戸内に見られる奉籠施設

石塔の一部には、内部に孔をあけて物を入れるようにしたものがある。この奉籠施設は塔身（五輪塔の場合は水輪）に多いが、基礎・基壇にもある。孔は塔の大きさ、場所によって円筒形・深鉢などがあり形も大きさもさまざまである。納入されるものは供養される人の遺骨・爪・遺髪であったり、経巻、真言などを書いた笹塔婆・小形五輪塔・小仏像などいろいろある。そして、納入されたものによって造塔の目的が推定される。三原では七基に奉籠施設が見られるが、中には何ものこっていない。七基のうち五基は孔は小さく、遺骨の一部・爪・遺髪などを納めたと思われ、個人の供養のためにたてられたのではないかと推定される。

新居浜の寺々を歩いているうちに、中世の山城の麓の寺で鎌倉末期のものと思える宝篋印塔を見つけた。私は、このころから石塔を訪ねる旅に出るときには、その目的地の大まかな歴史を調べていくように心がけていたが、この石塔なども、中世の新居浜あたりの有力な武家の造立したもののようである。三原の宝篋印塔のあり方と似ているようであった。

よい機会であったので、新居浜の両隣りの西条市や東北隣りの今治市まで足をのばし、中世の石塔の探訪を試みた。西条市で鎌倉末期の層塔に出合い、また今治市まで各種の石塔を点々とたどることができた。三原の石塔のそれのように、すべて花崗岩製で、塔の種類も、五輪塔、宝篋印塔、層塔、宝塔にかぎられ、しかも、それらの全体の様式が細部に至るまで、三原で調査したものと同じであった。三原と伊予東部の中世石塔の共通性をはっきりと印象づけてくれたのが、今治市野間の長円寺跡にあった正中二年（一三二五）の銘のある宝篋印塔である。宝篋印塔は、基礎の上に塔身を乗せるのが普通であるが、この塔は装飾性を増すために塔身を請《う》ける中台《ちゅうだい》というものをはさみこんである。この形式は伊予東部に計四基みられるが、三原市に三基、尾道市に一基あり、日本ではこの八基だけなのである。三原の三基というのは、仏通寺開山堂（一四〇〇年頃）と宗光寺の福島正之の墓と元和五年（一六一九）銘の墓塔である。

このうち後者の二基と伊予の興隆寺塔とは、江戸初の一三年間に作られたもので、その大きさ、様式、細工の手法とも酷似していて同一石工の手になるものではないかと思えるほどである。これらの塔の造立よりも古い時代、一四世紀の鎌倉末から室町初に造立されたのが、今治の正中二年のものなど三基と、三原の仏通寺開山堂のもの一基、尾道の一基である。これらは同一石工のものとはいえないが、中台をおく形式などにやはり似ているものがあり、同一系統の石工の手になったものではあるまいか。山陽側の尾道・三原は、瀬戸内の芸予諸島を廻廊として今治そして新居浜に結ばれている。石造文化においても、この両地方は深い連続性があったのではないだろうか。そして、一四世紀中ごろになると、三原や尾道などでは、石造文化の先進地の大和系の石工の影響を受けつつも、地元の石工が技術を身につけ、成長していったのではないだろうか。そして中台をつけるこの地方独特の装飾法をつくり出し、その伝統が生きつづけて、江戸初にまた顔を出したと考えられないだろうか。三原にある中世期のとくにその後期になると、実に多くの宝篋印塔や五輪塔が造立されているが、それは地元の

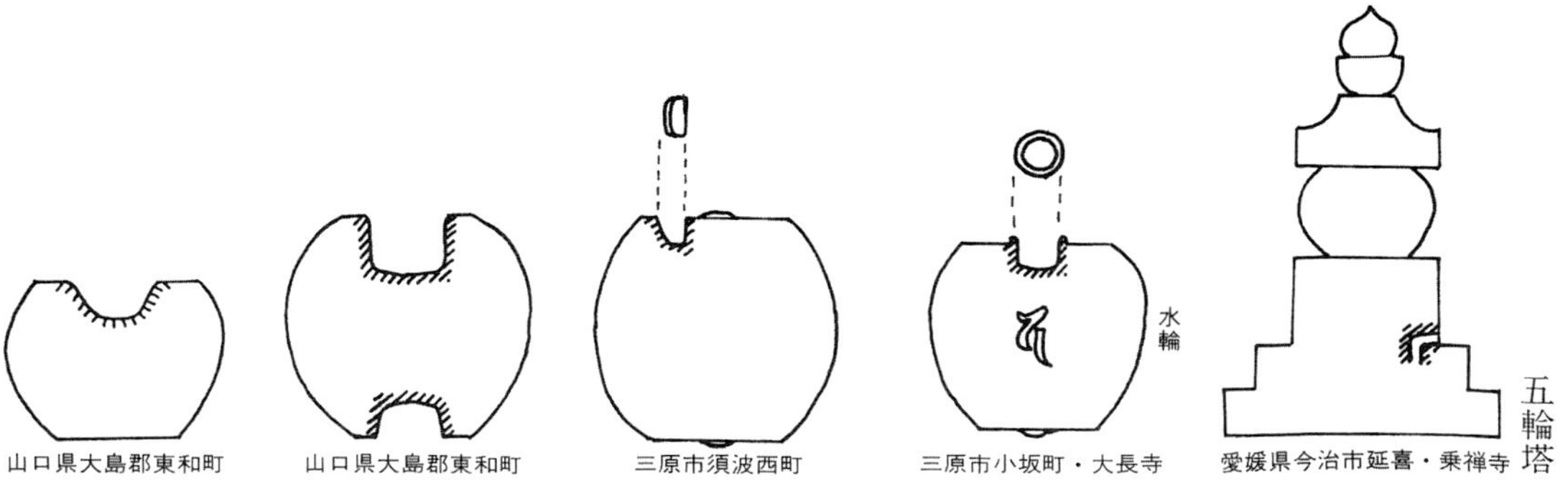

石工が作ったものに違いないのだ。その石工場として、尾道を考えているのであるが……。

三原の石塔を考えるのに、実によい資料が私の故郷にあったことは、何かの因縁なのであろうか。

石塔文化と小早川氏■

三原市域の中世石塔文化は、旧城下から三原農村部、そしてその周辺部の調査を進めていくと、鎌倉時代の初めから当地方で勢力をはった小早川氏の動向をぬきにしては考えられないようになった。

小早川氏は、源平の合戦後、鎌倉幕府が全国各地の荘園や公領の管理のために設置した地頭として、安芸の沼田荘《ぬたのしょう》に入った関東の御家人である。瀬戸内の各地には、平安時代から京都や大和など、畿内の有力寺社や貴族を領家とした荘園が多くあったが、沼田川《ぬた》の中流から下流域（現在の豊田郡本郷町と三原市西部）には、京都の蓮華王院（三十三間堂）を領家とした沼田荘があった。その本拠地は在地土豪の沼田氏のいた本郷であったが、沼田氏は平家に味方し、源氏に敗れてしまったため、このあとへ地頭職《じとうしき》として土肥《とひ》実平（備後国の守護職となる）の子小早川遠平が沼田荘に入部して、中世の小早川時代をむかえるのである。このようにして関東御家人が各地の荘園の実質的支配者として定着した例は、山陽道にも多く、戦国時代に小早川氏と深い関係を結ぶ毛利氏（高田郡吉田荘）も同様であった。

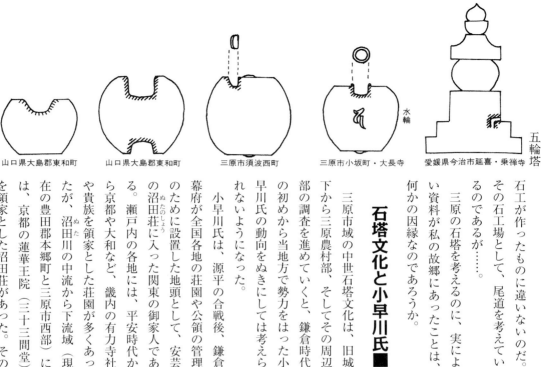

本郷に本拠を置いた小早川氏は、領家の蓮華王院が在地支配にあまり介入しなかったこともあって、三代茂平あたりから着実に荘園支配力を強め、当時、塩入荒野《しおいりこうや》とよばれていた湿地一帯の新田開発にのり出している。そこは現在の沼田東町で、沼田川流域ではもっとも広い水田地帯になっている。川口からやや上流に遡ったところで、塩入荒野の地名が示すように、かつては海水の出入りする奥まった入江のようなところで、船泊りには恰好の場でもあった。鎌倉後期のころから市場もでき、商業的にも栄えていった。市場は本市《ほんいち》、ついで新市が沼田川をはさんだ自然堤防上にでき、南北朝のころになると本市には在家三〇〇戸、新市に一五〇戸もあって繁栄した。

小早川氏は、地頭職としての支配領域もひろげ、沼田川上流の椋梨川《むくなし》流域や竹原荘（竹原市）などへは塩入荒野の開発がはじまるころに、本郷の小早川惣領家（本家）から庶家（分家）を出し、所領を分割相続させている。これが椋梨小早川氏、竹原小早川氏などであるのだが、あまり庶家を出すと、惣領家の勢力が弱くなるので、庶家を出さないようにしていた。しかし南北朝になると、新しく庶家を分出している。このうち、小坂・小泉・浦《うら》などの庶家は、惣領家のおさえていた沼田本荘の村々を分割相続させたものである。これは、塩入荒野の新田開発が進み、本市や新市の繁栄からくる利益もあがって惣領家に経済的余裕ができてきたからなのであろう。そして、小早川氏が瀬戸内海の島にも進出し、生口《いくち》島をおさえ、そこにも庶家を配している。

本郷の惣領家と、分割相続をしてそれぞれの村々に土着した庶家とからなる小早川一族は、惣領家を中心に強く結束していたのである。こうした惣領制は、中世武家のあり方の大きな特色であり、その上に鎌倉幕府や足利幕府政権が乗っかっているのが中世の封建制といってもよいのである。それは、近世の武士が、城主（藩主）の家臣として城下に集められ、俸禄（給与）で生活をたてたのとは大いに異なるといえる。戦国時代は、中世的武家社会が近世的な武家社会を形成する変革期で、その激動の中で滅亡した武家も多かったようであるが、小早川氏は、中国地方の大勢力へと急成長していった毛利元就《もうりもとなり》と結んでかえって勢力を拡大した。元就の三男隆景が竹原小早川家に婿入りし、本郷の惣領家も相続して、毛利氏と行動をともにした。この小早川隆景が三原城を築いて、近世的な城下町をつくり、家臣団も城下に集めたのである。

ところで、こうした小早川氏の歴史的な歩みと、石塔文化はどうかかわっているのだろうか。私たちが三原の調査で知りたかったのはこのことであった。

守護・地頭として関東から移ってきた御家人は、その所領域に一族の結束をはかるためや、惣領家の権威を示すためにも、精神的シンボルが必要であった。その多くは鎌倉武家の守護神的役割りを果した八幡宮の勧請であり、同時に菩提寺（氏寺《うじでら》）の建立であった。小早川氏は、はじめ本郷にあった楽音《らくおん》寺を菩提所としたが、三代茂平のとき沼田東町納所の谷奥に念仏堂を建立した。そこが後に米山《べいさん》寺とよばれる菩提所になるのである。そしてこの墓所には二〇基の宝篋印塔（そのうち一七基は土肥実平から小早川隆景に至る小早川家一七代の墓塔といわれる）が二列の土壇上に並んでいる。

それらのうち最も興味あるのは、小早川歴代の墓塔（欠損や寄せ集めのものも多い）ではなく、左の奥隅に建つ宝篋印塔である。これは高さ二二三センチ余りある大形の完全な塔で、しかも三原の石塔中、最も古い元応元年（一三一九）の紀年銘のある塔であり、また当時この地方で、大工心阿につづいて活躍した石工の念心の名も刻まれている。そして「一結衆敬白」の銘文がある。これは小早川一族の結束を示し、同時に宝篋印塔の造立の功徳によって、一族の冥福と繁栄を祈願したものといえよう。したがって、この塔は個人のための供養塔でもなければ、墓塔でもないのである。

小早川惣領家の氏寺に一族の結束と繁栄を願った石塔が建立されたすこし以前、正安二年（一三〇〇）に、同じ石工念心の彫った地蔵磨崖仏がある。三原港への入口の島（佐木《さぎ》島）の海辺にそれはあるが、これは瀬戸内海航海の安全のために造像したものではあるまいか。そして沼田川の岸の本市にもかつては市の繁栄をみまもるように石塔が建っていたはずである。というのは、本市と、そこに隣接した万性寺に鎌倉後期の層塔三基と宝篋印塔一基の残欠があるからである。これらの石塔や石仏は、鎌倉後期からの小早川氏や本市の商人層の経済的ゆとりを感じさせるものである。

その小早川氏の経済力を示すかのように、応永四年（一三九七）には中世三原の大寺である臨済宗の仏通寺が高坂町の山奥に建立され、その末寺が小早川氏の支配地に増えていき、小早川氏の本家分家の関係が仏通寺の本寺と末寺の関係に反映していた。仏通寺は小早川氏一族の新しい精神的支柱となったのである。そして仏通寺の創建には本市の商人も加わっており、本市の商人層の抬頭をも示しているといえよう。

ところで、宝篋印塔は一方では米山寺の小早川氏歴代の墓塔としてもとり入れられている。この歴代の墓塔は残念ながら江戸時代に整備され、旧状をとどめていないが、少なくとも鎌倉末から南北朝のころには、墓塔として宝篋印塔が造立されだしたと考えられる。この小早川惣領家の風は、庶家にも反映したようで、庶家の土着した村々には必ずといってよいほど中世期の宝篋印塔をみかけた。そしてその分布をみると、三原市域にかぎっていえば小泉・小坂・真良・浦など、小早川庶家のおさえた所に集中的にみられ、小泉小早川・小坂小早川氏の墓塔と伝えられているものも残っていた。私たちの調査は三原市域に限定したものだったが、私は折りをみて小早川庶家と関係する周辺部の土地を訪ねてみた。そこにもほぼ三原の場合と同じように中世の宝篋印塔があったのである。しかし、これは小早川一族だけのことかというと、そうではなく、少なくとも瀬戸内の地域では、かなり一般的であったのでないだろうか。つまり守護・地頭といった武家と、その武家を惣領とした庶家クラスの武家（おそらく平均的には数村の支配者）は宝篋印塔、または五輪塔を造立したのではないかと思ったのである。ただ、三原の小早川氏の場合は、その墓塔として宝篋印塔がえらばれ、その風を庶家もならったために宝篋印塔が瀬戸内の諸地方と比べて多いということかも知れない。

上層武家の墓塔に宝篋印塔がとり入れられたということは、一つには政治的な意図もはたらいて、三原地方では五輪塔を墓塔として造立する家の階層が決ったのではないかと考えられる。それは、惣領家・庶家の支配する土地の名主《みょうしゅ》や上層の百姓であったのではないだろうか。というのは、宝篋印塔は、城下の寺々のものを除いて、農村部では江戸時代に入ると消えていくのに対して、五輪塔は、江戸時代の村の庄屋（名主）や重立《おもだち》といった家の墓所に残っていくという現象があるからなのである。これは小早川氏が関ヶ原の戦い後に断絶し、その家臣団が三原を去るという激変があったのに対して、村々の人の移動は少なかったということと関係しよう。新しく福島氏、そして浅野氏といった安芸・備後とは本来なんのかかわりもなかった大名が家臣をともなって広島城下（その一部は三原城下）に入ってきたが、そうした武家は城下の寺々に墓所を持った。三原城下の主な寺には、宝篋印塔の墓があるが、その中の一部は三原城下に移ってからの小早川一族のもの、そして福島氏に関係する武家のものであろう。しかし、城下の寺でも妙正寺の浅野氏歴代の墓である五輪塔が示すように、浅野時代の城下の上層武家は五輪塔の墓塔をえらんでいるのである。ここに中世以来の伝統であった三原の宝篋印塔は姿を消すといえよう。

一方、農村部での中世の五輪塔は、銘文のあるものは全くなく、また残欠の塔も多かったので、その造塔の時代推定に最後まで困ったのである。三原の歴史的背景や五輪塔の立地している土地の情況などから考えて、ひとつの推論をするほかはなかった。その推論によい手がかりを与えたのが、小坂町の大長寺跡の裏山の墓地に残っていた二二基の五輪塔であった。そこには残欠もあったが、比較的よく旧状を伝えるものが多かった。ここの五輪塔で最大のものは、水輪の残欠から推定して高さ一三〇センチほどの鎌倉末の五輪塔であった。そして年代が下るに従って塔は小形化して、南北朝の中ごろの五輪塔と推定されるものは高さ一〇五センチ、戦国時代前後では九〇センチくらいの三尺塔であった。

私たちが三原市域で調べた石塔は、層塔六、宝塔二、板碑二、宝篋印塔三〇七、五輪塔一六九五、一石五輪塔三五六六基の計五五七九基であった。ダンボール三箱にたまった調査カードを最終的に整理し、各種の石塔の所在地を白地図に一つ一つ落して、石塔分布図(一一二頁)をつくってやっと三原の石塔の全体像のようなものが理解できるようになったのである。五輪塔については、三尺塔よりも大形のものは、とくに沼田東町を中心にした一帯、そこは宝篋印塔の造立が最も多かった沼田荘の中心域に多くみられ、一方、一石五輪塔と並存したり、三尺五輪塔だけが分布しているようなところには、大形の五輪塔はほとんどみられないのであった。そして数量的にも、三尺塔が大半を占めるのである。すると、これらの五輪塔の造立者として考えられるのは、より古い様式の大形の五輪塔は、惣領家や庶家に従属しつつも、村社会にあっては実力をもっていた有力名主層であり、また三尺五輪塔は室町期から戦国期にかけて次第に自律性を高め成長していった小規模の名主や本百姓層のものではなかったろうか。そして、この層の人たちが江戸時代に入ると、より小形化・簡略化された一石五輪塔をうけついだようである。

村々に生活する庶民にとって、様々な石塔の中で最も身近に感じられる存在は、支配者小早川氏のシンボルのような宝篋印塔ではなく、どこの村にもある小形で、あいらしい三尺五輪塔ではなかったろうか。私がはじめて三原の調査に入ったころ、村々の老人が石塔といえば、すぐ〝ゴリンサン〟といって案内してくれたことと、それは関係しているようだ。

糸崎のある集落で地神にまつられていたのも五輪塔であり、村のお堂に安置された五輪塔の円い水輪の石が病気の占いに用いられてもいた。そして、瀬戸内の島々を足下にみる鉢ヶ峰の頂上にまつられている五輪塔は、春の護摩供養の日に老若男女が参詣し、その三尺五輪塔に水をかけ、その水で頭をなでる。五輪塔にかかった水をうければ頭がよくなるというのである。こうした庶民信仰の中にいきづいている石塔も、五輪塔であった。

※　※　※

三原の石塔を求めて歩きおえるまで、二年半が経っていた。私の滞在期日は、三〇〇日を超え、仲間たちの調査も加えると、述べ六〇〇人を超える労力をつかったことになる。石塔ばかりを撮った写真は一万枚以上、拓本は三〇〇枚、カードはダンボール三箱になった。私は、これらのものを整理し、とくに石塔の所在地を白地図に一点、一点落としていく作業をつづけた。地図上の一点、一点をながめていると、調査の日々が鮮明に思い出された。点のまわりにひろがる景観や、この時は暑い夏の日であった、この時は手をかじかませながら拓本をとった日であったというように四季の変化もおりまぜながら目の前にうかぶようであった。そして調査に協力してくれた人たちの顔を思い出し、苦労をともにした調査仲間の顔がうかび、声すらも聞えてくるようであった。

ものいわぬ石造物が、少しずつ私に何ごとかを語りはじめ、そこから私は様々なものを学んだようである。その学んだことをもってまた石に問いかえしてみると、前に語ってくれなかったことを語り出す。私は、多くの人からも教えをうけたが、やはり一番多く語り合ったのは、ものいわぬ石塔たちであったように思う。その石塔、あるいは石仏の中には三原のものだけでなく、瀬戸内各地や大和や近江のものもあったのだが……。

しかし、まだ三原の石塔たちとも、語り残したことが沢山あるような気がする。それは私が問いを出さないかぎり、相手は語ってくれないだろう。例えば、三原やその周辺部の石造物は全てといってよいほど、その石材に花崗岩がつかわれている。瀬戸内には花崗岩の産地はいたるところにあるが、三原やその周辺の石塔につかわれた石材産地はどこなのだろうか。石塔類をよくながめ、また拓本をとってみると、同じ花崗岩であっても石質の密度に差があり、上質のものから粗品まで様々である。同じ産地の石材を使って造られたものも多くある。時代によって石材の質に違いがあるようにも思える。そうしたことを考えながらも、三原の石塔の石材産地がはっきりとはわからないのである。ただ三原に近い佐木島あたりは、古くからの石材産地ではなかったろうかと思う。

佐木島の地蔵磨崖石仏については、前にふれたが、その磨崖仏は割石《わりいし》（和霊石《われいし》）地蔵として、今も厚く信仰されている。この石仏が鎌倉後期にこの地方で活躍した石工念心が花崗岩の岩盤に刻んだもので、この島の花崗岩が石造物を造るには良質のものであるということは、古くから知ら

右は小早川氏の有力庶家の竹原小早川氏の墓所。こうした庶家の墓塔には宝篋印塔が多い（竹原市）。左は本町にある妙正寺の浅野氏歴代の墓所。浅野氏は三原城主で、その墓には江戸時代の特徴をよく示す五輪塔がある。

れていたはずである。そして地蔵の名が割石地蔵とよばれ親しまれているように、かなり古くから、この付近に産する花崗岩を石材（切石）にする丁場があって、そこから地蔵の愛称がうまれていったのではないだろうかと私は考えているのである。

よい花崗岩の産地をもった瀬戸内の石造文化の歩みを、もっと詳しく知りたくて、三原の調査が終った後も瀬戸内の各地を歩き、また、できるだけ多くの他の地方の石造物をみる旅をつづけているのだが、そんなとき、いつも三原の石造物が脳裡をかすめる。私にとって三原は石造物の原点になっていると思うのだ。石造物だけではない。日本の歴史を考え、人々の生活の歩みを思うとき、三原で学んだことが出発点になっていると気付く。

今思いかえしてみると、もし三原の調査を在銘遺品や形の美しい名品などだけにしぼって調査するという方針であったら、私の得たものは非常にかぎられた石造美術の世界のことに過ぎなかったであろう。無銘の、しかも石造美術ということからすれば、全くその対象にもならないような夥しい数の五輪塔や一石五輪塔、それに一部の寺々の古い墓標を丹念に調べ歩き、その量に圧倒されながらも、なんとか調査報告を書いたことで得たものが、私の血肉となって生きているからであろうか。

草むらのなかにポツンと建つ一基の五輪塔は長いあいだ人に祀られることもなかったようだ。それが珍しくこの塔を完全なままで残したのかもしれない。

私のみた中世瀬戸内
石造物五六選

表中凡例
石質
緑＝緑色片岩
砂＝砂岩
凝＝凝灰岩
花＝花崗岩
角＝角礫凝灰岩
石＝石灰岩
安＝安山岩
解説
㊌＝花崗岩
㊊＝角礫凝灰岩

選・写真　印南敏秀

	No.	所在地	種類	石質	解説
徳島県	①	徳島市勝占町方の上・神光寺	☗	緑	(鎌倉)濃青緑色の緻密な石。同一舟形光背内に阿弥陀三尊(善光寺式)の半肉彫り
	②	名西郡石井町高川原・石川神社	☗	〃	弘安8(1285)薄板状の片岩で五輪塔をかたどったもの。種子も五輪塔の五大梵《ぼん》字
	③	名西郡石井町下浦・清水家墓所	☗	〃	文永7(1270)阿波板碑の最古で、日本最古の関東板碑より43年後の造立
	④	阿波郡市場町・大野寺	♛	砂	永和1(1375)板碑が中世石造物の大多数を占める徳島で、数少ない石塔の在銘遺品
香川県	⑤	大川郡大川町富田東字向井	⬆	凝	建武3(1336)「卒都婆百八十本」と銘文にあり、塔婆供養のときに標識としたのか
	⑥	大川郡大川町筒野西	▮	〃	文永7(1270)幢身《とうしん》八面の各面に梵字が刻まれている。幢身以外は大破
	⑦	大川郡長尾町長尾・長尾寺	⬆2	〃	弘安6(1283)・同9(1286)基礎・塔身・笠の隅は大面取り。各々に金剛界四仏種子
	⑧	小豆郡池田町大字池田・長勝寺	♛	花	建武5(1338)洞穴のなかに安置されている。基礎は壇上積式で香川県ではこれ一基
	⑨	高松市一宮町・大宝院	⏏	凝	宝治1(1247)香川県の在銘最古の石塔。横にこれより古式の宝塔が並ぶ
	⑩	坂出市青梅町・白峰寺	●▲2	花	文永4(1267)六角石燈籠・弘安1(1278)十三重塔は㊌、元亨1(1321)十三重塔・元亨
			⬆	角	3(1323)下乗石とかいた笠塔婆は㊊、その他㊌の層塔がある。
	⑪	坂出市加茂町本鴨	⏏	〃	(鎌倉中)塔身は細くて高い。笠はめだって低く、全体に古い様式を示している
	⑫	三豊郡三野町大字大見・弥谷寺	⌓	〃	(鎌倉)自然の岩盤を平らに削り、半肉彫りの阿弥陀三尊と名号を刻む
	⑬	三豊郡高瀬町下勝間	▲	〃	永和4(1378)切り石を積みあげただけのもので、一般の層塔とは形態が異なる
	⑭	三豊郡豊中町下高野字興隆寺	▲♛⏏	〃	(鎌倉末～室町末)山腹の岩盤をコ字状に彫り込み、二カ所に計100基程の石塔が並ぶ
	⑮	観音寺市八幡町・神恵院	▲⏏	〃	(鎌倉中・鎌倉末)宝塔は木造塔を思わせる。層塔基礎の中心飾は香川県に五基ある
愛媛県	⑯	新居浜市神郷町上郷	♛	花	(鎌倉末)塔身は金剛界四仏種子・隅飾は二弧素面、切り石基壇上に建つ完全な塔
	⑰	西条市福武・金剛院	▲	〃	(鎌倉末)塔身正面に胎蔵界大日如来種子のアーンク、基礎側面は四面とも素面

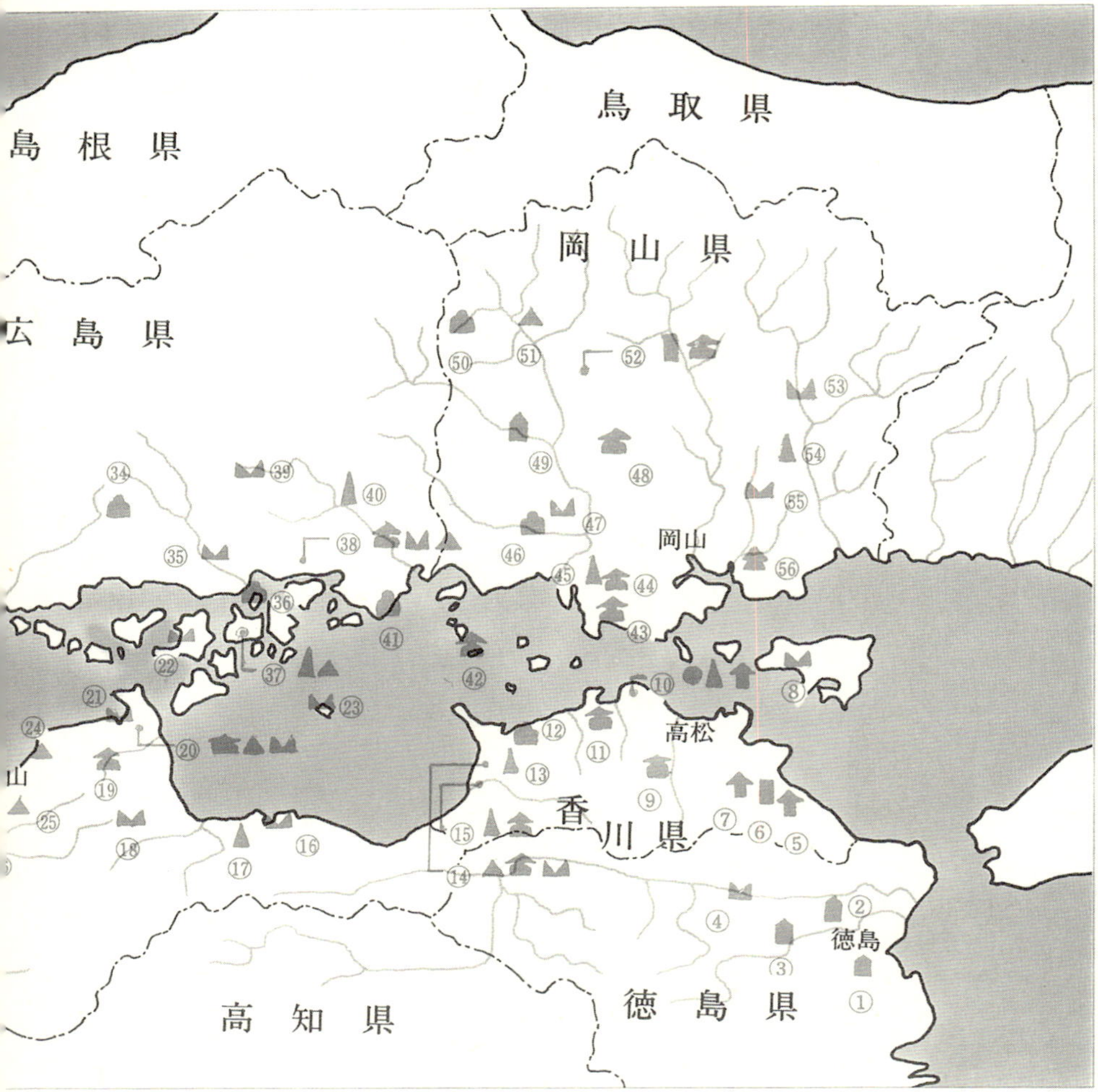

愛媛県	⑱	周桑郡丹原町古田《こた》・興隆寺	2	花	(鎌倉末)基礎に開花蓮《かいかれん》。慶長12(1607)基礎・塔身のあいだに中台をいれる
	⑲	越智郡玉川町奈良原山		〃	建徳2(1371)山頂の神社横に建つ。基礎に開花蓮。石工銘は県内唯一
	⑳	今治市延喜・乗禅寺		〃	正中3(1326)塔下に奉籠《ほうろう》施設をもつ五輪塔をはじめ、鎌倉末～南北朝の石塔多数
	㉑	今治市野間・長円寺跡		〃	正中2(1325)基礎・塔身の間に中台を入れる。銘文からみて弥勒信仰による造塔
	㉒	越智郡大三島町・大山祇神社	3	〃	文保2(1318)左塔の在銘塔には「大工法橋念心」の石工銘あり
	㉓	越智郡魚島村亀井・亀井八幡社		〃	(鎌倉末)燧灘《ひうちなだ》中央にうかぶ小島にもある古い石塔の一例
	㉔	北条市夏目・福性寺跡	2	凝	正安4(1302)・元亨2(1322)二基とも塔身の残欠で、梵字・奉籠孔なし
	㉕	松山市石手・石手寺		花	(鎌倉末)全高3mの大形五輪塔。繰り形式基壇に建つ完全な塔
	㉖	伊予市宮下・長泉寺		凝	文永2(1265)経を地中に埋納上に標識として建てたもの。同市に同時期の層塔2基
山口県	㉗	下関市長府町・功山寺	3	花	(鎌倉末～南北朝)中心飾付一基と、滋賀県を中心に発展した開花蓮が見られる
	㉘	宇部市島・宇部市立図書館		石	文応2(1261)もと川上大辻の俗称虚空蔵《こくうぞう》の脇にあった。中国・四国・九州で最古の板碑
	㉙	山口市仁保下郷・源久寺		凝	(鎌倉後)基礎上端の反花の背が高い。地頭《じとう》の墓という伝承をもつ
	㉚	防府市本橋町・護国寺		安	貞永1(1232)基礎付の本格的な塔で、四面にマンダラ・五輪形・阿弥陀三尊種子を配す
	㉛	徳山市大字上下字西南野字上年		〃	嘉元1(1303)銘文に「為成仏」とあり、塔身上端に円い奉籠孔がある
	㉜	大島郡東和町和佐		花	建武2(1335)板碑に刻まれることの多い光明真言が塔身四面に配されている
	㉝	大島郡東和町油宇・浄西寺		石	建仁2(1202)阿弥陀三尊の名号をそれぞれ別石に刻む。現在一尊欠失
広島県	㉞	東広島市高屋町・長楽寺跡		花	元亨2(1322)願主行賢は高屋町と西条町の6個の石造物に名を残す
	㉟	三原市沼田東町納所《のうそ》・米山寺		〃	元応1(1319)小早川家墓所には、この塔を最古に中世末まで20基の宝篋印塔が建つ
	㊱	三原市鷺浦町向田野浦		〃	正安2(1300)瀬戸内最古の地蔵磨崖仏。一町四方の殺生禁断の銘がある
	㊲	豊田郡瀬戸田町御寺《みてら》・光明坊		〃	永仁2(1294)十三重塔弥勒信仰の仏滅紀年銘あり。その他下脹れ五輪塔・石造温船等

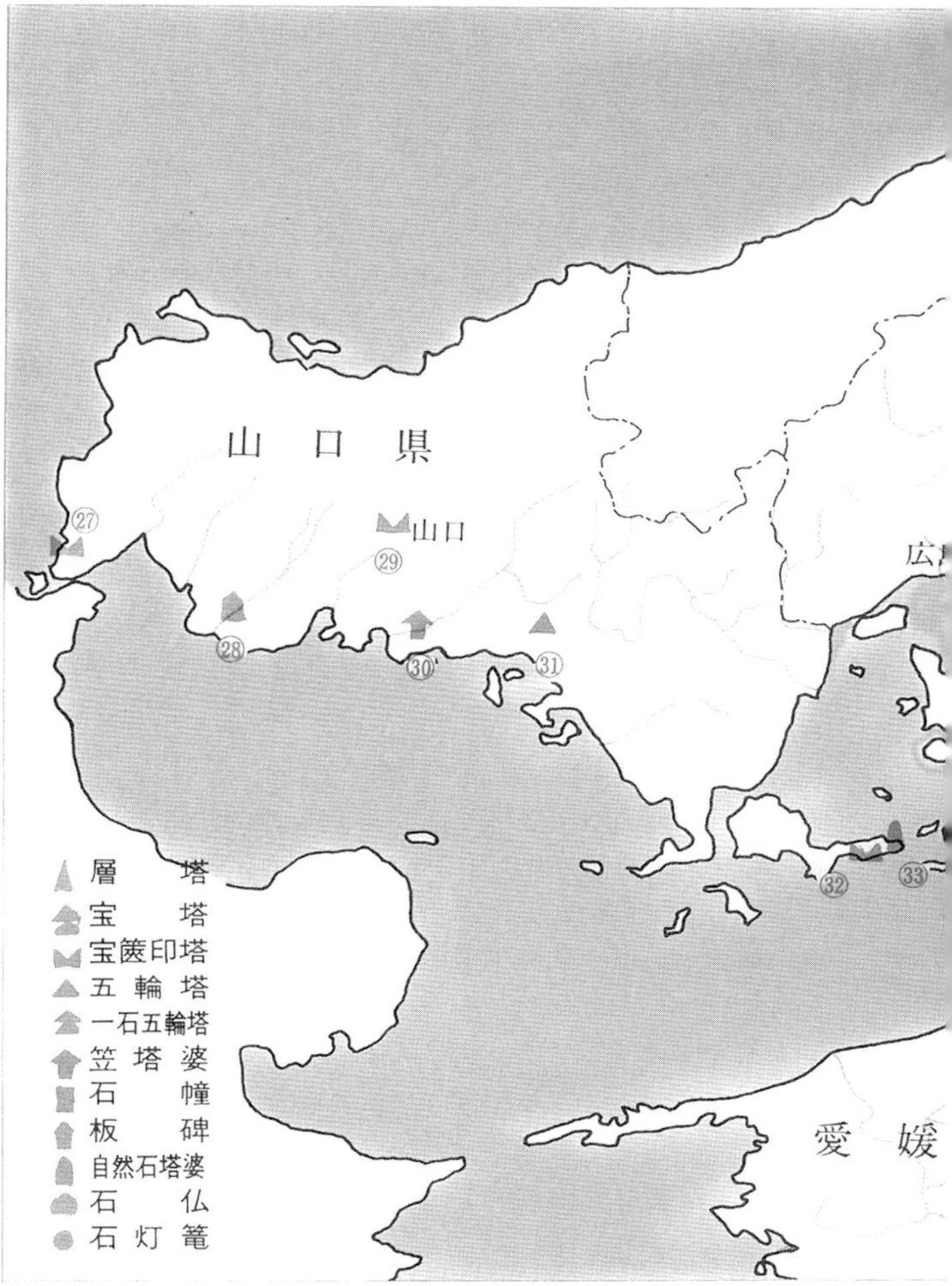

広島県	㊳	尾道市東久保町・浄土寺		花	弘安 1 (1278)の宝塔を最古に鎌倉末～南北朝の宝篋印塔・五輪塔・五輪卒都婆など多い
	㊴	世羅郡世羅町堀越・万福寺跡		〃	正平12(1357)南朝年号は広島県でも少ない。阿弥陀経埋納の上に建てられたもの
	㊵	府中市本山町・青目寺		〃	正応 5 (1292)枘《はぞ》が方形で薄い。同所に天文24(1555)の手水鉢がある
	㊶	福山市鞆町・安国寺		〃	元徳 2 (1330)右手が阿弥陀手印の矢田寺形地蔵。阿弥陀と地蔵信仰の習合がみられる
岡山県	㊷	笠岡市真鍋島沢津丸		角	(平安末)塔身の中途から下が空洞で、経典を納めたものだろうか
	㊸	倉敷市児島下之町・王子権現社		花	建仁 3 (1203)塔身正面に釈迦・多宝如来、左右側面に各一尊、背面に不動明王を薄肉彫
	㊹	倉敷市林・五流尊滝院		〃	(鎌倉中)浄土寺弘安 1 年塔と様式・手法が似ている。首部に飛天が彫られている
	㊺	倉敷市藤戸町藤戸・藤戸寺		〃	寛元 1 (1243)塔身の四仏は、方形の輪郭内に薄肉彫、基礎側面は四面とも素面
	㊻	吉備郡真備町尾崎		石	寛元 4 (1246)不定形の自然石を利用、彫法・像容ともに素朴な味わいがある
	㊼	吉備郡真備町辻田		花	正和 3 (1314)広島・島根・岡山県の一部に見る地方色で、隅飾《すみかざり》の稜が曲線を描いている
	㊽	岡山市上高田・鼓神社		〃	貞和 2 (1346)基礎三面に三茎蓮《さんけいれん》・開花蓮・孔雀《くじゃく》の近江式装飾文が彫られている
	㊾	川上郡成羽町下原		〃	元亨 4 (1324)阿弥陀は舟形内に半肉彫、両脇士は種子、額部に日月を彫る
	㊿	阿哲郡哲西町矢田		〃	文永 2 (1265)方形の輪郭を彫りくぼめた内に線刻で阿弥陀。輪郭上に阿弥陀三尊種子
	(51)	新見市上市町金谷・宝台寺		〃	元徳 2 (1330)信仰を同じくする人が建てたことが「一結諸衆等」の銘文でわかる
	(52)	上房郡有漢町大石		〃	嘉元 4 (1306)六面石幢は十仏から十三仏への過渡期を示す十二仏信仰の造立物
	(53)	英田郡美作町安蘇		〃	正中 2 (1325)基礎は壇上積式で開花蓮が彫られ、岡山県では珍しい遺品
	(54)	和気郡佐伯町・本久寺	2	〃	元亨 2 (1322)九重塔。元亨 4 五重塔の塔身四方仏は弥陀・地蔵・薬師・十一面観音
	(55)	赤磐郡熊山町・熊山神社		〃	正応 5 (1288) 4 尺に満たない小形塔で、中国・四国・九州では最古の在銘宝篋印塔
	(56)	備前市浦伊部北・妙国寺		砂	文明 9 (1477)～戦国末期の塔約100基。各輪に「妙法蓮華経」の題目が陰刻される

石塔の移動

無縁の石塔は様々の理由でもとの位置から移されているものが多いようである。そのパターンのいくつかをここに示してみよう。

（印南敏秀）

①村を見おろす薬師堂横に積み重ねられた五輪塔や宝篋印塔の残欠（沼田東町西末光）
②下から反花式基壇・火袋・宝塔笠・宝篋印塔笠・水輪を重ねた燈籠（東町松寿寺個人墓所）

③古い五輪塔火輪を庭の燈籠に転用している（幸崎町行乗）

④村の辻に建つ四ツ堂の貫《ぬき》上に並べられた石塔残欠や石仏（沼田町宮組）

⑤寺の諸堂や辻のお堂の礎石につかわれた宝篋印塔の基礎（沼田西町松江）

⑥家の格を高めるために古い五輪塔を運んできて家の墓所としたという（小坂町）

⑦屋根筋にあった集落が里に移ったので、墓地も里に降ろされた（糸崎町下木原）

⑧田圃の一隅に、付近に埋もれていた石塔や墓標が集められている（沼田東町本市）

⑨寺の墓地の無縁墓や近くの自然堤防斜面にあった石塔が集められている（本市徳寿院）

⑩道巾が広がったため、コンクリートの築地の上に乗せられた五輪塔残欠（幸崎町相川）

⑪家の裏の狭い片隅にまつられるようになった石塔の残欠（沼田東町本市）

⑫古井戸の横に置かれた宝篋印塔の笠。ものの置台にでも使ったのだろうか（幸崎町相川）

春日大社の末社、金龍神社の絵馬。奈良県奈良市。撮影・須藤　功

春日大社の末社、夫婦大國社の絵馬。奈良県奈良市。撮影・須藤　功

小絵馬の絵

文・写真　段上達雄

八重垣神社の絵馬。島根県松江市。撮影・須藤　功

天満神社の絵馬。奈良県奈良市。撮影・須藤　功

参拝客で立錐の余地もないほど混雑した境内。これは正月三が日に全国各地の有名な神社で見ることのできる風景です。

みなさんは初詣に行かれましたか。参拝された方の多くがその時絵馬を授かって帰られたと思います。

今一番私たちに身近な絵馬というと、お正月の干支《えと》絵馬だと思います。それから、入試祈願を書きこんで天神様に奉納する絵馬。入試シーズンになるとテレビや新聞でとりあげられますから、ご存知の方も多いと思います。しかしこのふたつは沢山ある絵馬のヴァリエーションの、ほんの一例でしかないのです。

僕が絵馬に興味をいだくきっかけになったのも、正月の干支絵馬でした。武蔵野美術大学に入学してすぐ、民俗学の研究室に出入りするようになった僕に資料収集の役割がまわってきました。絵馬に限らず、正月に神社や寺で授与されるさまざまな縁起物を購入する仕事でした。その年は干支の子《ね》歳にあたり、十二支の縁起物を一揃い集め始めるにはちょうどよい年だったのです。そして僕は実家が奈良に近いというので、以来、毎年奈良県下の寺社の初詣のハシゴをすることになりました。

最初はわけもわからず、干支絵馬や干支土鈴、干支人形と干支にちなんだ縁起物を買いまわっていただけでした。そのうち何故こんなにも沢山のものが神様から授与され、人々がそれを買い求めていくのか疑問に思うようになりました。

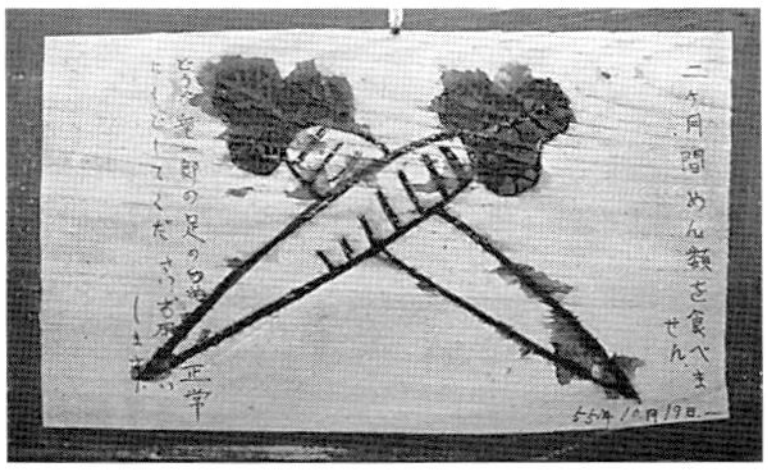

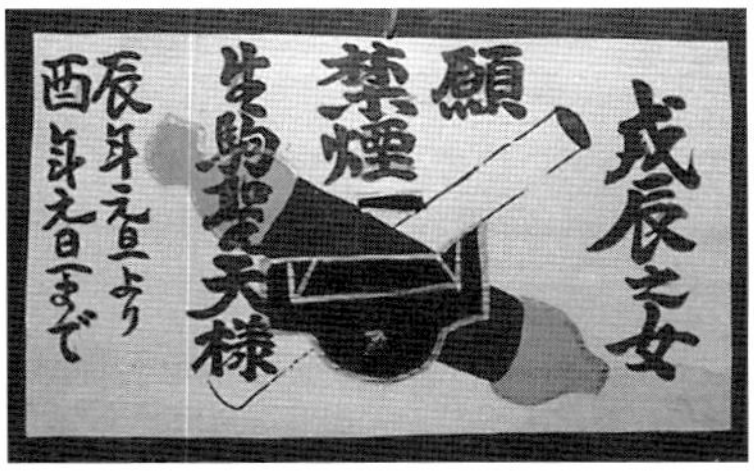

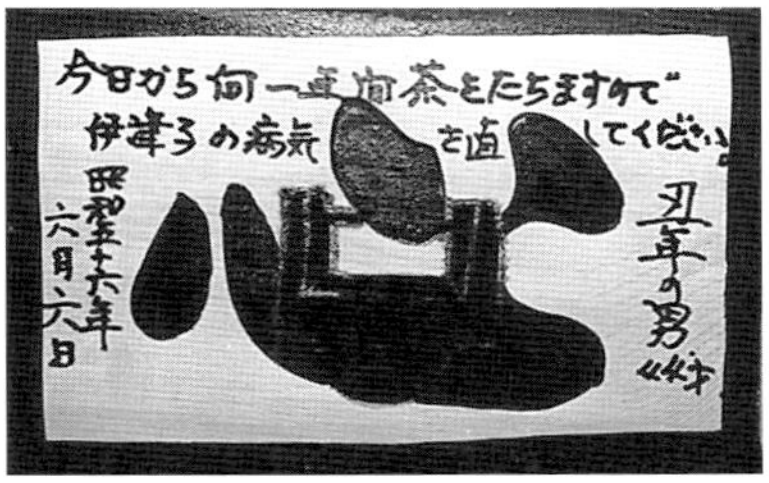

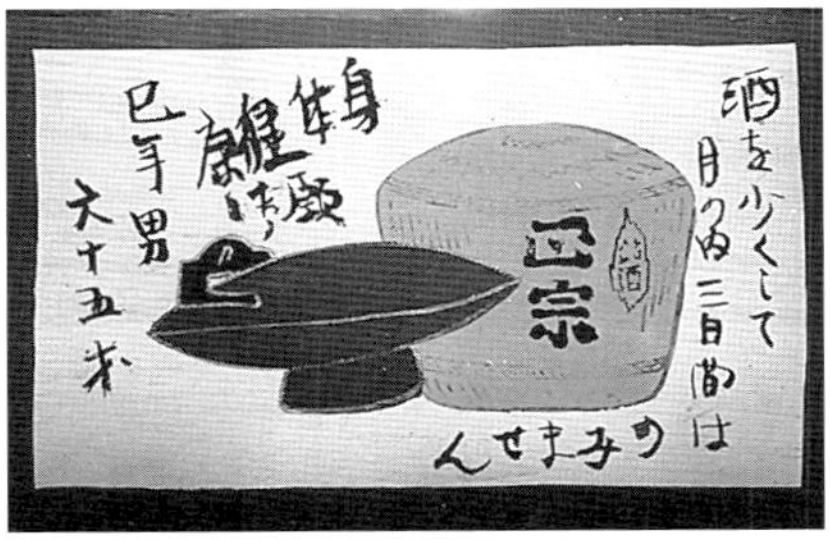

聖天堂の錠絵馬。奈良県生駒市

日光東照宮の干支絵馬。栃木県日光市

錠の絵馬

実家の近くの生駒山宝山寺に、ある日ぶらりと遊びに行きました。絵馬が奉納されていたのを思い出して、ちょっと見てこようと考えたからです。真言律宗の宝山寺の本尊は不動明王なのですが、それよりも境内に祀られている大聖歓喜天の方が霊験あらたかだというので、寺自体が聖天さんと呼ばれて人々から親しまれています。

ここに奉納されている絵馬は参道の仏具屋で売られていますが、その絵柄を見て驚いてしまいました。心という文字に錠がかけてある絵、酒樽と盃に錠、キセルと紙巻煙草に錠といった絵が手描きされた絵馬だったからです。

グラフィックデザインを勉強していた僕は、ちょうど習ったばかりのピクトグラフィにその絵馬の絵が似ていたので、興味を持ちました。

ピクトグラフィと言ってしまうと、なんのことだと思われるでしょうが、絵文字のことです。しかし、ここでとりあげる絵文字は、古代エジプトや漢字以前の象形文字のことではありません。私たちの生活の中で一番身近なピクトグラフィというと、交通標識の歩行者のシルエットであるとか、デパートなどトイレを示す男や女の形をさしたサインがあります。

近代的な絵文字（ピクトグラフィ）の誕生は、一九一〇年代のオットー・ノイラートによるアイソタイプ（ISOTYPE・International System of Typographic

Picture Education）の提案にあるといわれています。アイソタイプとは、ごく単純な絵を基本として国際共通のシンボルをめざしたサインシステムのことで、言語や文化を異にする人たちでも、ひと目でその意味が理解できることを目的としてきました。それ以後、ピクトグラフィは各国のデザイナーたちによって展開され、社会時事問題の統計図表や図解にさかんに用いられるようになりました。東京オリンピックの時に、水泳とかバレーボールの選手の動きを簡単なシルエットにして、競技場内の道案内や地図に利用されたのが、日本で初めて組織的に使われたピクトグラフィです。沢山の異なる言語を持った人々が集まる国際的な祭典にはうってつけの伝達手段なのです。

形と意味が約束事で結びついている文字は、それを知らない人にとっては解読が不可能ですし、知っていてもいちいち一文字ずつ読んでいかねばなりません。ピクトグラフィのように形が具象的で、それがそのまま意味と直結している場合、誰にでもひと目で理解することができます。現在はオリンピックや万国博などの国際的な催事の他に、鉄道駅、空港、地図、図表などに広く活用されるようになってきました。

ピクトグラフィの場合、ひとつの事物の絵が構成要素になり、同一画面内で組み合わされたり、並置されて複雑な意味を持たせることも可能です。もちろん言語ほど抽象的で複雑な表現はできませんが。

宝山寺の絵馬は、煙草や盃の絵、または心という文字に錠の絵が組み合わされていることによって、意味が生じてきます。心に錠というのは、なにか心に決めたことを守る（錠は封印を意味します）ことですし、煙草や酒に錠は、より具体的に心に決めたことを表現し、禁煙や禁酒のことを表現しています。

ピクトグラフィで禁煙を示すには、火のついた紙巻煙草に×印がしてある場合が多いのですが、絵馬では錠を用いることによって、ただの禁止ではないことを暗示しています。

近代的ピクトグラフィは、国や文化の違いを乗り越えて誰にでも理解できるように、形が単純化され、絵の意味がひとつしかしないように注意されて作られています。しかし、日本の中ではぐくまれてきた絵馬は、日本という文化圏、あるいはもっと狭い地方での意味づけが、その絵の中にこめられています。人間同士の意志伝達に用いられるピクトグラフィと違って、絵馬は人間と神様との意志伝達に使われます。そのため絵馬の絵の解釈の中に、宗教的約束事や地域文化による拘束が入りこみ、複雑になっている場合があります。

しかし、私たちが万国共通だと思いやすいピクトグラフィの中にも、地域文化の影響を受けているものがあります。例えば、病院や救急を意味するピクトグラフィは、キリスト教圏を中心に十字が用いられていますが、イスラム教圏では三日月となります。これはキリスト教徒にとっては十字が安全の意味も持ち、それが拡大解釈されて病院や救急を表わすようになったのですが、宗教的理由によって十字を受け入れることのできないイスラム教徒は、彼等の宗教的シンボルである三日月を用いる

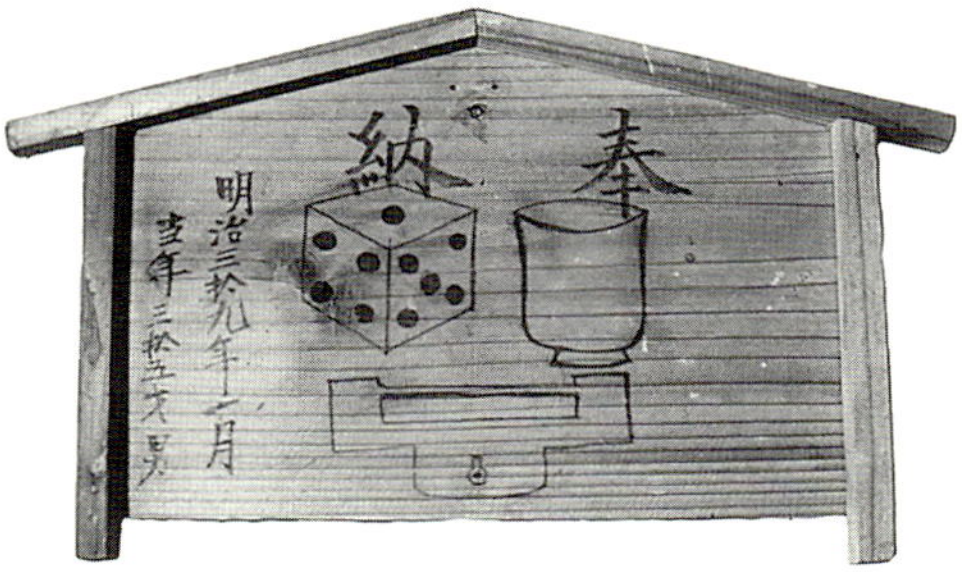

金刀比羅神社の錠絵馬。静岡県西伊豆町

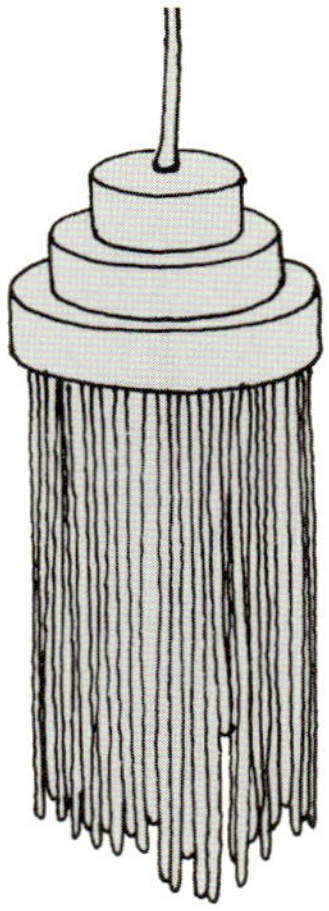

左は質屋の看板（『看板図譜』）。三つの輪は質屋の槌を重ねたもの。垂れているのは質札の反故を表し、三月で流すという謎とき。

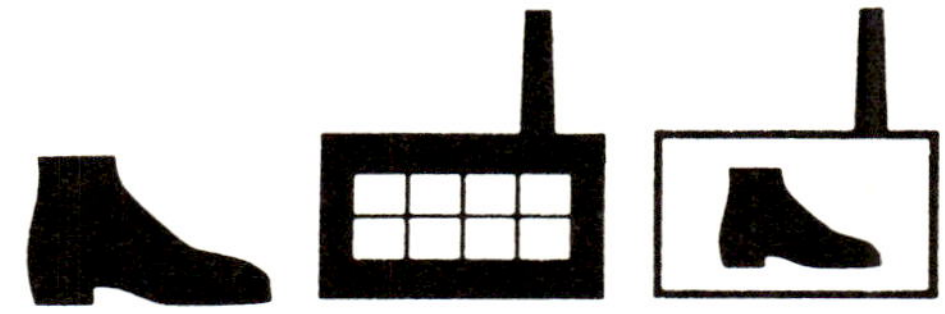

靴＋工場＝製靴工場
オット・ノイラートのアイソタイプの例

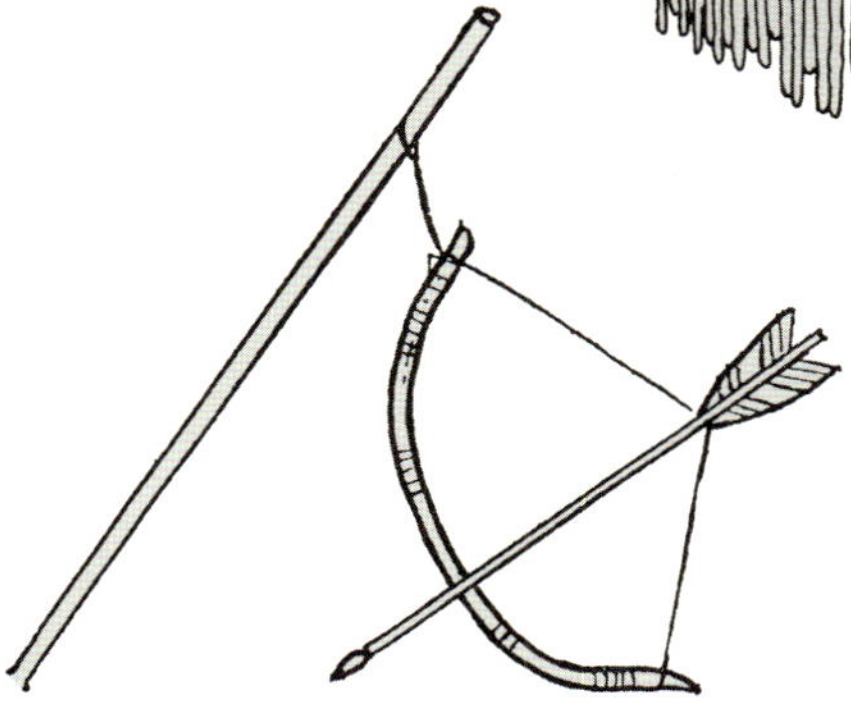

湯屋の看板（『守貞漫稿』）。弓射るを湯入るにかけている。

オリンピックのピクトグラフィ（左は東京　右はメキシコ）

ようになったわけです。また郵便は日本では逓信省のテを図案化した〒を用いますが、欧米では郵便馬車で吹き鳴らした角笛のシルエットが使われています。意味を知らない人にとっては角笛のサインはただの角笛でしかないはずです。

このように文化が違っていると、同じ意味を持っていてもピクトグラフィの絵が違ってくる場合があります。これはアイソタイプの例として出した靴の展開ヴァリエーションに見られる、靴＋工場＝製靴工場のように、靴の絵は靴だけしか意味しないといった単純なものではなく、絵と意味が恣意的な関係でしかないために生じた問題点なのです。

話を宝山寺の絵馬に戻します。盃に錠といった絵馬（多くの絵馬研究書では錠絵馬といっていますが）は、宝山寺特有のものではありません。文化文政の頃、江戸は妙法寺の祖師堂に心に錠の絵馬が奉納され、それが「ピンと心に錠前おろし、どんな鍵でもあきはせぬ」と唄われて有名になり、全国に広がったのだそうです。それがいつごろ宝山寺に奉納されるようになったのかは、残念ながらわかりません。奉納されて古くなった絵馬は燃やされてしまうからです。

同じ錠絵馬ですが、沼津市の仁科大浜の金刀比羅神社に奉納されたものには、サイコロと湯呑みの絵に錠が描かれていました。これは博打《ばくち》を自戒するためのものです。

宝山寺にも昔は女やサイコロに錠の絵馬があったそうですが、今は見あたりません。僕は棚に並べられている三百点ほどの絵馬について、その絵馬と祈願の内容を

さまざまな形のエクスヴォト

"EXVOTO" Atlantis Verlag Ag, Zurich　より

ノートしてみました。

絵柄でみるとほとんどが心の字に錠で、煙草や酒に錠は合わせても一割位にしかなりません。聖天さんの好物といわれる大根を描いたものはもっと少なく、数枚しかありませんでした。祈願の内容については、昔はせいぜい奉納年月日と性別、生れ歳の干支位しか書かれていなかったようですが、いつごろからなったのかはわかりませんが、現在見られるものにはこと細かに願いごとを書いたものが多くなっています。それを読んでいくと、奉納のタイプがほぼ四種類あることに気がつきました。

まず自分のやめたいことを、聖天さんの前で誓っているもの。博打や酒、煙草、異性、なかには覚醒剤をやめたいというのもありました。自分だけの決心では心細いので、聖天さんに誓願したものです。次は、お茶断ちや禁酒、禁煙をすることで、何か別な願いごとをかなえてもらおうとするもの。大根を描いたものは、大根を断っているわけです。これらは聖天さんと契約したタイプです。少数ですがただ願いごとだけを書いた、ややムシのいい祈願型。それから、願いごとがかなったお礼に奉納された感謝型。

このようにしてみると、奉納のタイプは似かよったもので分類することはある程度は可能かとも思われますが、一枚一枚にこめられた祈りや感謝や約束の内容にまで立入りますと、それは奉納された絵馬の数だけ、まさに千差万別といえるでしょう。

宝山寺の錠絵馬は、絵柄を表面的に解釈する限りでは禁止を表わしているのですが、使われ方を見てゆくと、実に多くの違いがあることがわかりました。

「聖天さんは恐い神サンやから、願いごとはようきいてくらはる。でも子孫七代の幸せも持ってゆかれる」

近所のおばさんの言葉を思い出しました。契約型の絵馬をながめながら、そんな強い力を持つ神様には、きっとただ願いごとをするだけではすまないのだろうなと考えました。

私たち人間が、何らかの方法で神様とコミュニケーションを持ちたいとしても、その方法はけして単純ではないのだということも、おぼろげながらも感じたのです。

手や眼や足

絵馬は日本の文化の中から生まれたものだと前に言いましたが、絵馬のそっくりさんは海外にもあります。

カトリック文化圏で、ex voto（エクス・ヴォト）といわれる奉納品がそれです。エクス・ヴォトとは「誓願から」という意味のラテン語で、与えられた恩恵に感謝して、ますます信心を固めるしるしという意味を持っています。これはギリシャ、ローマ時代からの伝統を持ち、今なおカトリックの信仰の中に生きながらえている風習です。重病や事故にあって、奇蹟的に一命をとりとめた信者が、その情景を描いて感謝の言葉などを書きこんだ絵画を、聖者やマリア様に奉納するのです。後でふれる拝み絵馬と絵柄はよく似ていますが、災難の情景、例えばベッドの上の病人であるとか事故の情況が描きこまれていたりして、一枚の絵で一種の絵物語としての性格を持っているのが特徴です。

エクスヴォトの中には、これらのタヴロー以外に、足や手の模型や乳房や眼の形に打ち出した金属板などもあります。これは病気平癒などの祈願にも用いられています。

日本でも、足や手の形にくり抜いた板が奉納されている所があります。福岡県篠栗観音霊場や福岡市愛宕山麓の地蔵堂、熊本市郊外の足手神社、足利の大手神社などで、そういった足形や手形を見ることができます。大手神社では手の形をした板以外に、手を描いた絵馬が沢山奉納されています。手形や足形などの物のかわりに、板に絵を描いて奉納する。絵馬の中にはこのような生いたちを持っているものも含まれているのです。

眼病平癒の祈願のために眼の絵が描かれている絵馬があります。これは関東地方に多いようです。足利で見た絵馬のように、眼が八個描かれているのは、八眼（絵）→ヤツメ→ヤンメ→病ん眼となって、眼病であることを意味するそうです。また秩父の両神薬師などでは、「向いめ」の絵馬が奉納されています。これは平仮名の「め」をふたつ並べて書いて、一方を左右逆に描くことで両目を表わすといったユーモラスな表現を持った絵馬です。デザイナーが文字を使ってマークを作る時、よくこんな手を使います。表音文字でしかない平仮名を並べることによって、両眼だという意味の絵文字にしているのです。

博多の絵馬の中に、下半身だけ描いた絵馬があります。男の腰下、女の腰下といって、下半身の病気治癒を祈願する時に用います。福岡市内の住吉神社参道にある薬祖神社や新宮町の淡島神社に奉納されています。足利

埼玉県所沢市

大手神社。栃木県足利市

栃木県足利市

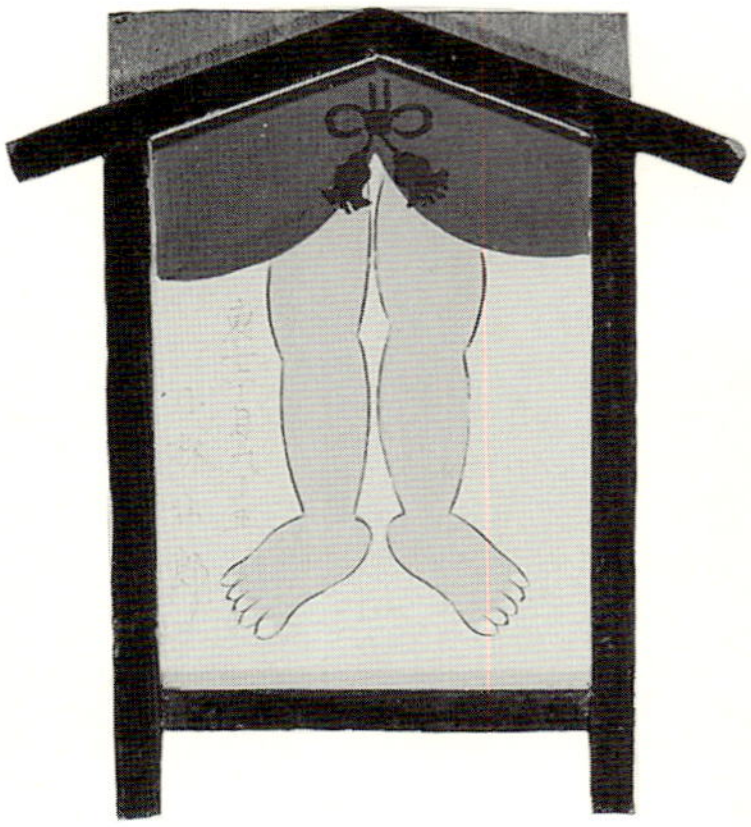
大手神社。栃木県足利市

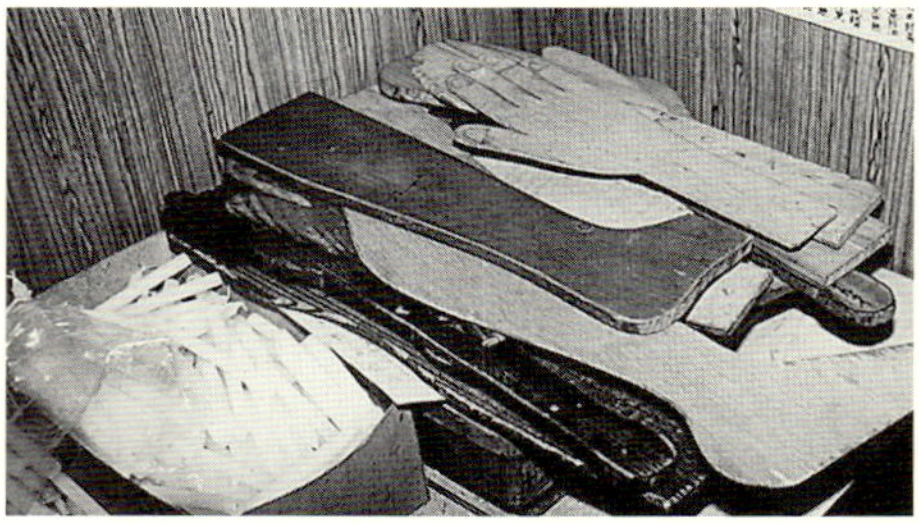
篠栗観音霊場。福岡県

の水使《みずし》神社にも同様の絵馬が奉納されています。遠く隔った両地方に同種の絵馬が存在するというのは面白いことだと思います。

足利の大手神社の両手を描いた絵馬は手の病気平癒に使われたといいましたが、織物産地で有名だった桐生や足利の地方色として、織子たちが技芸上達のために奉納した絵馬でもあるそうです。同じ地域で、同じ絵柄の絵馬なのに、祈願する側の人の立場によっては意味が違ってくる場合のあることがわかります。

大阪四天王寺の西門の石鳥居をくぐって、すぐ右手の布袋堂に絵馬が奉納されています。ここには男性である布袋様の石像が祀られているのですが、どうとり違えられたのか、乳房が大きいせいで乳の神様にされてしまい、お乳母様と呼ばれて女性の信仰をあつめています。ここの絵馬は女の人が胸をはだけて乳房を出している絵柄なのですが、お乳が出なくて困っている人は、ほとば

四天王寺・布袋堂。大阪府大阪市

しっている乳が描きこまれた絵馬を、お乳が出すぎて困っている人は、それが描かれていない絵馬をそれぞれ奉納します。こうありたいという願望がかなえられた状況を絵にしているわけです。

　福岡県瀬高町の乳父尊堂には、赤ちゃんに乳をふくませている女の人の絵馬が奉納されていましたが、今はぬいぐるみの乳房が奉納されるようになり、ぶどうの実のように沢山吊されているのを見ることができます。僕の両親の故郷の近くの広島県鞆《とも》の阿伏兎《あぶと》の観音堂には、乳を授けて欲しい人が乳房のぬいぐるみを二個、板に貼りつけて奉納したと、祖母が教えてくれました。絵馬の絵という主題から、少し離れてしまったようですが、これらは沢山ある絵馬の絵柄が、どのようにして成立したかを考えるうえで重要なことだと思うのです。

馬の絵馬

　絵馬の絵柄についてみていく時、馬の絵を忘れることはできません。では馬は何を意味しているのでしょうか。まず神様への献上物という考え方があります。願いごとをかなえてもらうために神様が喜ぶ物を奉納する。契約型の絵馬にみられた断ち物をして祈願するよりは、合理的な神様との交換条件のように思えます。最初は生馬を奉納していたものが、代用として馬形を用いるようになり、次に立絵馬となり、遂には今見るような馬の絵馬になったと考えられています。

　わかりやすい説明ですが、なぜ馬を神様の喜ぶ物と考えたのでしょうか。馬だけではなく、実にさまざまなものが神様への献上物とされており、しかも、それらが現物としてではなく絵馬の形をとって、絵に描かれた馬と同じように奉納されています。にもかかわらず、なぜその多くはやはりエマとしか呼ばれないのでしょうか。そのあたりになると、現在の僕には考え方の糸口を見つけていくことさえ難しくなって、混乱してきます。ですから、ここでは描かれた馬の絵柄から気がついた性格についてふれたいと思います。

　背に御幣をのせた馬があります。御幣は神様が降臨する際の依代《よりしろ》で、神様自体あるいは神様の力を象徴しているといわれます。するとこの馬は神様をのせ、神様の力をも宿している神馬なのでしょう。また、仕丁姿の人間に曳かれる馬があります。これは献上物としての馬なのでしょう。曳かれている馬に御幣がのっているのは、アイソタイプ的に解釈すれば、献上物であると同時に神馬であると言えるでしょう。仕丁姿で馬を曳く光景は、祭礼のお渡りの時に見ることができますから、この馬が神

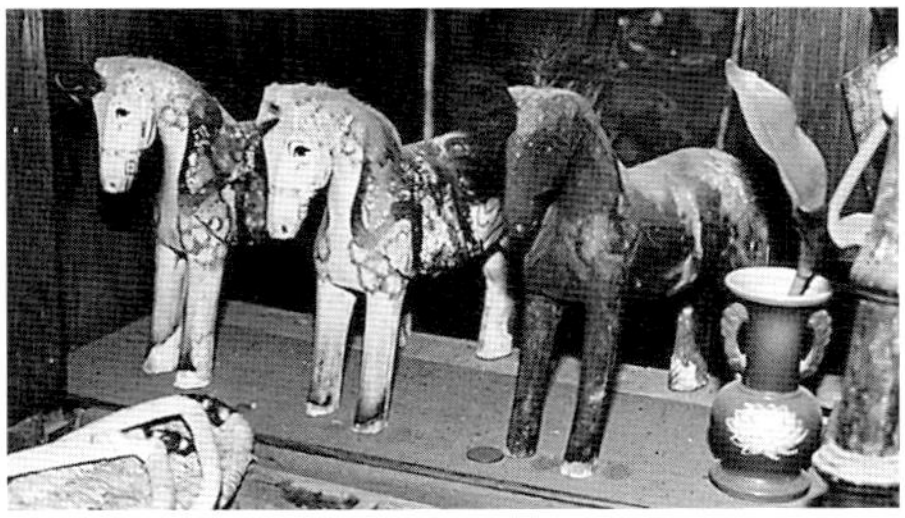

山観音。青森県弘前市

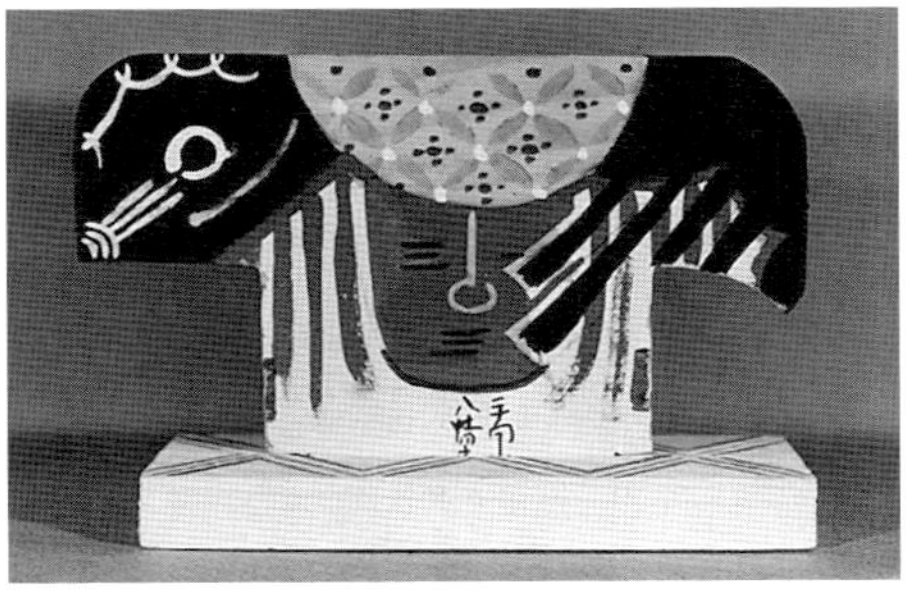

手向山八幡。奈良県奈良市

義経寺。青森県三厩村

気比神社。青森県三沢市

気比神社。青森県三沢市

様の乗物であることや、馬と神様とが非常に近い関係を持ってきたことを想像させます。

馬を曳いているのは人間だけとは限りません。駒曳き猿といって、猿の場合もあります。山の神の使者であるといわれる猿は、馬を守ってくれると思われており、実際に馬と共に厩で飼っていた所があったそうです。するとこの絵馬は馬の安全を祈願しているのでしょうか。それとも山の神への献上物なのでしょうか。

東北地方や関東地方のように、かつて馬産地だった地域では、献上物や神馬として描かれた馬ではなく、人間の飼い馬としての性格をもった馬の絵があります。

青森県三沢の気比《けひ》神社には、沢山の馬の絵馬が奉納されており、馬にまつわる信仰があったことがわかります。その中には、一頭のまたは親子の裸馬を描いたものや、ごくあたりまえの服装をした男に曳かれる数頭の馬を描いた大絵馬があります。これらは、きっと献上物としての馬などとはちがった意味を持っているのでしょう。

気比神社の祭礼は旧暦の六月一日と十五日で、南部地方はもとより山形、岩手、秋田などの各県から参拝客が集まります。昔は馬も曳きつれてやってきて、社前でお祓いをうけたのだそうです。また、境内で売られている絵馬を買い求めて、これもお祓いをしてもらって自宅の厩に貼りました。飼い馬に直接お祓いしてもらうことの代役も、この授与絵馬は果しているのでしょう。奉納された絵馬も同じように、家で働く馬の代役と考えてよいと思います。以前は板に描いていた絵馬は、今では紙に描かれるようになっています。絵馬は板に描かれたもの

気比神社。青森県三沢市

西浦観音堂。静岡県浜松市。撮影・須藤　功

上岡観音。埼玉県東松山市

気比神社。青森県三沢市

ばかりではないようです。最近は馬を飼う家が減ったせいか、馬の絵柄のかわりに、牛や豚の絵馬が売れるようになってきたそうです。

これとよく似ているのが、埼玉県東松山の上岡観音の絵馬市です。二月十九日の祭りの時、境内には農具や植木の露店がたち、同時に絵馬市がたちます。馬頭観音の御堂の外壁には、小さな馬の絵が一面に描かれた幔幕《まんまく》が張りめぐらされます。関東三観音のひとつとして名高い上岡観音に、関東一円の博労《ばくろう》や農家の人々が、馬の無事を祈るため沢山の馬を曳いてきたといわれています。

絵馬屋は、絵馬販売の権利を持つ観音絵馬講に加わっている近在の人々です。絵馬講と染めぬかれた法被《はっぴ》を着た人たちが、境内三か所で戸板に絵馬を並べて売っています。

絵馬は売られる前にオカジュウといって、観音堂で祈祷を受けています。参拝客は絵馬を家に持ち帰り、床の間や玄関先に飾って家内安全のお守りにするのです。昔は農家の人が厩の鴨居に打ちつけて、馬の無事を祈ったもので、本来は馬のお守りとして用いられた絵馬なのですが、馬を飼わなくなってからは家内安全という役割に拡大して用いられるようになったものです。今では本来の役割を果しているのは、競走馬の馬主に買われてゆくものだけかもしれません。

絵馬は横巾の大きさ別に、五寸、六寸、八寸、一尺、一尺二寸と数種類あったのですが、今は六寸と一尺二寸の二種類になってしまっています。一尺二寸の絵馬の図柄は、富士山と日の出と数本の松を背景に、黒赤茶白の

店に掲げられた紙絵馬。岐阜県高山市

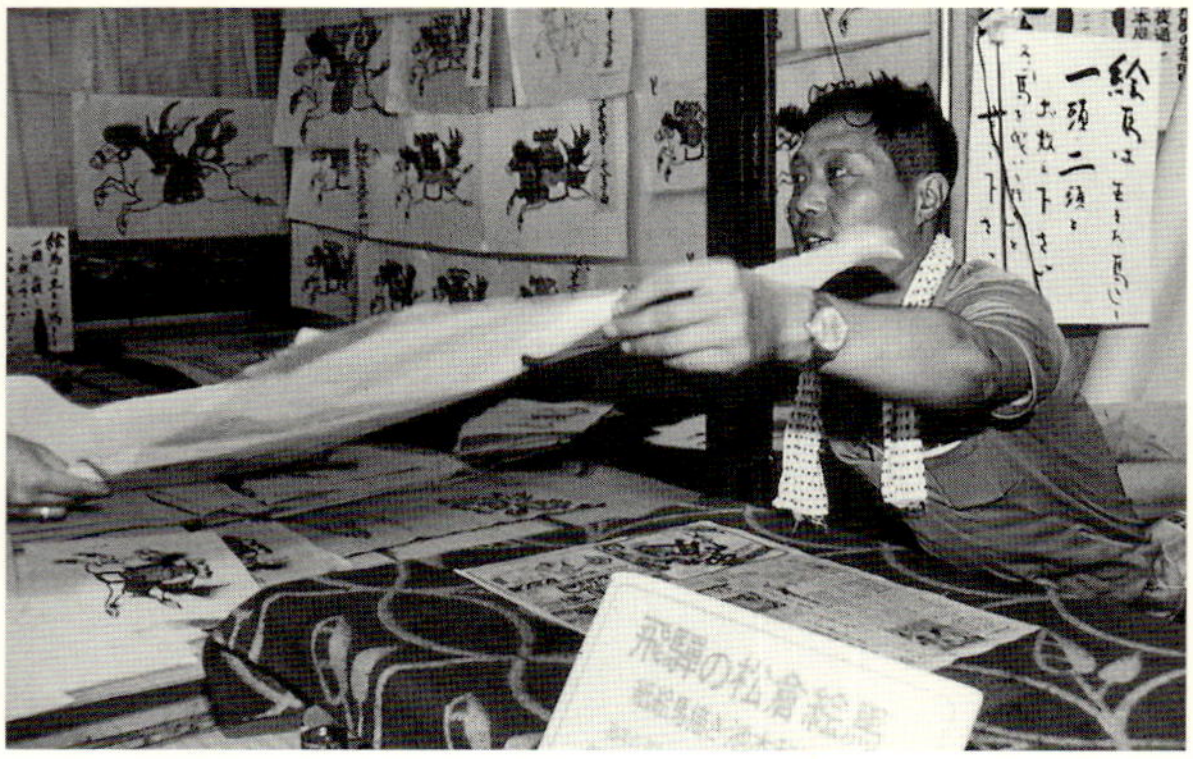

高山の絵馬市。池本屋の店前。岐阜県高山市

馬が、派手な帯をつけて七頭並んでいるものです。背景の富士山などは風景とはいえ、お目出たいとされるものばかりです。七という数字にも意味があるのかもしれません。六寸の絵馬の方は馬が一頭描かれているだけで、ここでも最近は馬のかわりに和牛や乳牛、豚、はてはトラクターの図柄の絵馬さえ売られるようになってきました。

飛驒高山でも、毎年八月に四か所で絵馬市がたちます。八軒町一丁目の池本屋では八月の九日十日と二昼夜ぶっ通しでひらかれます。いつもは呉服屋なのですが、この時だけ店をかたづけて絵馬を床の上から壁面までずらりと並べます。おばあさん、主人夫婦、二人の子供たちと、一家総出で絵馬を描いて売ります。

高山では、和紙に馬を手描きした絵馬もありますが、版木で刷って彩色したものが多いのです。池本屋には、大小左右、模様の違いで、三十五枚も版木があるそうです。子供たちの刷る絵馬は小さな版木のもので、道に小さな机を出して、店の大きな紙絵馬とは別に売っています。池本屋で絵馬を買うと、氏名は目の前で書きこんでくれますが、その場では渡してもらえません。昔は絵馬を買うと、高山の西郊にある松倉山観音堂に持っていって、祈祷してもらわねばなりませんでした。今は版元の池本屋が代参してくれますがそれでも市の当日に買っても、十二日以降でないと実際には手に入りません。最近、池本屋でも鳴子型の板に印刷された絵馬が売られるようになり、こちらはすぐ持ち帰れます。

松倉山でも同じ時期に夜通し絵馬市がたっていると聞いて、早速行ってみました。市街を離れたタクシーは、林道に入って山をどんどん登ってゆきます。七、八キロ乗って、お客さんこれからは車が入れないので歩いて下さい、と降ろされた所は、まっ暗闇で何もありません。細い山道ですが、十分も歩けば着きますという運転手の言葉に当惑しつつ、懐中電灯を用意しなかった自分のうかつさを反省しながら、それでも月明りを頼りに歩き始めました。いくつかの山ひだをめぐって進んでゆき、人声が聞こえて焚火の光が見えた時には、正直なところほっとしました。

松倉観音の狭い境内には、小さな本堂と拝殿と参籠堂が肩を寄せ合い、少し離れて絵馬堂があります。絵馬堂といっても、奉納絵馬を掛ける堂ではなく、絵馬を売る所です。

高山には絵馬の版元はいくつかあり、池本屋もそのひとつですが、ここでは別な版元が店を開いています。拝殿や参籠所には参拝客が弁当を広げ、本堂では一人のお坊さんが、絵馬を本尊の前に並べて読経しています。お堂の前では絵馬を買った人達が祈祷が終るのを待っていました。

本尊の馬頭観音はふだんは高山の街中の素玄寺に祀られていますが、観音さんの縁日にだけ、松倉山に移して法要を営みます。その時に飼い主が松倉山へ馬を曳いてきて、馬の安全祈願をしました。しかし、縁日の時に遠方に稼ぎに出ていたり、仔馬であったりして連れてこれない場合、かわりに絵にして持ってきたそうです。その風習が絵馬市の起りだといいます。

素玄寺でも十日に二時間だけですが、絵馬が売られ、本町の山桜神社でも八月一日から十日まで絵馬市がひらかれます。ここでの版元は馬頭組で、手描き、木版、オフセット印刷などさまざまな紙絵馬が売られます。山桜神社では、絵馬をすぐ買って帰ることができます。

高山の絵馬は、宝袋を背負って走る馬の姿が描かれていて、家内安全、交通安全、商売繁盛、無病息災などの朱印がおされています。背負っているのは宝袋の他に米俵や御幣もあります。現実に馬を使わなくなってからも、馬の絵に授けられた神様の力によって、日常のさまざまな不安や願いごとを、守ったりかなえたりしてもらおうとしているのです。

これら絵馬市で売られる絵馬は、もとは神様から守護される側の馬、飼い馬を表わしていたのですが、除災招福の力を授かった神馬へと変化していったことがわかります。

その絵馬は、馬が家の中に駆けこむような方向にして玄関に貼ると、幸せがもたらされると考えられています。

拝みの絵馬

絵馬には願いごとや神様の種類によっては絵柄が特定される場合がありますが、馬の絵馬の場合には、あまりこだわらなくてもよいといわれます。馬が豚や牛、トラクターなどにかわった場合、豚や牛そのものの守護や、馬の機能に代ったトラクターによる豊作というふうに、絵馬が果す力はかわった物にのみ与えられるという限定があるようです。ところが、たとえ馬は飼っていなくとも、そのまま使われる馬の絵には神様の多くの力が付与

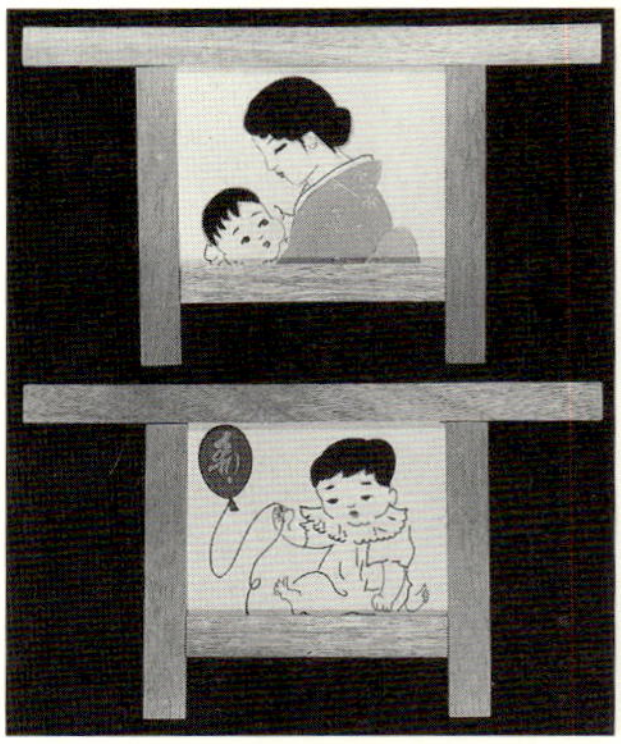

拝み絵馬。福岡県福岡市博多区

されています。ここにも、馬と神様の近い関係を感じとることができるように思います。だからこそ、願いごとや神様に限定されずに使われるのでしょう。

馬の絵と同じように、普遍的に用いられている絵柄に拝み絵馬があります。これは、人が神様を拝んでいるという、まことにストレートな表現の絵馬です。

拝み絵馬に描かれている絵柄の要素を分類してみると、（一）祈願者、（二）神様あるいは神様の象徴、（三）献上物、（四）付加情報とに分けることが出来ます。これらが組合わされているわけですが、中には（一）の祈願者だけが描かれている絵馬があります。

博多の絵馬はその代表といえますが、この地域のものの特徴は、性別、年齢別に祈願者が描き分けられていることです。風船を持った赤ん坊から始まって、旗を持った男児、風船を持った女児、さらに男女それぞれに、小学生、中学生、高校生、大学生、青年（男は青背広、女は青羽織）、初老（黒）、老人、これに母親が乳児を抱いている絵柄（ダキコといわれます）を加えると、実に祈願者別に二十種に描き分けられていることになります。関西や関東の拝み絵馬も、祈願者の性別や年齢による相違はありますが、博多のものほど極端な分化はしていないようです。

博多で絵馬を描いている池野タカノさんというお婆さんに、なぜこんなに沢山の種類があるのでしょうかと尋ねてみました。

「私の前に描いていた人の絵柄そのままを描いているんです。なぜかと言われると困りますが、願い事は人に

埼玉県所沢市

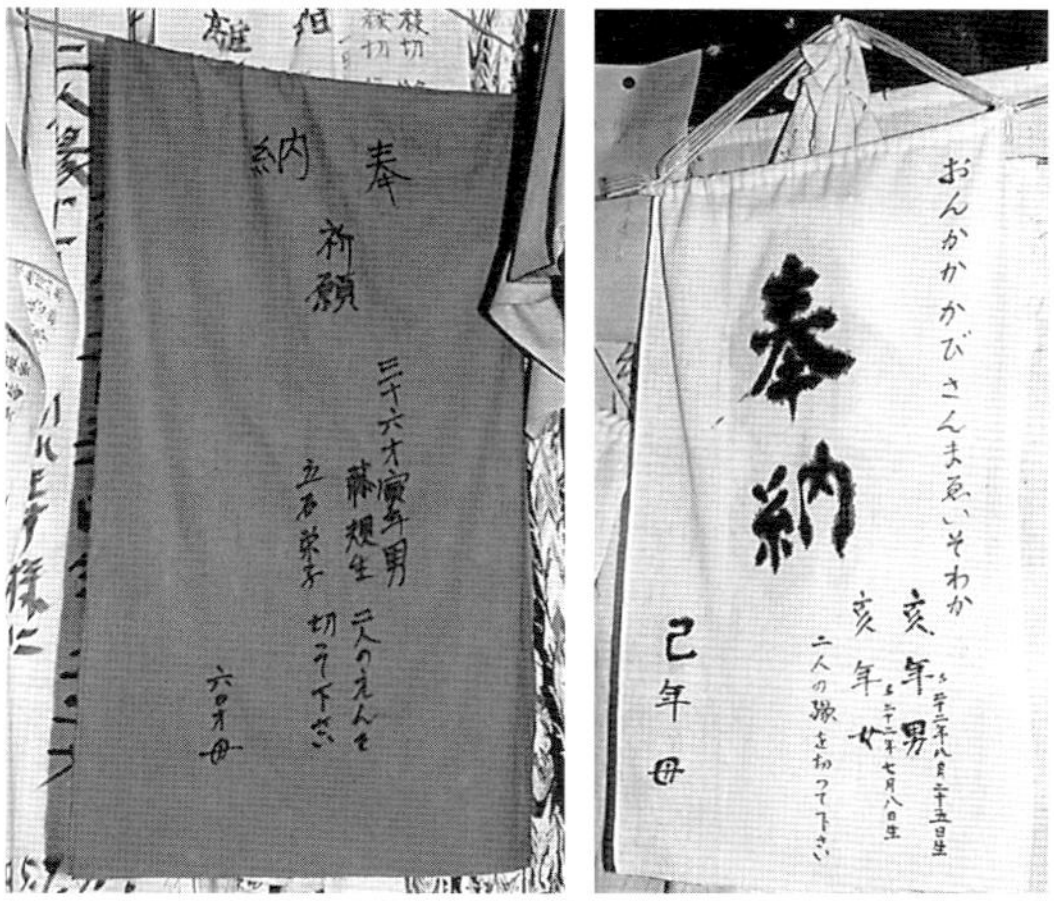

ワカレ絵馬。福岡県福岡市早良区

よってさまざまですが、男とか女かによって、年齢によっても願い事は違うでしょう。そのためじゃないでしょうか。私の描いた絵馬で神様に大勢の人がお願いをすることを考えると、よいことをしているのかなあと思うことがあるのですよ」

絵を描くことの好きなタカノさんにとって、お孫さんたちに手伝ってもらって絵馬を描く仕事は、楽しくてやりがいのある仕事のようでした。

博多では男女だけが揃って描かれている拝み絵馬もあります。これにはムツミといって、二人が同じ方向に手をあわせて立っている絵馬と、ワカレといって、反対方向に背中あわせに手をあわせている絵馬とがあります。ムツミは縁結び、ワカレは縁切り祈願に用います。

福岡市郊外の於古能《おこの》地蔵は縁切りの神様として信仰されていて、ワカレの絵馬が沢山奉納されています。小さな堂内の腰板に願いごとを書きこんだ紙が何重にも貼れていて、手拭いと共に、壁の上方には、御礼と書き込まれたワカレの絵馬が打ちつけられています。ここでは祈願の時には紙に願いごとを描いて奉納し、かなった時に感謝のために絵馬を奉納しているようです。願いごとの書かれた紙を読んでみますと、縁切りといっても、男と女の関係を断ち切るという場合だけではなく、祈願者の身にまとわりついているなにかとの悪縁を切りたい、という場合もあることがわかりました。

「病気の義理の母親から縁切りさせて下さい」

他の人間には口に出して言ってはならない悩みです。それを赤裸々に神様に訴えかけていかなければならな

千葉県

山観音。青森県弘前市

淡島堂。京都府京都市

花寺不動堂。京都府京都市向日町

高山稲荷。青森県弘前市

かった祈願者。絵馬とは幸せを求めるための神とのコミュニケーションの媒体という、甘っちょろい僕の考えは、ワカレの絵馬によってみごとに飛ばされてしまったのです。

（二）の神様あるいは神様の象徴と書くと、何やら難しそうな言い方ですが、拝む対象が描かれているということです。この場合、神様が明確に描かれていれば話は簡単なのですが、そういう例はあまり多くありません。

現実的な存在である祈願者と対比するために、また降臨している状況を示すために、神仏が雲に乗っている光景を描くことがあります。また神仏自体を描かずに、象徴としての御幣とか不動明王の剣を代りに描くことがあります。あるいは神社や堂など、神仏の存在位置を示す建物が描かれる場合もあります。これがもっと簡略化されてゆきますと、建物の一部だけを描く場合（これは関西地方で多く見ましたし、関東では千葉県などで見ています）、関東の三多摩地方にみられるような幔幕と提灯で代用するようにもなります。

（三）の献上物が描かれているのを、僕が実際に見たのは津軽での例だけですが、それには幔幕の下に向いあっている狐の前に、三宝に乗った鏡餅が供えられていました。
（四）の付加情報というのは、描かれたものがただそれだけを意味しているのではなく、別の意図をも含んでいる場合をさしています。

その例の一つに、絵による語呂合せがあります。関東地方の拝み絵馬の幔幕に描かれた菊の花の模様の場合、菊＝キク＝聞く、効くと、絵から音へ、そして同音異義語へと変化させて、願いごとを良く聞いて、ご利益が良く効くことを意味します。また、幔幕の松の枝の模様や背景の松の木の場合には、ご利益を待つに通じさせたりするわけです。また形が似ているのでしょうか、幕は女性の湯文字であるとか、提灯は女性の性器であるとかもいわれますが、似ていると思いつつ、それを秘かに願望した人もいたのかもしれません。

呑龍様。東京都青梅市

絵馬にはこうした言葉遊びや絵解きの類がこめられていることがありますが、神様への真剣な祈りの中にちょっとした遊びを入れる。私たちの先輩は絵を使って自由闊達なユーモアを楽しむ術を随分と知っていたようです。

別の例としては、普遍的な拝み絵馬でありながら、祈願する神様を特定している場合があります。小絵馬は絵馬師が大量に描くわけですから、どうしても絵が単純になってしまいます。拝み絵馬ですと、衣服の色に変化をつけるのが精一杯の個性化といえます。そこに、ひとつ絵を描き足すことによってどの神様に祈願しているかを示そうとするものです。京都の場合ですが、社前に蛸を描き加えれば婦人病や小児病を中心にどんな病気にも効くといわれる蛸薬師、銅の燈籠を描けば、実際に祠の前に燈籠が置かれている菊野大明神になるというわけです。

動物の絵馬

拝み絵馬は拝まれる側と拝む側の関係を図化したものです。そこには拝む者だけを描いた図もありました。それでは拝まれる側だけを表現した絵馬にはどんなものがあるでしょうか。

まず神仏自体が描かれたものがあります。三多摩地方の地蔵堂で地蔵の絵馬を見ました。また津軽地方では川倉の地蔵堂でも地蔵がありましたし、三厩《みんまや》の義経寺では恵比寿大黒を、弘前の高山稲荷では稲荷大明神を見たこともあります。しかし、こうした絵馬は全体の割合いからいえば少ないようです。そのかわり、神仏の眷族やお使いとみなされるものが描かれることは多いのです。それらは単に神仏の代用として扱われているのではなく、当然それ自体がなんらかの力を持った存在として考えられているようです。

具体的には埼玉県の鬼鎮《おにしずめ》神社の鬼であるとか、第六天の天狗のように、すでに神仏と同列に近いものもありますが、私たちの周辺にいる動物たちが登場することが多

山観音。青森県弘前市

高山稲荷。青森県弘前市

花寺不動堂。京都府京都市向日町

青森県弘前市

いのです。それらは狐、猿、牛、犬、鳩、鶏、鷹などの鳥獣の他に、鰻《うなぎ》、鯰《なまず》、飛魚、鱏《えい》などの魚類もあって、それぞれ願いごとの種類や奉納する神仏の種類によって使いわけられています。

ここでは、それらのうちのいくつかを見ていくことにします。

狐　ご存知のとおり稲荷大明神の使いです。実にさまざまな描かれ方をしているのですが、三多摩地方のものに、鳥居や幔幕を背景に二匹の狐が向いあっている図柄があります。一匹は鍵を、もう一匹は稲穂をくわえています。鍵は倉の鍵で財宝を司ることを、稲穂は豊穣を意味しています。狐の絵馬は当然のことながら稲荷の祠に奉納されている場合が多いのですが、最近、武蔵野台地の畑の中に竹の棒に杉葉（穀物の穂を表わしていると思われます）と共に吊されているのを見ました。このあたりは、御岳神社の狼の姿を刷ったお札を、けだもの除けとして畑に立てているのを見ることができますから、この狐絵馬を吊した人は、お札と同じ働きを期待しているのではないでしょうか。

東京の東大和の笠森稲荷はカサ（腫物、梅毒）の神様として信仰されていますが、ここでは祈願の時に泥団子を供え、願いがかなった時に絵馬と本物の団子を供えたそうです。拝み絵馬と狐の絵馬が半々に奉納されていました。

猿　御幣を持ったり、烏帽子をかぶったりしているのは、山王様などの神使であることを示すのでしょう。手に桃を持っているのもありますが、桃は精気の強い植物

笠森稲荷。東京都東大和市

四天王寺・石神堂。大阪府大阪市

鬼鎮神社。埼玉県

所沢市

第六天。埼玉県

とされていますから、魔除けや厄除けに力があったのでしょう。あるいは形が陰陽同体だと考えられて、生産や生殖の意味を持つともされています。

牛　草（クサ＝瘡）を食べるということで、皮膚病に効く神様と結びつけられています。大阪の四天王寺石神堂に絵馬がありましたし、京都幣羅坂《へらざか》の矢坂の祠（牛頭《ごず》天王を祀っています）には瓦で作られた牛形が奉納されていました。

犬　お産が軽いので安産祈願に用いられます。

鳩　八幡様の使いといわれる鳩は、豆をひろって食べるので手のマメが治るようにとか、京都の三宅八幡では癇の虫と腫物に、さらには夫婦円満の祈願にも使われています。そこでは絵馬以外にも素焼きの鳩が奉納されています。

鷹　鷹は桶のタガに通じ、タガがゆるんだように安産になると考えられています。福岡郊外の伏見神社で見た絵馬には、太陽と梅の木が配してありました。太陽は出産を、梅はウメ＝生めに通ずるそうです。

鶏　鶏は夜鳴かないので、子供の夜泣きや咳止め祈願に用います。

鰻　するりと抜けるので安産祈願だそうで、京都の三島神社に奉納されています。妊娠すると五か月目に腹帯を持参してお祓いをしてもらい、それからは鰻を食べないようにします。子供が産れて、宮参りの時に御礼の絵馬を奉納するのです。

以前、門前で手描きの絵馬を売っていたころは、鰻が二匹と三匹の種類があって、二匹のは両親を表わして子

高山稲荷。青森県弘前市

茂原市

山観音。青森県弘前市

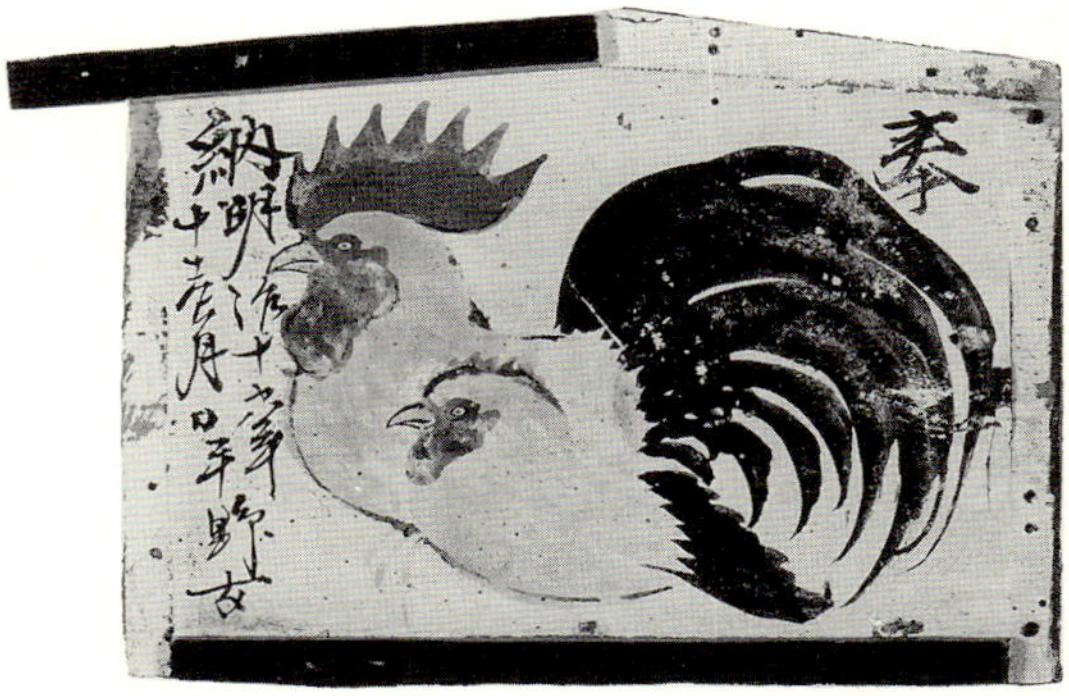
千葉県

授け祈願の時に、三匹のは両親と子供で安産御礼に用いたのだそうです。現在は三匹の図柄がオフセット印刷された紙をベニヤ板に貼ったものが使われています。絵馬を頒けている社務所で、なぜ二匹の絵馬を奉納しなくなったかを尋ねると、三匹のを大量に印刷してしまったので、絵馬はお礼の時に奉納するようにと参拝者に教えるようにしたからだ、といわれました。絵馬を奉納する習俗もいろんな理由で変化するものだと感心したものです。

鯰　白ナマズ（皮膚病）と同音で、皮膚病平癒祈願に使います。福岡郊外の伏見神社は那珂川の堰に面し、目前にある淵に住む鯰は神使で、世の中に大事件がおこると、わき出てくるといわれています。氏子や祈願者は当然鯰を食べません。

こうして見てみると、神様の眷族や使いとして結びつけられている動物を描いているだけではなく、その名称もしくは同音異義、さらには性質の類似にまで解釈を広げながら願いごとと結びつけていることがわかります。これは前の拝み絵馬でもみられたユーモアに通ずるものとして、なにかほのぼのとした気持にさせられると同時に、こうまでして多くの神様と自分たちとを結びつける手づるを探さなければならなかった人々の、辛く厳しい生活環境にも思いいたるようもなりました。

こうした動物たちは、それぞれ特定の神様と関係があるわけですから、同じ所に何種類もの絵馬が奉納されることはありません。ところが、弘前の山観音には多くの動物の絵馬が奉納されており、しかもそこではエマとはいわず、ガクと呼ぶとのことでした。

　山観音を訊ねたのは、昭和五十四年（一九七九）の八月末でした。三厩の義経寺、十三《とさ》の湊神社、川倉の地蔵堂など、津軽地方のいくつかの寺社で絵馬を見て歩きました。山観音は、弘前城の外郭をなす小さな尾根の上にあります。市街地からはごく近いのですが、このあたりは寺が多く、自然もよく残っていて静かな所です。よく晴れた日でしたので、周囲の林の緑が青い空に濃く映っていました。境内は狭いのですが、観音堂の他に本坊や地蔵堂、エンマ堂などいくつかの建物があります。ここは津軽三十三か所の札の打納めの観音霊場ですから、毎日何人かの参詣者があって、観音堂も開けられていました。絵馬はこの観音堂だけでなく、地蔵堂やエンマ堂（本当は十王堂だそうです）にもあげられています。馬、山羊、猫、犬、蛇、狸、狐などの他に、武者や山伏、行者などの人物を描いたのもありました。なかでも多いのが猫と犬で、蛇や狸はそれほどでもありませんでした。ちょうど住職さんがおられて、参詣者の応対の間をぬって、話を聞かせてくれました。

　このあたりでは、人々は災難にあうとゴミソといわれる拝み屋に相談に行きます。ゴミソは相談をうけると、その災難の原因を神様に尋ねるのですが、だいたいその答えは、相談した人が何かに祟られているということになるそうです。つまり、あなたは何年か前に猫にむごい仕打ちをしたから、それが祟っているのだ。だから山観《やまかん》に猫の絵のガクを納めて供養しなさいというのだそうです。するとその人は、ガクを描く人（家具屋や仏具屋が描くといいます）に頼みます。猫や犬の絵は出来あいのものがありますが、特殊なものは頼んで描いてもらうのです。それを山観音に持参し、祈祷をうけて奉納するというわけです。

　ここで見られる動物たちは、神様の使いとしてではなく、祟封じ、鎮魂のために描かれたものでした。また絵馬のことをガクとよんでいることは、今後、絵馬という言葉、その源流や性格を考えていくうえで重要なヒントになるのではないでしょうか。

　まだまだいろんな絵柄の絵馬があるのですが、現在、神社や寺から大量に出されている印刷された絵馬にふれてみます。

　シルクスクリーン印刷で刷られた、鮮やかな色彩の絵馬がこれほど流行するようになったのは、それほど昔のことではありません。二十年前にはほとんど無かったのです。昔の小絵馬奉納では、社寺が直接関係することはなかったようです。自分で描いたり、絵馬屋で買ったりした絵馬を、祈願者が勝手に奉納していたのです。それを、神社や寺が御守りや御札と同様に売るようになりました。僕が子供の頃には何もなかった神社に、突然絵馬が奉納されるようになったという例をいくつか見てきました。

　そこで生じてきたのが絵馬の画一化でした。絵柄を見てゆくと、神馬、神像、眷族、社頭風景、十二支と、一見ヴァラエティーに富んでいるようですが、語呂合せとか謎解きなどはほとんど無くなり、奉納の方法も単純な

高山稲荷。青森県弘前市

山観音。青森県弘前市

広田神社。大阪府大阪市

山観音。青森県弘前市

ものになっているようです。絵はせいぜい飾り程度にしか扱われなくなり、願いごとは絵に託すのではなく文字で書かれるようになりました。絵の占める面積をはるかにこえて、細い字でビッシリと願いごとが書かれている絵馬を見ますと、祈りや願いの内容は別にして、これは神様宛の絵葉書だなあ、と思ったりします。

僕は日本人がコミュニケーションの手段として絵をどう使ったかに関心があり、それを考えていくうえで、絵馬は随分面白いものを与えてくれました。これからも、まだまだ変化してゆくたくさんの絵馬を、ながめ続けていくことになるでしょう。

●写真説明中、寺社名を特定していないものは、絵馬屋で購入したもの、寺社名を公表しないことを約束したものです。

小絵馬を訪ねて

足利の旅

文・写真　田村善次郎
写真　西山　昭宣

足利までに日が暮れて

昭和五十五年（一九八〇）十一月七日朝、大宮駅前で小島君とおちあい、足利市にむかう。道ぞいのたんぼでは、コンバインやバインダーがうなりをあげ、取入れの最中である。鎌をふるっての稲刈り風景はここではもう見かけることはできない。ヒマラヤ山麓の村アイシェルカルカで友達になったニタンパやギレンパたちが「日本では農業も全てマシーンでやるというではないか」とうらやましそうな、そしてあこがれの口調できくのに「まだ、手でやるところもたくさんあるよ」と答えたものだったが、こういう光景を彼等に見せたら何と言うだろう。

そういえばアイシェルカルカではもうシコクビエの取入れが終り、先祖祭りをしている頃ではないかなあ！などと、ボンヤリ山の村のことを想いうかべているうちに眠ってしまったらしい。

「妻沼《めぬま》ですが、まっすぐ足利に行きますか」という小島君の声に我に帰る。

妻沼には斉藤別当実盛が祀ったという聖天様がある。関東地方では広く信仰を集めた聖天で、昔は白蛇の絵馬を出していたという。舌を出した一匹の白い蛇を描いたもので、これをいただいて帰り、軒先にうちつけておくと鼠除けになるということで、養蚕をする農家の人びとがうけて帰ったものだという。

昔は鼠が多く、蚕が被害を受けることが多かったから、養蚕の盛んであった福島県の三春地方などでは蚕の種枠に紙を貼って、蛇や鷹などを描いた障子絵馬を養蚕神社などに奉納して豊蚕を祈ったという。妻沼聖天の絵馬は奉納絵馬ではなく、授与絵馬で軒守り風にして鼠除けにしていたところに特色があるのだが、現在はもうこの絵馬は出していない。ここでも毎年干支《えと》絵馬を出しているようで、本堂拝殿の左右に学業成就、家内安全な

社殿の上に掲げられた絵馬。大手神社。撮影・須藤　功

どの祈願文を書いた絵馬が四・五十枚奉納されていたし、境内にある弁天社の社前にも同様の絵馬が下げられていた。鼠除けに効果があったという白蛇の絵馬は、この境内社として祀られている弁天社から出すものであったのかも知れない。

境内では菊花展がひらかれていた。菊花展はこのあと立寄った太田の大光院でも足利の鑁阿《ばんな》寺でも行なっていた。菊の季節に訪れると、大きな神社やお寺での菊の展覧会を開いていることが多い。社寺と菊とはいったいどういう関係があるのかな。調べてゆくと何か面白いことがでてくるかも知れないなどと、とりとめもないことを考えながら、ケンランと咲きほこる菊花を背景に記念写真をとっている七五三の親子づれのあとを抜け、聖天様をたって太田の大光院へ。

大光院は子育て呑龍《どんりゅう》、あるいは呑龍上人とよばれ、子育てに御利益があるということで関東ではよく知られている。昔は、法衣をまとい、僧帽をかぶり、仏子《ほっす》を持って曲録にかけた呑龍上人の姿を画いた小絵馬が子育て祈願やそのお礼にたくさん奉納されていたというが、現在では見かけることができない。平日でも境内参道に土産物などを商う掛小屋が並ぶほど参詣者の多いところである。

聖天様と呑龍上人で時間を食い、足利についたのは二時半をまわっていた。

足利には昭和五十二年六月の末、群馬の絵馬を見にいった帰りに立寄っている。その時は僅かな時間しかなかったので、水使《みずし》神社と大手神社の絵馬を見ただけであったが、その時の感じでは他にも面白い小絵馬がありそうに思えたので、機会を見てもういちど訪れたいと考えていた。それで、本誌の編集を担当した西山君から絵馬を見にどこか行きませんかという話があった時、足利に行きましょうと答えたのだったが、私の悪いくせで、出る前に下調べをすることをせず、おまけに前につくっておいたメモも持ってこなかった。だから、水使と大手以外には大原神社と門田稲荷の名を記憶している位で、あとは見当もつかなかった。小島君から

「足利ではどうまわる予定ですか」

と聞かれても、

「まあ、行けば何とかなるだろうよ」

というたいへん心もとない返事しかできなかったのである。

絵馬を見にかなりあちこちをまわったが、だいたいが、行けば何とかなるという調子でやってきた。といっても全く何も手掛りがないわけではなくて、何らかの手掛りらしきものはあるわけで、京都をまわった時には『新選京都名所図会』を利用した。これはたいへんよくできた書物で、巻末に部門別索引がある。その民間信仰の部を利用して、大体の見当をつけ、片端からまわった。

弘前の時には弘前市街図を求めて、それに出ている社寺の名前から適当に見当をつけてまわりはじめ、後で津軽三十三観音の案内パンフレットと『水神・竜神十和田信仰』（小館衷三・北方新社）を弘前の書店で見つけて手引とした。何の手掛りもない場合には五万分の一などの地図で社寺の印がついているところをシラミつぶしにまわればそのうちに求める

沢山のわらじが奉納されて、ここは足病みの人が詣る。子《ね》の権現《ごんげん》

絵馬に出合うし、所在を知っている人にも出合って、次々と手掛りがついてくるという訳である。

一緒に絵馬や奉納物などの勉強をしている佐藤健一郎さんは、五万分か二万五千分の一の地図を手掛りに、それに記載されている社寺を全部まわってみるべきだという意見を持っている。これはどこかで試みたいと思っているが、まだ果せないでいる。足利で出来ればこの佐藤方式をやりたいと思ったが、地図を見てその余りの多さに早々と放棄することにした。何せ二百か所近くもあって、二日や三日という短い時間でとてもできることではないのである。あらためて神社、仏閣の多さを認識させられた。日本人には信仰がないだの、宗教心がないなどとおっしゃる人がいるようであるが、その誤りであることはこの地図の上にある⛩や卍の印を見ただけでわかることである。これは単なる印ではない。足を運んでみると、そこには全て神社や仏閣があり、ちゃんと維持されている。これだけのものを維持するには莫大なエネルギーがなければ出来ないことである。

ともあれ腹が空いた。全てのことは空腹を満たした後のこと。駅前に出て遅い昼食をとる。そして宿を定め、遅れてくることになっている西山君に連絡をしなければならない。

宿を決めに行く途中、古書店をみかけたので立寄る。郷土史の類が何冊か並んでいる中に『足利の伝説』（台一雄・岩下書店）がある。これは続、続々とつづいて三部作になっており、合計百七十一話の伝説が採録されている。パラパラとめくってみると民間信仰に関するものがたくさん収められており、小絵馬の所在をさぐるにはとても良い手掛りになりそうだ。

駅に近いビジネス旅館に部屋をとった。時間は四時をまわっているが、これからでも一つや二つはまわれるだろうと大原神社にむかったのだが、暮れるに早い秋の日は、探しあててついた時には夜にかわってしまっていた。

翌朝、またあらためて訪ねることにして、その夜は、せっせと『足利の伝説』を読み、めぼしい所を市街図の上にマークする。

将門さんの腹と手と足

大原神社は足利市大前町二丁目、足利から桐生に向う国道に添って走る両毛線の北側、すぐ側にあった。境内右手にある藤は樹令三百年をこえており、市の天然記念物に指定されているという標柱があるが、晩秋の今は花どきの見事さを想像するだけである。拝殿はあけ放されているが境内には人影もない。参拝し、拝殿をのぞきこむと鴨居に数枚の絵馬額が掛けられている。拝観、撮影の了解を得ようとすぐ側にある神主氏の宅を訪れたが留守であった。失礼して拝殿にあがる。拝みの絵が何枚かある中に、亀甲型の腹掛を描いた絵馬もまじっている。中絵馬とでもいうのか、小絵馬の範囲にいれるには大きい扁額形式のものである。絵馬研究書のどれにもといってよいほどにのせられている。腹掛に牡丹の花などをあしらった小絵馬は僅かに一枚だけ、社前の柱に釘でとめられて残っていた。気をつけてみると、柱や板壁に無数といえるほどの釘穴が残っており、かつてはおびただしい小絵馬が奉納されていたことをおもわせる。

大原神社は社伝によると京都の大原神社を勧請したものというが、一般には平将門の胴体を祀ったものといわれ、〝おおばらさま〟と呼ばれている。

天慶二年（九三九）暮に乱を起し、翌三年二月半ばに藤原秀郷《ひでさと》によって討ちとられたと伝えられている平将門は、人気があったのか、恐れられたのか、恐らく

たった一枚だけあった地蔵様の絵馬。子の権現

志を得ずに果てた将門の怨霊のたたりを恐れたのであろうが、多くの伝説を残し、祀られている。

首を討たれた将門の五体がバラバラにわかれて飛びさったのだが、そのうちの胴、つまり腹が落ちてきたところに祀られたのがおおばらさまであるという。そのことから、ここは腹の病気、特に子供の腹病によくきくと信じられ、それが次第に広がって子供の病気一切、子育て、安産などの神として信仰されるようになった。そしてここには祈願を描いた絵馬を奉納する風があった。絵馬をあげることはすたれているが『足利の伝説』によると、腹痛や安産祈願の際に神社から亀甲型の腹掛や腹帯を借り受け、御礼まいりの時に新しいものを添えて奉納する風習は今も残っているという。

大原神社から足利市街に向って車で十分たらず帰った五十部新屋敷町に、〝おおてさま〟とよばれる大手神社がある。足利銘仙などを織る機屋さんなどの並んだ街路の小路に石の鳥居がたっており、広くはない参道の突きあたりに小さな社が見える。ここは天手力男命《あまのたぢからおのみこと》を祭神とするというのだが、伝説では落ちてきた将門の手を祀ったとされており、手に関するカミとして信仰されている。社のそばに欅の大木があり、昔はその根本に清水が湧いていたが、その清水をつけると手に関する病気なら全て効果があると伝えられていた。また手や腕の病気だけでなく、手をあげたい、つまり技術をあげたいと願う人びとで賑わい、十月中頃に行なわれる祭礼の時には参道に市がたち、絵馬屋なども店を出していたという。今、新しい絵馬はあげられていないが、社の裏に建てられた絵馬堂には万をもって数えるほどの古い小絵馬が放りこまれている。片手、両手、腕などを描いたものが大半であろうが、拝み、機神さまといわれる二個の梭《ひ》を描いたもの、手形を切り抜いたものなど多様な図柄があるようなので、少し観察したいと、町内会長に絵馬堂を開けることの了解を求めたのであるが、忙しいということで断られてしまった。

足利には、将門の身体が落ちてきたという場所がもう一ヵ所ある。樺崎町堤谷の山腹にある〝子《ね》の権現〟で、ここは将門の足を祀ってあるといわれ、足の病、ひいては腰から下の病気にきくということで、小さなお堂にもかかわらず参拝する人が多いらしく、ワラジ、鉄板のワラジが堂の横壁にたくさん吊り下げられている。小絵馬の奉納も行われており、拝み絵馬が二、三枚、足を描いた絵馬のこわれたものが一枚のこっていた。

腰から下は女の神様

腰から下の病気ということになると女の人が主になるようで、足利では赤い腰巻をした女人の腰から下を描いた絵馬を奉納する、水使《みずし》神社がよく知られている。水使神社も大手神社とおなじ五十部町で、大手神社のすぐ裏手にある小高い山をまわった北側にある。丘の中段に社殿があり、石段をあがっていくと社前から廻廊の手すりにかけて、たくさんのよだれかけが掛け吊されており、新しい絵馬も何枚かあげられていて、今も信仰が続いていることがわかる。

水使神社については、昔、このあたりに余戸《よべ》小太郎という郷士の屋敷があった。その家に四歳くらいの男の子がいて、イソという召使いが子守をしていたのだが、或る日、その子の姿が見えなくなった。屋敷中さがしたがいないので、子の名を呼びながら、水使神社の下の渕のそばまで来たイソが、渕に目をやると、水底に子供の姿がゆれて見える。さがしつかれて半狂乱のようになっていたイソは我が身の泳げないことも忘れて渕にとびこみおぼれ死んでしまった。渕の底に見えた子供の姿は、イソが他に気をとられているすきに鷲にさらわれ、殺されて松の枝にかけられていた子供の影であった。そのことがあってから、ここは影とりの渕と呼ばれるようになり、この渕のそばを通る人は水の中に呼びこまれるなどといった異変がおこるようになった。里人たちは不幸に死んだイソの霊がたたりをなすのだといって社をたて、ねんごろに祀った。それから異変はおこらなくなったという。『足利の伝説』に収められている話であるが、同書にはもう一話別の伝説がのせられており、私が前にきいた話はまた別のもので、何種もの伝説があるようだ。いずれの話も水仕女《みずしめ》と呼ばれる下女が影とり渕に入水して死に、このあたりを通る人を呼びこむなどの異変がおこるようになるが、その霊を祀ることでそれが止むという点では共通している。私が前にきいた話では、そのあとに祀られた女が里人の夢枕にたち、祀って貰ったことを感謝し、今後とも祭りを絶やさなければ、女の人の病一切をなおしてやるといったという話がついていたのだが、これは、説明過剰になりすぎているという気がする。だいたいこういっ

まだ新しいのも見られるよだれかけ。水使神社

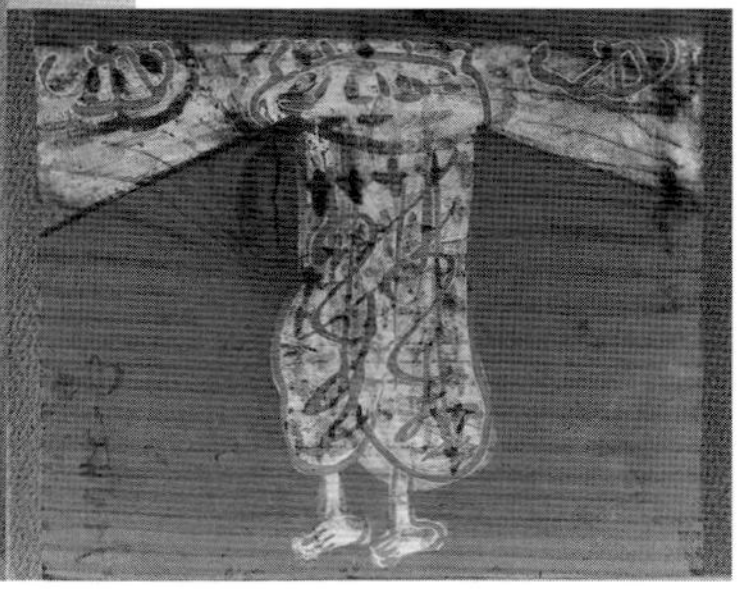

水使神社の絵馬堂からアトランダムにとり出した145枚の中にあった腰下の図のパターン。描法や彩色の多様さに驚かされる。風雨にさらされているあの絵馬堂の中には、もっと多くの図柄が隠れているのだろう。

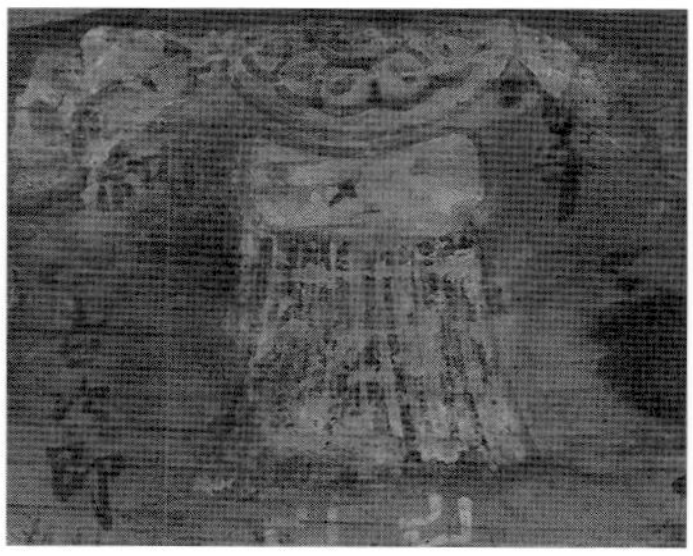

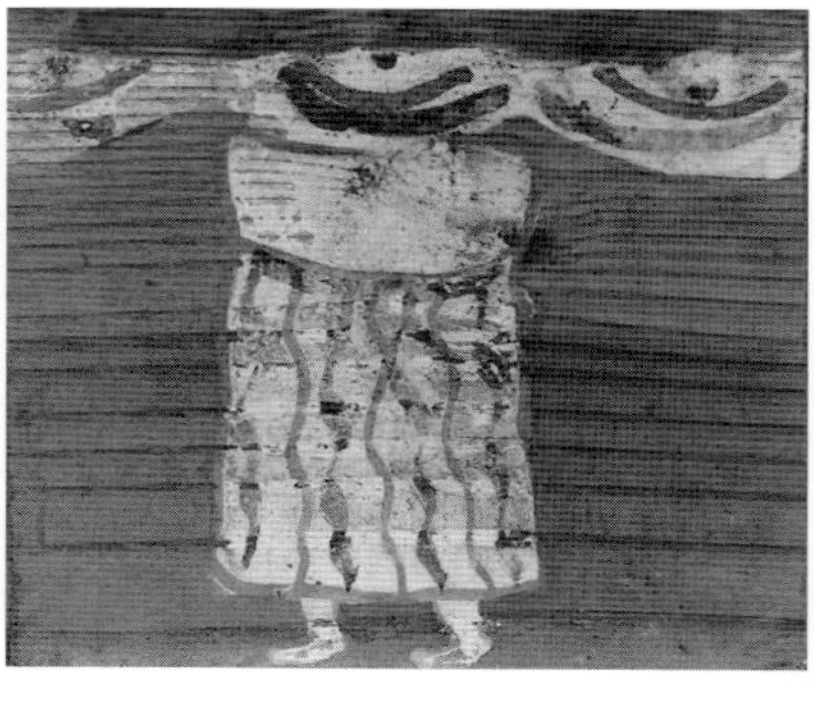
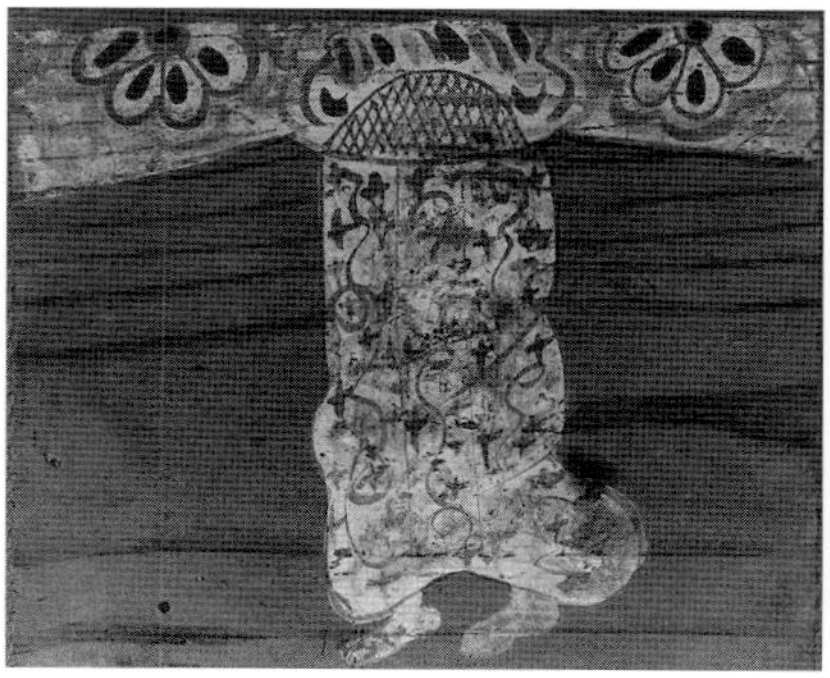

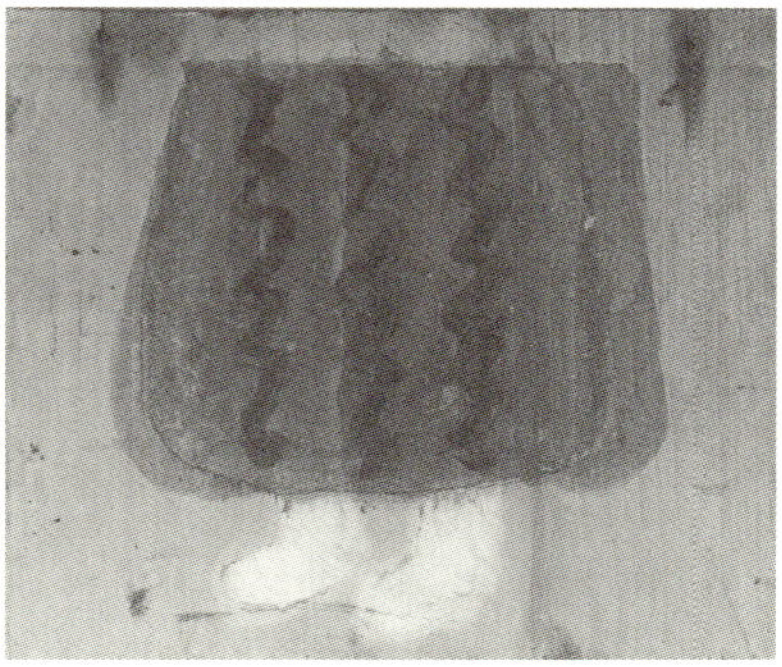

大島源吉

たものの場合、不幸な死に方をしたものの霊が怨霊となってさまざまなワルサをするので、それを祀り鎮めることによって完結する。それで充分である。

健康であるべき人が病気にかかり、不幸になる。その原因を探っていくと、どうも水使さまのたたりらしいということでお参りをし、お祓いをすると良くなった。そんな例がいくつか重なり、流布されると、水使さまは女の病に験《しるし》がある。大手さまは手の病にきくということになるわけである。その場合、病気や悩みの原因が怨霊のたたりによるものであるとしても、どの怨霊であるかということは素人には判断できないことで、その判断を下す役割をはたす人が必要であり、いたのではないかと思われる。足利の場合にはそれが修験者＝山伏だったのではないかと想像している。別に確実な根拠があるわけではなく、水使神社や大手神社は水使大権現、大手権現などと呼ばれていた時期があったらしいことから、山伏との関係を思うのである。

関東にはいわゆる草山伏が多く、絵馬の流布に一役かっているらしい。

話を水使神社の小絵馬に移そう。絵馬奉納の習俗があった他の多くの社寺が、ごく最近の絵馬はまったくないか、あっても一枚か二枚にしかすぎないのに、水使さまは前述のように新しいものがかなりたくさんあげられており、それも一種類だけでなく何種類かのものが奉納されている。ちなみに社前にあった四十四枚の絵馬を種別に見ると

腰から下の図（女）　十六枚

拝みの図　二十七枚（内訳・女一人＝十五枚　男一人＝一枚　赤子を抱いた女＝十一枚）

三宝に重ね餅　一枚

というような内訳になっていた。そのほかに、髪毛一束も混っていた。水使さまもまた、絵馬堂があり、古いものがかなり多量に保管されているので、神社の裏手の畑で仕事をしていた男の人に了承を得て、アトランダムに百四十五枚をとり出し、たっぷりほこりにまみれたものをブラシでこすって、大まかに分類したら次のようになった。

腰から下の図　七十八枚

女の一人拝み　四十五枚

赤子を抱いた女　十五枚

男の一人拝み　五枚

機神さま（梭二個の図）　一枚

両手を描いた図　一枚

なおそのほかに絵馬ではないが、木彫りの男根が一個まじっていた。

水使さまの絵馬堂に保管されている絵馬が何年位前からのものであるか確かめていないけれども、同じ図柄として分類したものの中にも描法の異なるものがあり、ある程度の編年も可能かと思われた。女の一人拝みの図の中でも比較的古いものだと思えるものの中に、カンザシをさした水商売の女を表したと思われるものがかなりあり、花柳界の女性の信仰をあつめていたということもよくわかる。

千社札の研究を早くにおこない「お札博士」として知られるフレデリック・スタール氏は絵馬にも興味を持っており、水使神社の絵馬を見て「日本に於る最も驚くべき、又最も赤裸々な絵馬の宝庫」と記しているという（召田大定『絵馬巡礼と俗信の研究』二一四頁）。スタール氏が見た時代ほどの多様さと赤裸々さは現在の水使さまの絵馬にはないにしても、ここの腰下の図を描いた絵馬はかなり異様な雰囲気を持ったものではある。

水使さまは現在、四月第三日曜日、十月第三日曜日に例祭がおこなわれるが、その日を中心にたくさんの参拝者がある。その大半が女性であり、男性だけで参拝することはいけないことになっているという。水使さまへの入り口で菓子などを商っている店で絵馬も置いていると

きいて訪ねたら「男だけでお詣りするものではないよ」「女の神様だから」「絵馬は売り切れてない」「描いている人はムニャムニャ！」「絵馬は祈願成就のお礼にあげるものだ」

　ウサンくさげにじろじろ眺められ、早々に退散した。

天狗と八幡

　女の神様はどうも調子がよくない。今度は男の神様にしよう。どこかないか。西場町と大沼田町の境にある鷹巣山は頂上に石尊大権現（阿夫利神社）を祀っていて、大の字、小の字を掲げてあるという。これは大天狗、小天狗をあらわしているという。天狗様なら男が行っても怒ることはないだろう。と一決、西場町にむかったが鷹巣山に登るには時間がかかる。西場町では麓に阿夫利神社を分祠しているというので、そこに詣でて勘弁ねがうことにした。阿夫利神社は神奈川県伊勢原の奥にある大山に祀られている神社で、雨乞いの神さまとして知られており、江戸時代には大山講が関東地方にでき、代参や講社での参拝者で賑わったところで、この地方にも大山に詣ずる人が多かったものであろう。西場町の阿夫利神社にも「大の字」「小の字」と書いた額が何枚も社前の軒下にうちつけられていた。

室内はまっ暗。天狗の面が掛かっていた。阿夫利神社

　西場町から少し遠廻りをして渡良瀬川をわたり、高松町の癪除《しゃくよけ》八幡宮に向った。八幡様は武神であるから男の味方であろうと考えたわけではない。癪除けなどという珍しい名前にひかれてのことである。

　この八幡様は名前からもわかるように癪、つまり胸や腹に発作的に激痛をおこす病気に霊験があるといわれ、癪持の人が遠くからもおまいりに来て、たいへん賑わったものだといわれている。ここに祈願をし病気が直った人はお礼に柄杓の底を抜いたものを奉納するのだという。癪を杓にかけて、シャクが抜けたという意をあらわしてのことだという。ここの境内には絵馬堂ならぬ杓堂があり、おびただしい底抜け柄杓が納められている。竹や曲物の杓ばかりでなく、アルマイト

底抜けの柄杓でいっぱいの杓堂。癪除八幡宮

などの新しいものもあって、現在もその信仰は続いていることがわかる。

北関東の野づらを吹く風は三時をすぎると強くなり、急激に冷えてくる。そして釣瓶おとしの秋の日が早く帰れとせきたてる。

め・め・め・め・め・め・め・め

九日、利保《かかぼ》町の生目《いくめ》さまに行く。目の神様である。土地の人から越路坂と呼ばれている切り通しの丘の上にある小さな祠であるが、社前、側面の壁板に絵馬がたくさん打ちつけられている。ほとんどが古いもので、筋ばった木目がうき出た板面に白い眼がこびりついたようになっているものが多い。眼を四つずつ二列、つまり四対、四列・八対の眼を描いたものがある。目の神様である薬師さまなどに奉納されるのは「め」の字を向いあわせに書いた「向い目」の絵馬が多いのだが、ここにはそれがない。このあとでみた、織姫神社の下にある巴町の薬師さまに奉納されている絵馬も四対・八眼のものであった。八眼、十六眼の絵馬がここには多い。

八眼はヤンメで病目をあらわすといわれており、シャクヌケなどと同じ語呂あわせものの代表格である。

荒壁を覆うように、木肌に浮きでる眼があった。明るさに慣れた眼をこらすと、にらみ返してくる眼があった。生目神社

生目さまは九州宮崎市にある生目神社を勧請したものだそうだ。明治の初年、目の痛み出したおばあさんが、医者にかかっても目にきくという神仏に祈願しても良くならず困っていた時、九州から出稼ぎにきて泊りあわせた大工さんから教えられ勧請して祈ったところ、痛みもとれ、もとのように見えるようになった。そのお礼に石の祠をつくり祀ったのがはじまりで、伝え聞いた眼病に悩む人びとがお参りにくるようになり、お礼に絵馬や旗をあげたものだという。昭和初期には、盆の十三日のお祭りの日には露天商が何軒も来て店を出すほどであったという。

昔は眼病に苦しむ人が多かったので、どこにいっても薬師様その他、目の病に功験のあるといわれる神様はたくさんあるし、小絵馬が奉納されているところが多い。そうした中には変った図柄のものもある。生目さまのあとに詣でた鑁阿《ばんな》寺もそのひとつである。鑁阿寺は大日如来を祀っており、足利の人たちからは〝大日さま〟の名で親しまれている。大日さまは子・丑歳生れの人の守り本尊とされており、特に眼病だけということではないが、眼病にも効果があったらしく、二匹の鰯を描いた絵馬を奉納したという。

眼病の人が鰯を絶ってその平癒を祈願したもので、今はみかけることはない。

鑁阿寺はもと足利氏の居館として建てられたものだというが、広い境内にはいくつもの堂祠が祀られており、そのひとつ、蛭子堂《ひるこどう》は安産のカミとして現在も信仰されている。いまは可愛いよだれかけの奉納しているのを見るだけであるが、昔は栗の実がイガから顔を出している絵や、こぼれた栗の実を描いた絵馬などが奉納されていたという。

足利との別れは縁切稲荷

十一月の日曜日、秋晴れの好い日和ということもあって、大日さまは七五三を祝う親子づれで賑わっている。

鑁阿寺を出る。門前の土産物店をふとのぞくと、たくさんの小絵馬が売られていた。そこには、いくら探しても現在ではどこの寺社でも見かけることのない、噴井や逆さ松などの絵馬が下っている。聞いてみると「絵馬の会」とかいうのを主催している人が趣味で描いたものを売っているのだという。

さて、足利での最後の目的地は門田稲荷にする。八幡町の八幡宮の一隅に祀られている。もと近くの門田にあったものを明治末年に八幡宮境内に移したという。縁切稲荷ということで近在に知られており、たいへんはやったもののようで、男女が背を向けあっている図柄の小絵馬などがたくさん奉納されていたというが、今はそれほど多くは残っていないようで、格子ごしにのぞいてみると数枚の絵馬が置かれていた。

社前には赤い鳥居、狐、千羽鶴などのほかに、底を抜いた柄杓がたくさん奉納されている。癪除八幡のシャクヌケと似たようなものであるが、ここの場合は底抜けの杓に水を入れたようにすみやかに縁が切れるように、あるいは悪縁がたまらないようにという意をこめて奉納したものであろう。そうした奉納物の中に一枚、男女が背を向けた絵馬が置かれていた。自分で描いて納めたものであろう。稚拙ではあるが、それだけ実感のこもったものであった。

格子にたくさん紙が結びつけてある。何枚か広げてみると、男女の名前と年令を描き、早く縁が切れますようにと記している。同じ人が何枚もあげている。恐らく日参をしているのではないかと思われる。

絵馬だけを見ていると、昔はたくさんあったが、今はなくなっている。だからそうした信仰はなくなった、人の悩みや苦しみは医者や法律で解決できてしまうのだと思いやすい。たしかにそれで解決されるものも多いのだろうが、実は門田稲荷の方も昔に変わらず今も必要で、信仰されているのである。人に知られぬようにこっそりとお参りし、思いをこめて記した紙片を格子に結びつけて帰ってゆく人が絶えることはないのだろう。

野州おろしが木の葉を散らし、門田稲荷は別れの稲荷、辛く哀しい別れの稲荷、怨みの残る別れのいなり。

廣重が描いた金毘羅道中の行者

旭社前に建つ道標。嘉永6年（1853）奉納

こんぴら暮らし

●金刀比羅宮奉納物調査記●

文・写真　印南敏秀
写真　須藤　功
山崎禅雄

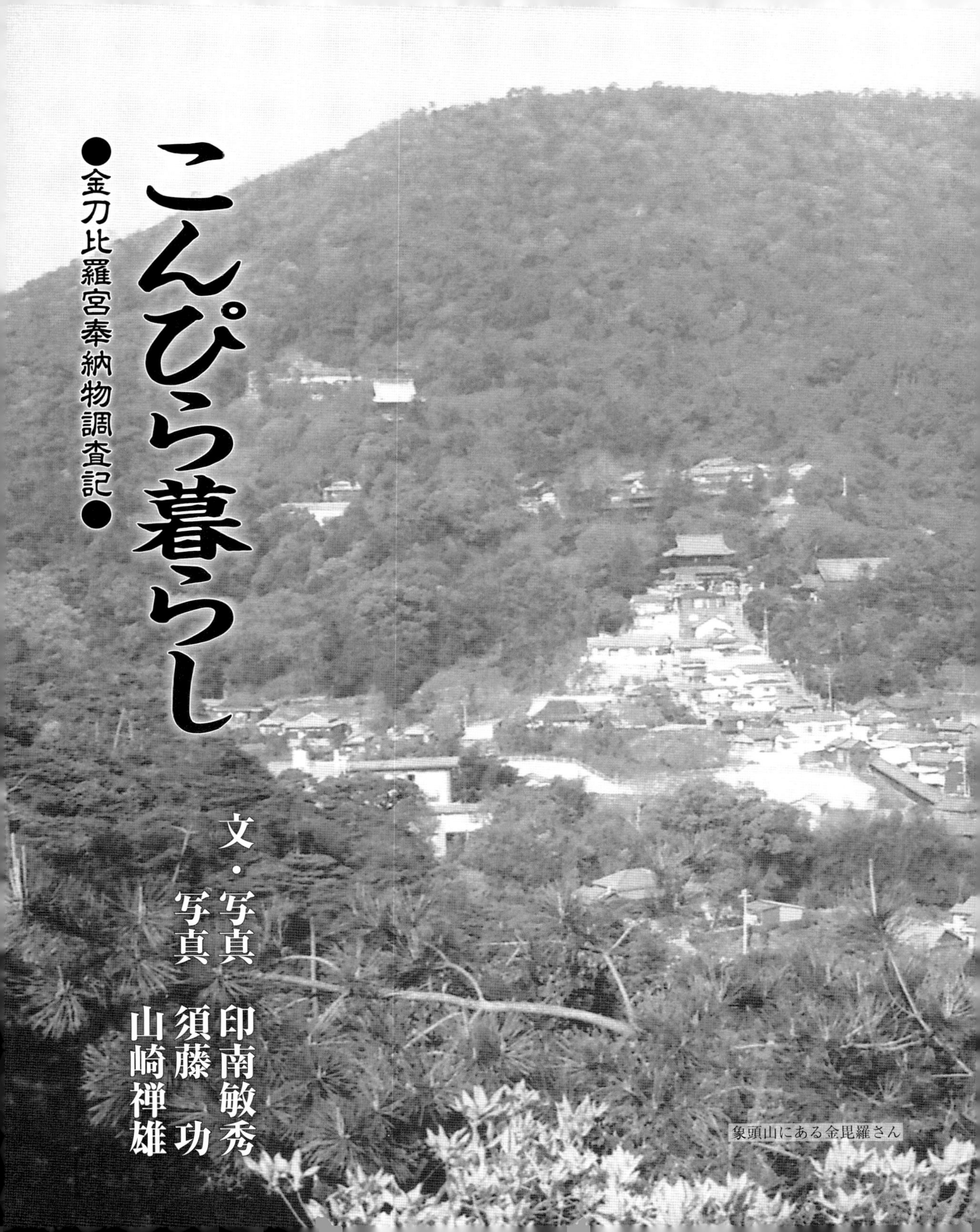

象頭山にある金毘羅さん

金毘羅全図。発行年不詳

「金毘羅《こんぴら》さん」、というなつかしい名を久しぶりで耳にしたのは、福島県会津若松市から汽車で二時間も奥に入った山里である。民俗調査で歩いていた私に、道端で休んでいたおばあさんが声をかけてきた。

「にいちゃんどこから来たの」

「四国の新居浜です」

「ああ、金毘羅さんのあるところだね。私もこのあいだ参ったよ」

香川県仲多度《なかたど》郡琴平《ことひら》町の金毘羅さんへは、私の郷里愛媛県新居浜市からは車で二時間と近く、初詣や修学旅行で何度か参っていた。ところが、ここは東北の山里である。私達は金毘羅さんは海の神様だと子供の頃から教えられていた。通りがかりのわずかな会話であったが、この時のやりとりは妙に頭の中に残った。無論このときには、私自身が全国的に幅広い信仰をもつ金毘羅信仰について後年取り組み、琴平で二年間暮らそうとは夢にも思ってもみなかった。

境内で唯一商いができる五人百姓。飴を売る。

金刀比羅宮御本宮

金毘羅へ

金毘羅さんの奉納物の調査で門前の琴平町で暮らしはじめたのは、昭和五十二年（一九七七）の六月であった。当時私は、二年間の広島県三原市での石造物調査を終え、東京を起点にひろく全国各地を歩こうと計画していた。ところが、またしても一ヵ所で二年間調査をつづけることになったのである。

調査員に加わることは、文化庁の木下忠先生の推薦で決まった。私には三原市での調査が認められたことがうれしく、参加することに迷いはなかった。はたして金毘羅は、三原以上に思い出深いところとなったのである。

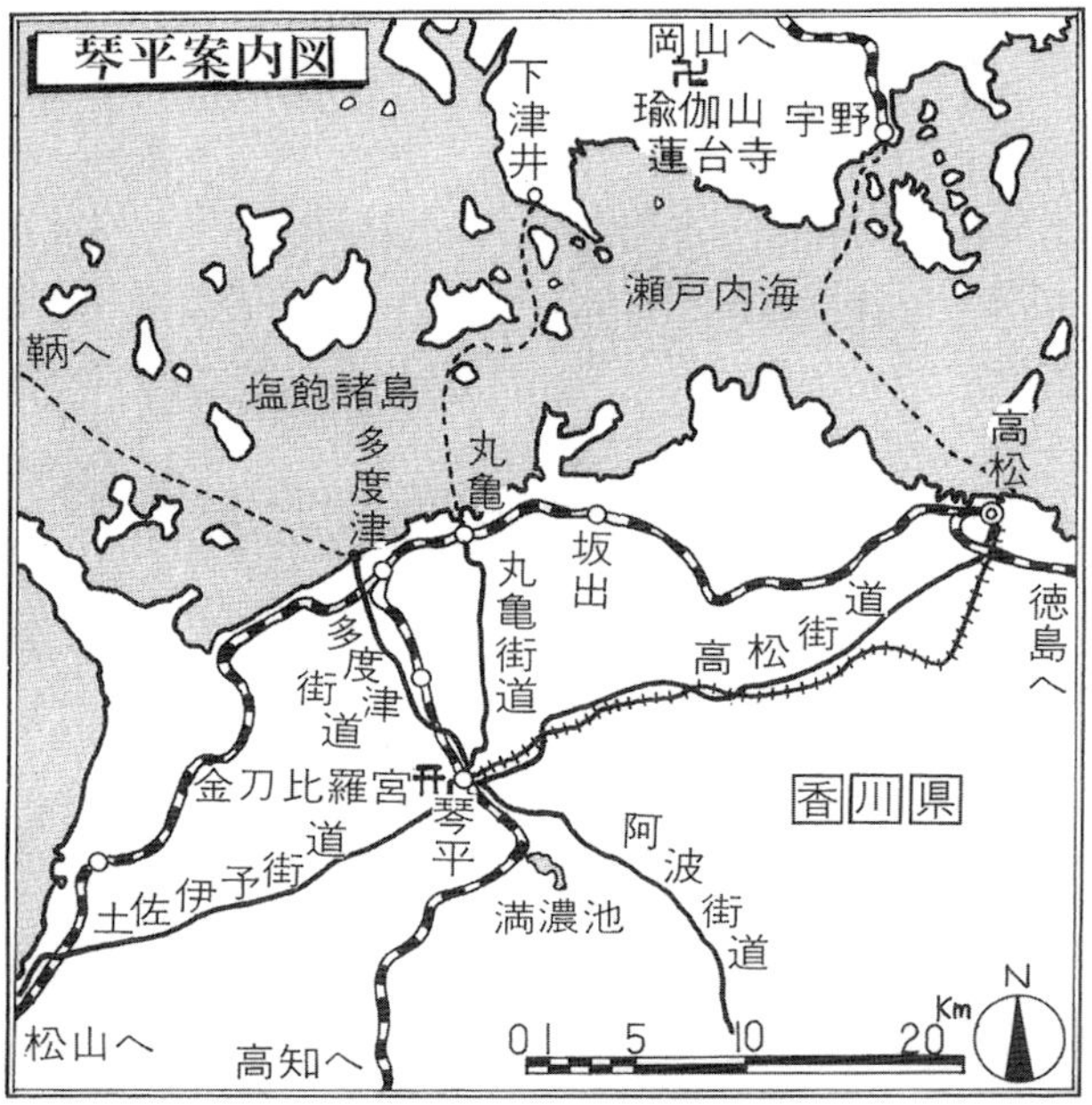

東京を発ち、宇野から高松へ瀬戸内海を渡った。いつもの帰省と同じで、宇高連絡船を下り、駅構内でうどんを食べた。小学校の修学旅行以来久しぶりの琴平であったが、なぜか郷里に帰るようななつかしさがあった。

海に面した高松城の脇から、二両編成の小じんまりとした琴電（高松琴平電気鉄道）に乗った。まもなくして市街地を抜けると、車窓からは讃岐特有の溜池と、なだらかな山容が見えてくる。平野は、麦の実りのころで、黄金色に輝く麦畑は、稲穂とは違った弾力性のある美しさをみせていた。さきほど食べた讃岐うどんのこしの強さも、こうした良質の麦でつくるからではないかと、ふと思った。

琴電に一時間も乗ると視界がひらけ、前方に台形のひときわ目立つ山が見えてきた。まもなく終点琴平駅につき、その山が金毘羅さんの鎮座する象頭山《ぞうずさん》（琴平山・海抜六一六メートル）であることを知った。金毘羅さんは瀬戸内海の丸亀・多度津の港より内陸に約一二キロはいったところにある。

東京を出るときに買った琴陵光重《ことおかみつしげ》宮司の『金刀比羅宮』（学生社）によると、金毘羅さんが金刀比羅宮となるのは、明治の神仏分離以降のことで、それまでは金毘羅大権現と呼ばれ、別当金光院が山内を支配していた。地名の金毘羅が琴平に変わったのもこの頃のことである。私の郷里や、東北の山里で今でも使う「金毘羅さん」の俗称は金毘羅大権現時代のもので、このことにより金毘羅信仰がすでに江戸時代に東北までひろがっていたということが窺える。

参詣者が途絶えたひとときき。参道は清楚な空気につつまれる。

日本の民俗を概観するのにもっともよく利用される『日本民俗地図』の「講」を見ても、金毘羅信仰は伊勢信仰に次ぐひろがりをみせている。郷里に近いこともあって、金毘羅さんのことがわかっているように思っていたが、調査をはじめるまでの私は、詳しい内容を知らなかったのである。

琴電琴平駅は琴平町内を流れる金倉《かなくら》川の脇にある。この川は別名「汐《しお》川」と呼ばれる。昔の参拝者が、この川で道中の汚れと世俗の垢を洗い清めて神前におもむいたのである。現在、川は汚水が流れ込み、多少汚くなっているが、金毘羅さんにのぼる期待と不安で高ぶった私の気持をなごませるには、まだ十分な清涼感と水量をたたえて流れていた。

麓から見あげる象頭山は原生林に覆われ、社殿を望むことは出来ない。ただ、駅前から建ち並ぶみやげもの店、食堂、旅館等の家並みが象頭山の中腹に向かってのび、社殿のありかを示すかのようであった。

長い石段を登り、たどりついた社務所で、神社の調査担当者に会った。神社の権禰宜《ごんねぎ》でもある主任の佐藤吉隆さんと翌日からの調査手順を決め、東京から届いた荷物と共に手配されていた宿舎におちついた。宿舎は町営のユースホステル「青年の家」で、のちに金刀比羅宮の社宅に移るまでの一年余りの私のねぐらに

お遍路の参拝も少なくない。

安政2年（1855）奉納の「捕鯨図」

嘉永3年（1850）奉納の「廻船図」

国の重要有形民俗文化財に指定された〈金毘羅庶民信仰資料〉一七二五点のうち、絵馬は石造の一点を含めて五七点ある。もっとも多いのは船絵馬、しかも海難図が大半を占めているのは、金毘羅が海の神だからである。漁撈図の一枚の捕鯨図は、体験者でなければ描けないような精緻な描写で、捕鯨史の資料としても貴重な図である。著名な画家が描いた絵馬、また微笑ましい親子の光景、芸能の絵馬などもある。

文久3年（1863）奉納の「白拍子図」

明治24年（1891）奉納の「母子嬉戯図」

森狙仙の「猿図」。文化14年（1817）奉納

昭和5年（1930）奉納の「蘇生図」

なった。二階一二畳の広い和室に長机をいっぱいに並べ、荷物を解き、私はやっとおちついて琴平での第一夜をむかえたのである。

金毘羅鳥瞰

翌朝、窓の外から聞こえるマイクの音で目がさめた。参拝者の一団を案内するガイドの声らしい。まだ、六時である。早朝からの熱心な参拝に私はおどろいた。館内で聞き耳をたてたが、昨夜夕食を共にした若者達の動く気配はなかった。

少し早いとは思ったが、朝食まで散歩に出ることにした。青年の家の背後の山に展望台があることは昨日聞いていた。初めての土地で、まず高い所から町をながめたいと思ったからである。

展望台から見ると、琴平の家並みは、手前の愛宕山《あたご》と象頭山に挟まれた谷間から、ちょうど扇形に押し出されたように見える。扇状の集落から旧金毘羅街道の家並みが線状にのび、やがて田園のなかに消えてゆく。

旧金毘羅街道は五本あり、うち四本が目でおえた。昨日乗った琴電に沿う高松方面への高松街道、北へのびる多度津街道と丸亀街道、阿讃山脈を越えて阿波へ抜ける阿波街道である。愛媛と高知方面への伊予・土佐街道は、反対方面に街から山の間を登り抜けてゆくため愛宕山の影になって見えなかった。

交通の要衝としての金毘羅の位置は今もかわっていない。高松と徳島・高知を結ぶ国道三二号線がこの街を通り、琴平を起点として多度津・丸亀方面へは国道三一九号線、愛媛方面へは国道三七七号線が走っている。さらに、琴電と国鉄土讃本線も通っている。

「四国の道は金毘羅に通ずる」の格言は今も生きている。交通の要衝にあたる金毘羅の位置は、かつての金毘羅信仰の隆盛と、今なお金刀比羅宮が栄える大きな要因の一つになっている。

家並みから目を田園に移すと、そこには規則正しく区画された水田がひろがり、区画上に家がまとまって点々と見られる古い条里集落の姿を今なおとどめていた。家が完全に途切れることなくつづく平坦な街道は、歩いて参拝した当時の人々も安心できる道だったことだろう。

香川県特有のなだらかな山容は、花崗岩層の上に風化

爛熟期の文化を伝える、旭社（旧金堂）軒裏の天保8年（1837）の彫刻

をうけにくい安山岩層が帽子のようにのって形づくられている。香川県の地質は、これに加え阿讃山脈の一部に砂岩層が見られ、あとは砂岩や花崗岩の風化した砂質の堆積平野となる。

再び田園に目をやると、点々と溜池の光る光景が見える。香川県は全国有数の溜池地帯である。花崗岩や砂岩の風化し堆積した砂質の土壌は、水が地表を流れず伏流水となり、水不足をもたらした。

山並みにかくれて見えないが、讃岐平野の奥には、弘法大師空海によってつくられた日本一の溜池である満濃《まんのう》池がある。この溜池の歴史は、空海以前にさかのぼるともいわれ、讃岐平野の人々の水に対するとり組みの早さが窺える。

旭社（旧金堂）は仏教の色合いを強く残す。

古来水不足になやむ人々は、雨を降らす神の存在を信じ、祈った。天上に近い山は、神の天下る場所で雨を願うにふさわしいところであった。象頭山頂には、雨をもたらす神として信仰された竜神を祀る池がのこっている。

ひときわ高く、特異な山容をみせる象頭山に、日本人が山を神聖視する信仰の跡をみるのは、その自然環境を考えれば容易である。

ただ、それだけでは一地方の霊山でとどまっていたはずであり、金毘羅さんが伊勢信仰と並び称され、全国的な広がりをもつまでに隆盛することはなかったはずである。

讃岐平野の向こうには海が望める。私は、初夏といっ

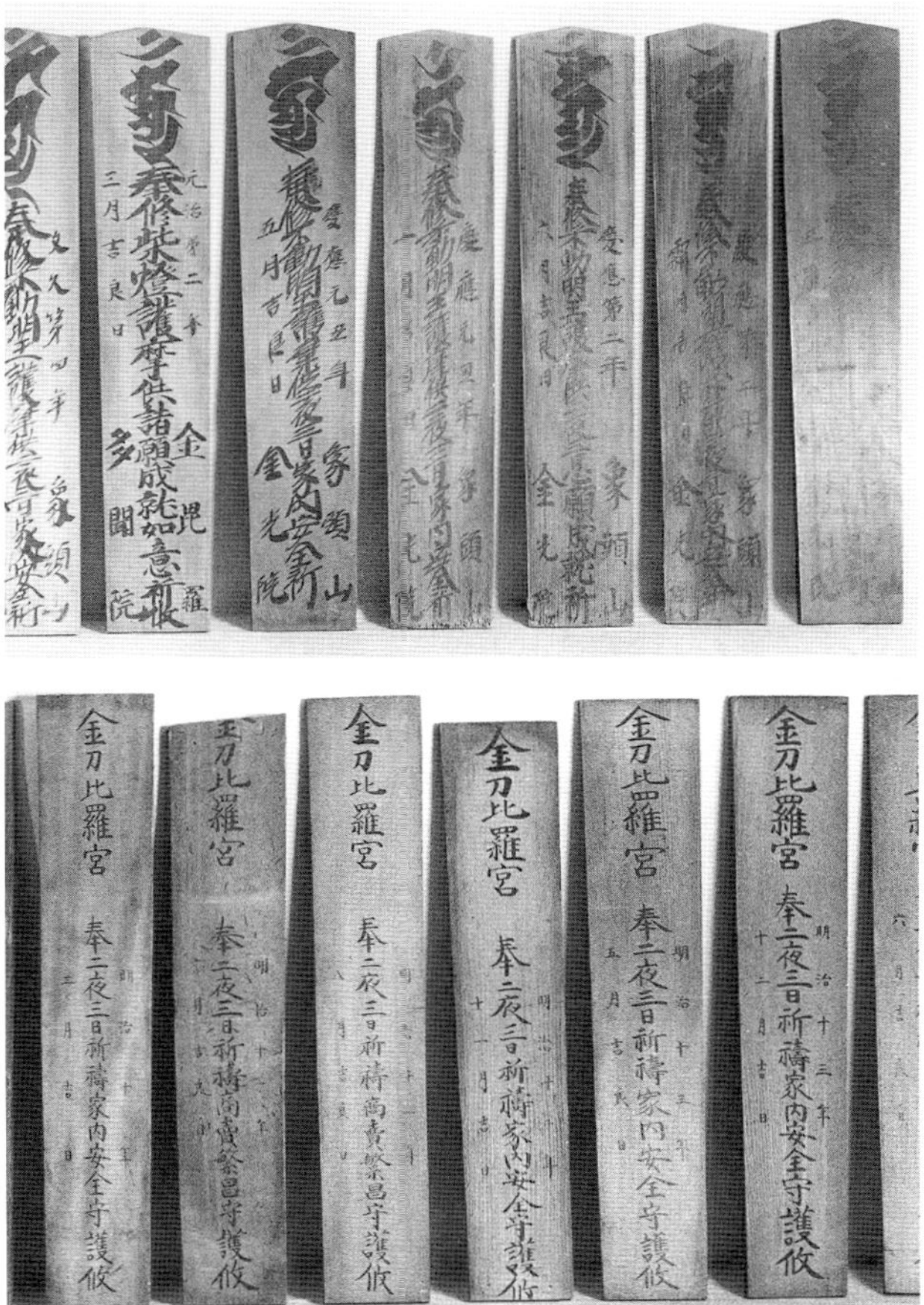

明治初めの神仏分離を境に木札は一変する。金毘羅大権現の時代は、金光院が不動明王に祈祷して木札を出した。金刀比羅宮の時代になると、そうした仏教色は一掃される。

安政6年（1859）完成の「金毘羅高燈籠」

奉納者の名が刻まれた石燈籠に燈がともる。

金刀比羅宮北神苑は、ＪＲ琴平駅から歩いて三分ほどのところにある。そこに大阪の住吉大社の高燈籠を手本として安政六年（一八五九）完成の、高さ九一尺（約三〇メートル）の高燈籠が立っている。最初の計画では三〇尺近く低いものだったが、海上から燈火が見えるように高くしたようである。それは金毘羅大権現の神徳を伝えるためでもあった。

てもつめたい風の吹く展望台で、金毘羅信仰に思いをはせながら、調査の長い道程と、琴平でのこれからの暮らしを思ったのである。

奉納物の宝庫

まず私は、金毘羅さんの広大な境内をつぶさに歩くことから調査をはじめた。大門から奥院までの数キロに及ぶ境内には、江戸時代初期から現代まで続く篤い信仰によって数多くの社殿が建てられ、奉納物が満ちあふれていた。しかも、その種類はこれまで参ったどの有名神社よりもはるかに多いように思えた。金毘羅さんは日本の近世以降の奉納物の宝庫だ、と私は直感し、その調査が出来る幸運に感謝した。

奉納物の中でことに目をひいたのは、参道沿いに建ち並ぶ、鳥居・燈籠・玉垣・手水鉢・狛犬などの石像奉納物と、二棟の絵馬舎に所狭しと重なりあって掛かっていた絵馬、船模型・大漁旗・千羽鶴・浮き袋・流し樽・錨・舵などである。絵馬舎は江戸時代、社殿に納まらなくなった絵馬を奉納するために建てられたのであるが、まさに奉納物の生きた博物館であった。

鳥居・石燈籠といった石造物や絵馬は、金毘羅さんに限らず全国各地の社寺で江戸時代以降数多く見られるごくありふれた奉納物といえる。ところが、船模型・大漁旗・浮き袋・錨・舵・流し樽・流し木は、海との関わりが強く、海上信仰の社寺にしかみられない奉納物である。ことに、酒や初穂（賽銭）を樽につめて海に流す流し樽や、用材を川から流し送った流し木は、今では金毘羅でしかみられない奉納物である。

流し樽は、樽に酒をつめたものを「金毘羅樽」といい、賽銭をつめたものを「流し初穂」といった。金毘羅樽の酒は拾いあげた人が飲み、新しくつめかえて流したが、この酒は思いのほか旨いものだったという。

現在も続いているのは流し初穂である。多いのは海上自衛隊の護衛艦と旅客船からのもので、航海の安全を祈願している。ほかに大漁を祈願して漁船が奉納したものや、高校生が修学旅行の記念に流したものもある。近年では、金毘羅さんの沖で流したり、直接持参する場合もあるが、古くは奉納者が地元から流すことが多かった。流し樽を見つけると、船人は拾いあげ、出来るだけ金毘羅に近い海へ運び、順送りで最後は金毘羅さんまでとどけられた。そこには金毘羅信仰を通じて結ばれた海の男達の不文律の約束事が出来ていたのである。

絵馬舎に納められた「金毘羅樽」

流し樽がいつはじまったのかわかれば、海上守護の神としての金毘羅信仰のひろがりについてもわかるはずであるが、この風習がはたして金毘羅特有のものであったかどうかすらも現在ではわからなくなっている。なお、現在のこる最古の流し樽は、銘板から明治三十八年（一九〇五）に帝国駆逐艦乗員二人が二銭入れて流したものである。

　船模型は金毘羅さんのものが質量共に全国有数であり、はやくから注目され、調査が進んでいた。模型船は三メートルに近い千石積の大型船をはじめ、二六艘に及ぶ廻船模型や、漁船、艀《はしけ》船、京都保津川下りの遊覧船など、計四一艘にのぼり、種類の多さは金毘羅さんを信仰した海の男たちのなりわいの幅広さを教えてくれる。

たくさん奉納されている廻船模型

　また、廻船模型は船大工がつくった精巧なものであった。江戸と大阪間で活躍した菱垣廻船には、船の前半部左右にだけ菱垣をつけた表菱垣と呼ばれる船があり、金毘羅さんの奉納模型でしか今は残っておらず、造船史の上でも貴重である。菱垣廻船は、金毘羅さんの船模型で最も古く、寛政八年（一七九六）に大阪の廻船問屋の船持が奉納したという墨書がのこる。その翌年には、金毘羅さんの沖あいを通り、日本海航路で活躍した廻船の模型が但馬の船頭から奉納されている。

　廻船模型は、和歌山県柿本神社の正徳五年（一七一五）のものがわが国では一番古い。今日の漁船に形をとどめる板合せ構造の和船は、近世の海運隆盛によって発達するから、本船を模した廻船模型も正徳五年を大きくさかのぼることのない新しい形の奉納物といえる。

　絵馬で廻船の船乗りと金毘羅信仰の結びつきを知る最初の資料は、寛政四年（一七九二）に江戸湯島の人が願主となり、筑前の一五人の船頭が奉納したものである。これも船模型とほぼ同年代であり、遅くとも近世も中頃の金毘羅さんは航海安全を約束する神として、江戸、大阪といった大都市をはじめ、筑前や日本海側にまで知れわたっていたのである。

　いずれにせよ海上信仰関係の膨大な資料は、金毘羅さんが、わが国有数の海上信仰の聖地であることを十分に物語っていた。

瀬戸内の海上信仰

大阪には海の神として金毘羅さんより古い歴史をもつ

住吉大社がある。調査の途中、住吉大社を訪ねた。

　住吉大社は、大阪の中心地からわずか七、八キロと近く、現在周辺は市街地となっている。明治初年の神仏分離後、海に面した社殿前方の境内地は公園化し、今では地形から住吉大社と海の神を結びつけて考えることはむつかしくなっている。

　私は当初金毘羅さん以上の海上信仰関係の奉納物を住吉大社に期待していたが、その期待は石燈籠を除けばみごとにうらぎられた。境内に入ってすぐのところには絵馬堂もあるが、金毘羅さんより建物は小さく、絵馬の数もわずかで、海上信仰と関連しそうなものは見られなかった。『日本の船絵馬』（柏書房）という本は日本海沿岸域の船絵馬の集成であるが、廻船が航行する背後に住吉大社を描いた江戸時代中頃の絵馬が紹介されている。私はその船絵馬と同じ図柄で、より大きく立派な絵馬が見られるのではないかと期待していたが、期待はずれであった。

　住吉大社で、六〇〇基を超す石燈籠を見てまわることにした。石燈籠では予想どおり海上信仰を示す「海上安全」の願文を彫ったものや、「堺廻船中」、「大坂菱垣廻船問屋」、「大坂北浜大川町船問屋」など奉納者の職種から海上守護を願ったと思われる銘文が多数見られた。

　金毘羅さんの石燈籠にも文化四年（一八〇七）に、当時福井県小浜地方最大の廻船業者であった古河氏が「諸願成就、海上安全」を願い奉納したものをはじめ数多くの海上信仰関係のものが見られるが、住吉大社のほうが数は多かった。

　住吉大社の海上信仰関係の石燈籠を子細に見ると、奉納者は大阪商人が多いのに気付いた。金毘羅さんに比べ住吉大社の石燈籠は全体に大型であるのも、大阪商人の財力をものがたっているように思えた。

　住吉大社と海上信仰の結びつきは、神功皇后の三韓征伐の伝説にはじまると伝えられ、遣隋使、遣唐使が出てゆくとき最初に航海安全を祈ったものも住吉大社で、平安時代初期の『延喜式』には名神大社として全国二二社のうちの一つに数えられている。同時に住吉大社は現在の大阪府北部と兵庫県の一部をしめる摂津国の一の宮で、摂津国は住吉大社造営料国として、神主の津守氏が摂津守として支配するなど、大阪との結びつきは古くから強かった。

　室町時代には荘園制の崩壊がすすみ、住吉領は武家勢力に押領され有名無実と化す。また住吉大社自体も、たび重なる戦乱にまきこまれ、兵火にあった。

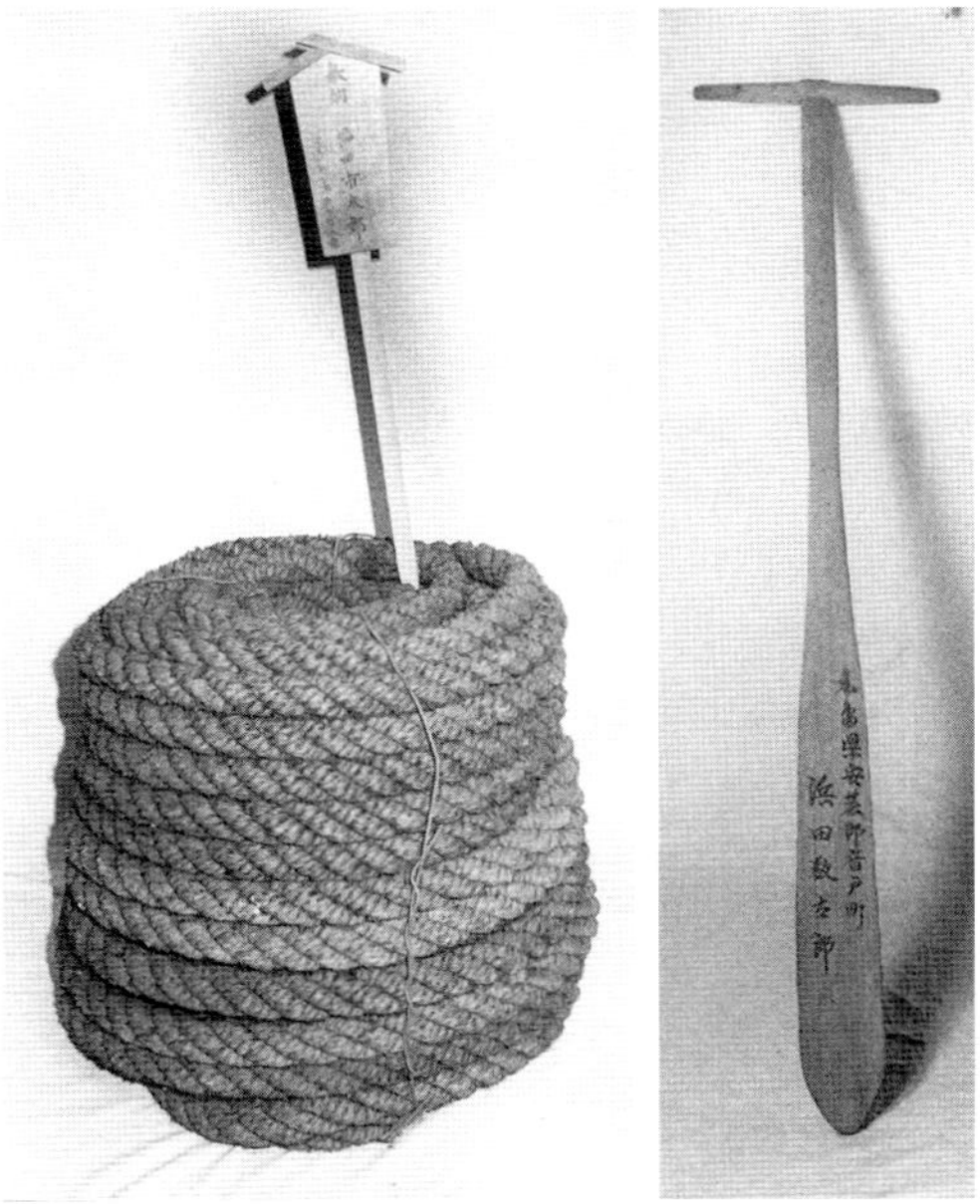
奉納された櫂（右）と艫綱《ともづな》（左）

秀吉、次いで家康により全国統一が行なわれ平和がともどされたとき、朱印地として住吉大社が寄進をうけたのは、二六〇石で、これは盛時の六〇分の一にすぎなかった。したがって、多数の社僧や社人をやしない、大社の神事や神宮寺の仏事を勤行するには、「天下の台所」大阪の商人の力にたよらざるを得なくなっていた。

大阪の商業都市としての発達は、近世初期に堺から移ってきた大阪の廻船問屋が中心になった。堺は住吉大社から四キロと近く、中世には自由都市であると同時に、西日本、さらには日明貿易の拠点として栄えた港町で、かつては住吉大社領であり住吉信仰がさかんであった。瀬戸内の古い港町には住吉大社を祀るところが多いが、この時期、堺の船乗りが信仰をひろめたものも含まれるのではなかろうか。

石燈籠には、大阪商人と共に全国各地の様々な業種の

奉納された和船の舵

商人の名が彫られている。これも大阪商人の幅広い活躍を物語っている。

先にみた『日本民俗地図』には、住吉講は、対岸の淡路島に一ヶ所だけである。近世以降、住吉信仰が地方に講として定着せず大阪と結びついた大商人層を主にひろがりをみせ、奉納に際しても大阪商人が主導権をもっていたことを物語っているように思えた。

また、住吉大社は、古来歌の神として信仰をうけていた。元禄時代（一六八八～一七〇三）には、住吉大社は文芸の神としての側面を強め、大阪を中心とした都市民と強く結びついていった。そんな住吉大社は死と常に隣りあう海の男にはなじみにくい存在となったのではなかろうか。

一方、金毘羅さんでは、江戸時代中頃から、船模型や船絵馬などの海上信仰関係の奉納物が増加する。その奉納者は大阪を含めほぼ全国的なひろがりをみせ、江戸時代の途中から金毘羅信仰が住吉大社にかわって海の神として信仰されるようになったとみることができる。

瀬戸内海には、住吉大社と同じく古くから海上安全の神として広島県に厳島神社もあるが、金毘羅信仰ほどのひろがりはみせない。

瀬戸内海は古来、文化の通り道であり、諸々の物質が運ばれる大動脈であった。さらに江戸時代には、西廻り航路がひらかれ、日本海沿岸と大阪が直接結ばれるようになった。西廻り航路は、江戸時代初期から、領内の米を蔵屋敷のある大阪へ送るためにひらかれつつあったが、寛文一二年（一六七二）に河村瑞賢が幕府の命をう

方角を示す干支を描きこんだ羅針盤

け、船が安全に航海できるよう整備したものである。寛政年間（一七八九～一八〇〇）に蝦夷地の経営がはじまってからは、北海道にまでこの航路はのびる。

　それまでの日本海沿岸の海運は、敦賀《つるが》や小浜まで物資を船で送り、あとは陸路と琵琶湖の湖上運送で京都方面に運ばれていた。日本海は荒海で航程も長く危険性が高かったからである。しかし、従来の運送方法では積み降しに手間がかかり物資もいたむ。そこで、河村瑞賢は、優秀な船をもち、航海にたくみな船乗りを選び、日本海航路の開拓を行なったのである。その中心となったのが塩飽《しわく》諸島の船であり船乗りであった。

　塩飽諸島は、はやく海運業の発達したところで、豊臣秀吉の命をうけ中国征伐、四国征伐の海上警備に、九州征伐、小田原征伐の海上輸送に、さらに、朝鮮出兵には御用船方として多くの船と水夫を出した島である。江戸時代になると徳川氏と結び船人が活躍するが、西廻り航路の開拓後は、さらに飛躍的に発展をみせる。

　塩飽諸島の一つ牛島は、面積〇・七平方キロの小島であるが、延宝七年（一六七九）に、五二人の船持ちがいて、総石数を人数で割ると、一人が千石船一隻をもっていたことになる。

　この塩飽諸島は金毘羅さんの沖あいにあり、御本社から望める位置にある。塩飽諸島から金毘羅さんへの奉納物は多くないが、先に述べた牛島の船持ちを中心とした塩飽諸島から青銅製の釣燈籠が奉納されている。これは金毘羅さんの海上信仰関係の奉納物では最も早い正徳五年（一七〇八）の紀年銘がある。

　住吉大社が中世堺と結びついて発展したように、金毘羅さんは塩飽諸島との結びつきをきっかけにして江戸時代に海の神として発達していったのではなかろうか。

　もっとも、金毘羅信仰は単に海上信仰にとどまってはいなかった。でなければ、金毘羅信仰は海に生きる人たちが住む地域にのみ分布が限られていたはずである。

　全国各地から奉納された石造奉納物や絵馬は、船乗りは無論のこと、大名、商人、農民、人足など幅広い層から奉納されている。たとえば金毘羅さんの石燈籠は、江戸時代初期から現代まで三五〇年余り続く奉納の歴史があり、大名から庶民まで、奉納者層も幅広く、その祈願の内容も様々である。

　私のこんぴら暮らしは、奉納物とともにあったが、ことに石造奉納物との出会いが、以来今日まで金毘羅に通いつづける魅

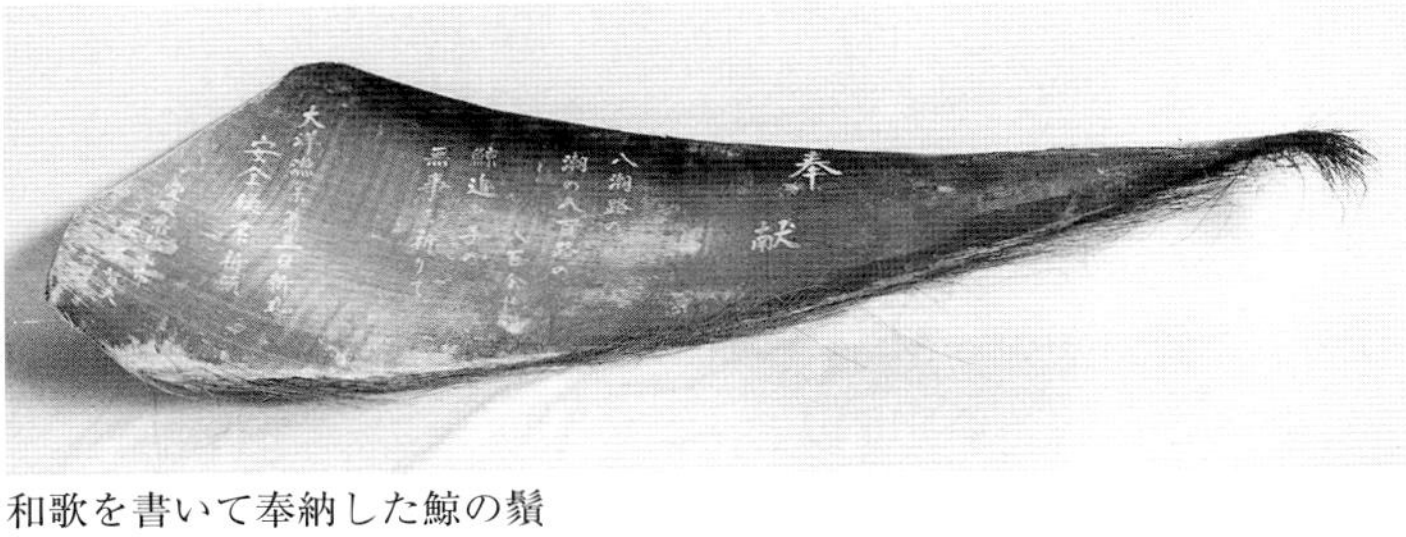
和歌を書いて奉納した鯨の鬚

力となっている。

石造奉納物は、資料化するのに手間どるが、調査に時間をかけて私が語りかければ、決して雄弁ではないが、必ず返事をかえしてくれたのである。

絵馬との出会い

金毘羅庶民信仰資料の調査は、金刀比羅宮の調査員として権宮司で琴平山文化会会長の琴陵容世さん、禰宜で学芸館の学芸員を兼ねた大崎定一さん、神官で文書広報課と資料調査室を兼任する佐藤吉隆さん、真鍋稔さん、河田明夫さん、米今正一さん、安藤義之さんがあたり、それに加えて、香川県立歴史民俗資料館の溝渕和幸さん、三枝好子さん、徳山久夫さん、そして私の一一人のスタッフで分担して行なった。

大小さまざまな絵馬が並ぶ絵馬舎

その中で専任は私一人で、石造物の調査を主に担当したが、雨の日は石造物の調査が出来ず、絵馬や木札をはじめ他の資料の調査を行なった。着任後すぐ梅雨になり、調査をはじめた最初の段階で他の資料をまとめて調査できたことは、石造物の調査や、後に資料集刊行の企画案をたてるときどれほど役立ったかわからない。
私は大学時代から民俗調査をはじめていたが、大学では油絵を専攻していたこともあり、以前から社寺に奉納されていた絵馬には関心をもっていた。しかし、金毘羅さんほどまとまって絵馬のあるところははじめてであった。
絵馬の中で海上信仰関係のものは、図柄から船絵馬、海難絵馬、漁撈絵馬、港湾絵馬にわけることができる。私は、なかでも海難絵馬に心をひかれた。
海難絵馬は、海で遭難にあった情景が描かれた絵馬である。荒れくるう波間で今にも沈みそうな船の中では、真剣なまなざしで一心に祈る人々の姿がある。また、船

紙符を刷る。

はすでに沈み波間にただよいながら人々が祈る姿は悲痛である。

しかし、その苦難は過去のものであり、そこに描かれた人々は金毘羅さんの神威によってすでに救われている。祈る人々の姿の視線の先に描かれた金幣は、救いにあらわれた金毘羅神そのものであり、祈る人々は奉納者自身である。金毘羅さんへの感謝を忘れないように自分自身へのいましめとしてお札を込めて奉納されたのが海難絵馬である。

金幣は、海難のほか、病気、火災など生死の瀬戸ぎわにおかれた極限状態を描いた絵馬に見ることが出来る。最後の最後まで祈りつづけ、ついに苦難をのりこえる人のいのちのはかなさが絵馬のモチーフとなっているだけに、よけい金毘羅さんによせる人々の深く篤い信仰が強烈に焼き付き、見る人の心をうつ。

もっとも、日頃の信心の積み重ねがあるからこそ、極限状態で信仰の力が発揮されるのであろう。火災や海難の場で、金幣をまねく依代《よりしろ》のように描かれているのが大木札である。

大木札を受けた金毘羅講の人

大木札については、以前母から聞かされていた。新居浜市垣生《はぶ》で網元をしていた祖父は、毎年金毘羅参りをして、大木札を受けてきていたが、近所が火事のとき、大木札を持ち出して火に向けてかかげたおかげで類焼をまぬがれたという話をよく聞かされた。絵馬に描かれた屋根に登り大木札を火炎に向けてかかげる男と、たくましい海の男であった祖父のおもかげが重なり、私にはなつかしく思い出された。

大木札は、金毘羅さんのお札のなかでもっとも霊験あらたかな護符として知られている。江戸時代、大木札は、護摩堂の本尊不動明王の前に置かれ、二夜三日護摩祈祷が修せられ、海上安全は無論、當病平癒、火災消除、家内安全などの様々な願いに応じて参拝者に授けられた。

不動明王は法力によって災いをうちやぶる強い明王として信仰をうけた。信者は日頃は木札を箱のなかに入れて祀り、有事のときもち出して、金毘羅神の象徴である金幣を飛来させたのである。

大木札は現在もお札の一つとして信者に授与されている。昔と現在のお札が違うのは、江戸時代のものが不動明王の持つ宝剣を形どり、先端が山形で、不動明王の種《しゅ》子《じ》カーンマンが上方に墨書きされているのに対し、分離令後のものは先端が水平で、仏教的な文字が消えている。だから、たとえ文字が煤けていても、明治以前の大木札かそうでないかはすぐわかるのである。

実景を描いたこれら一連の絵馬は、時間を越え一瞬のうちにその事の起った当時の情景を写し出す。そこには同じ奉納物ではあっても、石燈籠などの石造物では窺うことのできない金毘羅信仰の他の側面を具体的な情景として見ることができる。

さて、金毘羅さんには、二棟の絵馬舎の他、学芸館にも多くの優れた絵馬があるが、海上信仰関係の絵馬は、全体からすれば、一部でしかない。

学芸館に納められている絵馬は、絵馬舎から資料的価値の高いものを選んで、保管、展示したもので、江戸時代の中頃から末にかけてのものが一〇〇面以上掛けられている。しかし、学芸館は参道から少し入り込んでいるため、立ち寄る人も少なく、いつも閑散としている。

文化一四年（一八一七）に大阪堂島の橘屋新三郎から奉納された猿の絵馬（一七三頁）は、猿を描けば当代一といわれた大阪の絵師・森狙仙の作で、写実的に描かれた猿の母子の鼓動すら聞こえてきそうである。

文政元年（一八一八）に越後国の明田川仁右衛門が奉納した雲龍図絵馬は、岸駒の作である。岸駒は表書院に多数の作品を残す人で、円山応挙なきあと京都画壇の中心となり、岸派をひらいた絵師である。

天保三年（一八三二）に江戸小石川の木具師與兵衛奉納の蘭陵王図は、谷文晁作で、彼は、江戸南画の創始者であり、江戸第一の絵師といわれた。江戸の絵師では、美人画の勝川春章筆の絵馬もある。

金毘羅の絵馬がきわめて優れ、多様なのは、大阪・京都・江戸の当代一流の絵師が描いたものだからである。

当時の文人達は、奉納者の求めに応じて金毘羅さんへ奉納する絵馬を描いたにとどまらなかった。狙仙の子の森徹山、徹山の孫で明治初期の京都画壇を代表する森寛斎、岸駒の子岸岱等はいずれも、金光院別当の肖像画を描くなど、金毘羅さんとの人的交流も深かったのである。

この他、絵師としては安藤広重、伊藤若沖、狩野清信、俳人の蕪村、一茶なども金毘羅を訪れている。

金毘羅は位置的には中央から遠くはなれた土地ではあったが、当代一流の文化人が集まる文化都市に発展していたのである。

石燈籠を調べる

金毘羅さんの一三六八段の長い石段は、参拝者に苦痛となつかしさをのこす。私はこの石段を幾度登り下りしただろうか。

お百度参りは本来、自宅から神前を往復するものであったが、百度石が建つと、そこを起点に神前との間を往復するようになった。また、参拝の記念に碑が建てられるようになる。右の碑は吉田宿（愛知県豊橋市）の人が30回の参拝を記念して建てた。

参道沿いに並ぶ石造奉納物は実にさまざまであったが、質量共に石燈籠が抜きん出ていた。私はまず、石燈籠から調査をはじめることにした。

奉納物で一番古いのは寛文八年（一六六八）の石燈籠で、高松藩主から一対奉納されている。石燈籠は一対が普通と一般に思いがちであるが、これは江戸時代以降のことで、それまでは堂前に一基奉納が普通であった。

天災の少ない瀬戸内地方ではあっても、石燈籠上端の請花《うけばな》や宝珠は不安定で落ちやすい。石材の大半をしめる花崗岩は火に弱く、火袋《ひぶくろ》の部分は後から補った場合もある。だから調査にかかる前には両者を見比べ、全体のバランスを考慮しながらもとから揃っているものかどうかを確かめる必要がある。

次に各部の銘文を読む。竿の正面には「常夜燈」、「献燈」、左右に紀年銘や奉納者銘のあるのが一般的である。字の位置を確かめながら、各部の組合せの方向がずれていないかを見る。

竿正面に「金毘羅大権現寶前石燈臺両基奉献」などと長文の銘があるのは、たいていが大名奉納である。「燈《とう》臺《だい》」も中世以前によく使われる「燈爐《とうろう》」と同じ石燈籠の古称の一つである。

奉納者銘は、庶民の場合、基礎や、さらに下の基壇にまで彫ることがある。基壇は、神前により高く灯りを掲げ、目立たせる役割りがある。そして、基壇を積み上げて側面を広くとるのは、多数の奉納者の名を彫るためのものであり、奉納者が集まらないと、奉納できないという経済的な理由からである。

奉納者は遠くの人が多いから、金毘羅さんとのあいだにたって世話をする人が必要になる。それを取次《とりつぎ》といった。取次、世話人の名は、石工と共に目にふれにくい側面や背面に彫られていることが多い。

こうした銘文は、全部がすぐ読める状況にあることのほうがすくなかった。基礎や基壇はコケや塵でよごれ、あるいは土に埋もれていることが多い。スコップやクワ、ハケやタワシが調査中、活躍することが多かった。

こうして、一つ一つ確かめながら石燈籠を裸にしていった。体は汗と泥でドロドロになるが、手順をふむことで造立当初からの長い時間の空白をすこしでもうめることができるように思えた。

形態を観察し、銘文を完読し終えると、次は各部を正確に計測しながら方眼紙に実測図を書いてゆく。だから、一枚の実測図には、調査のすべてが凝縮されていた。記入要素が多く、一瞬の油断もすぐ図面にあらわれた。

調査がすすむうちに、境内に入ってすぐの桜馬場の一六一基の燈籠群に疑問をもつようになった。一対でありながら配置が交錯していたり、各部の方向が違っていたり、あきらかに混乱が見られる。天災で片づけるには数が多く、場所も片よりがあり、人為的な事情が考えられた。

社務所には、大正時代にまとめた江戸時代の初めから現代までの境内変遷図がある。明治以前の神仏混淆時代の境内図には、桜馬場付近に五つの寺が建っていた。五ヶ院（神護院・尊勝院・万福院・真光院・普門院）は別当寺である金光院（現書院）のもとで山内の会計や、神札や祭典の事務を分担する寺であった。それらが明治以降の神仏分離以降、山内整備で除かれ、その跡に建つ宝物館への通路を残して、石燈籠がすき間なく並び建てられた。現在の桜馬場の石燈籠の配置は、明治期の混乱のあとを伝えていた。これは、後に調査した玉垣などでも確かめられた。

　調査には膨大な労力が必要であるが、一つ一つ積み重ねてゆくことで確実に金毘羅信仰の歴史があきらかになってゆく。たとえそれが今はわずかでも、現物資料が語るだけに説得力がある。私は三原市の石造物調査以来一貫して続けてきた、個々の石造物に対する綿密な調査に自信を深めていった。こうした調査に対する自負がなければ、調査を続けることも、後年仲間を呼んで調査をする自信ももてなかったことであろう。

　ただ、頭では十分理解していても、小さな石燈籠ですら調査に一日かかり、石燈籠だけで六〇〇基にのぼる数量を目にすると、圧倒され、めいってもくる。

　年間三〇〇万人ともいわれる参拝者がすぐ横をたのしげに通る。休みともなると若い男女が親しげに歩く様や、ミニスカートの女の子に気がそそられもする。当時二五歳の私は、二度目の恋に終止符をうち、調査にすべてをかけていた。

　調査は孤独なものである。一見して膨大な資料を目のあたりにして、やり通せるかどうかという不安もつきまとった。それを忘れるには、調査にのめり込むしかなかった。

　ふりかえる余裕ができ、琴平のまちが好きになっている自分に気が付いたのは、調査がようやく軌道にのってからで、調査にはいってかなりの月日がたっていた。

現代の参詣客

　近頃はユースホステルを利用する若い旅行者は少ない。琴平でも、若い人は自由を求め民宿や旅館に泊ることが多い。青年の家は、春・夏・冬休みを除けばせいぜい一日四、五人の宿泊客で、管理人さんと私の二人だけの日も多かった。

燈籠実測図

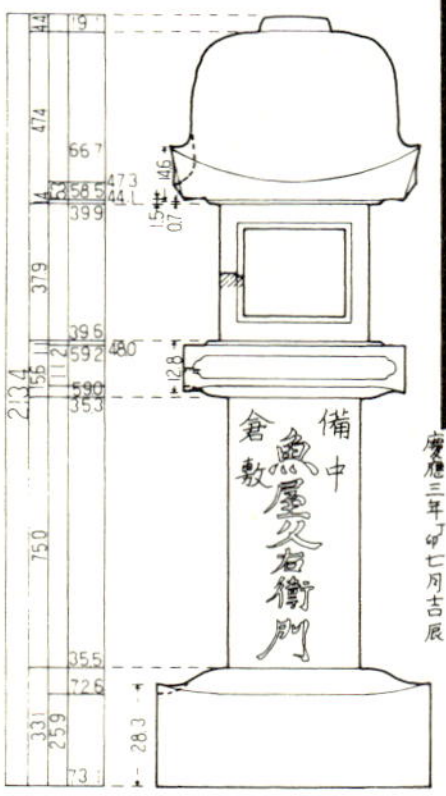

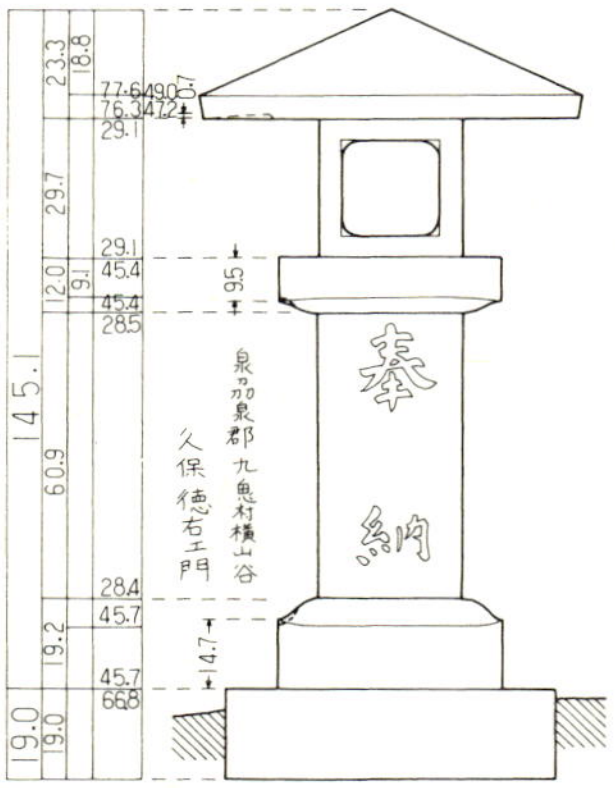

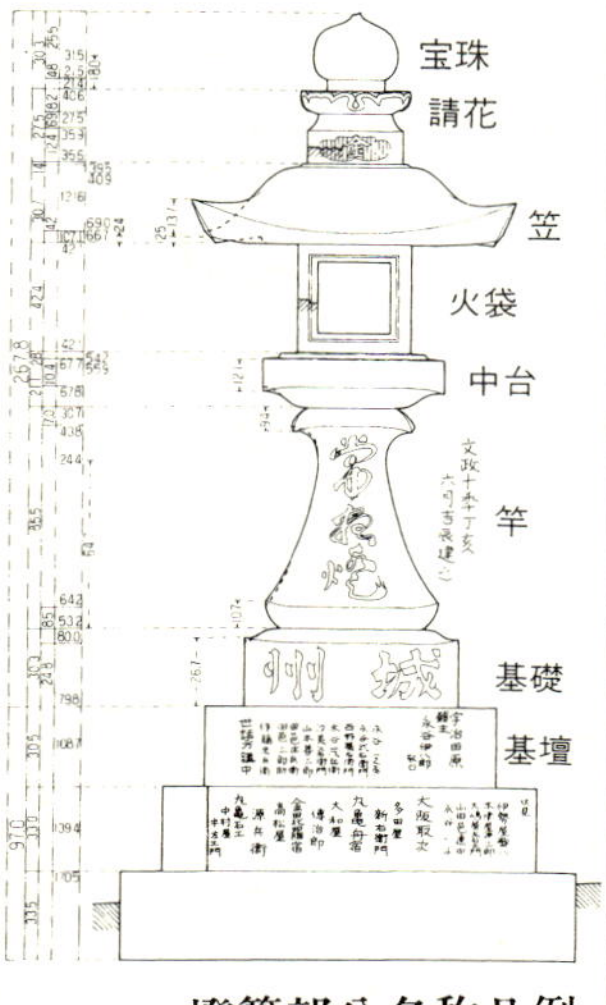

燈籠部分名称凡例

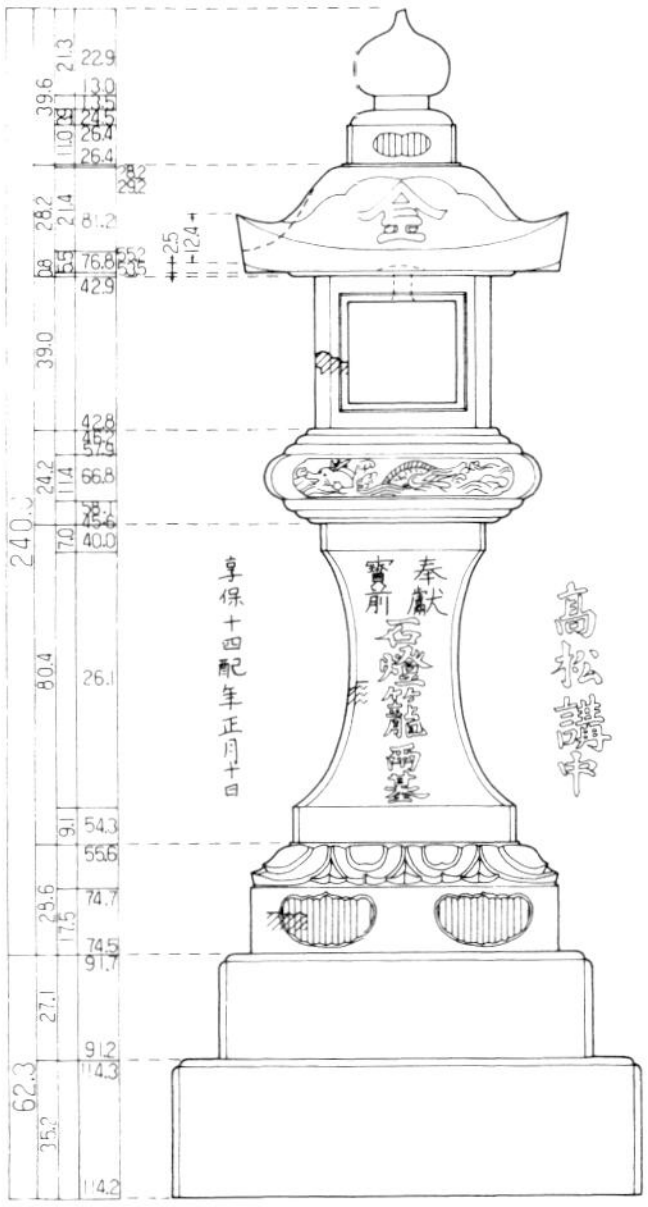
高松講中
奉献

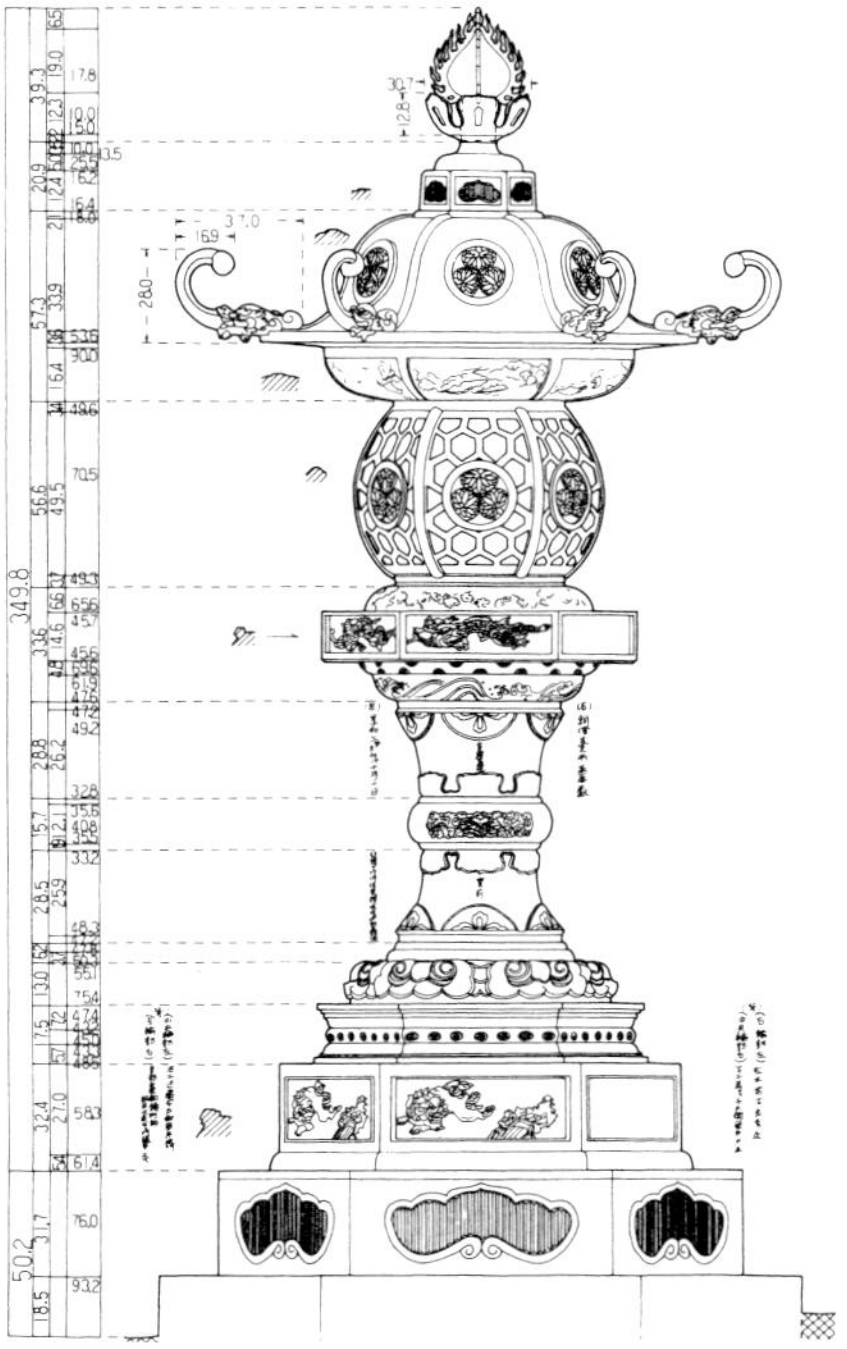

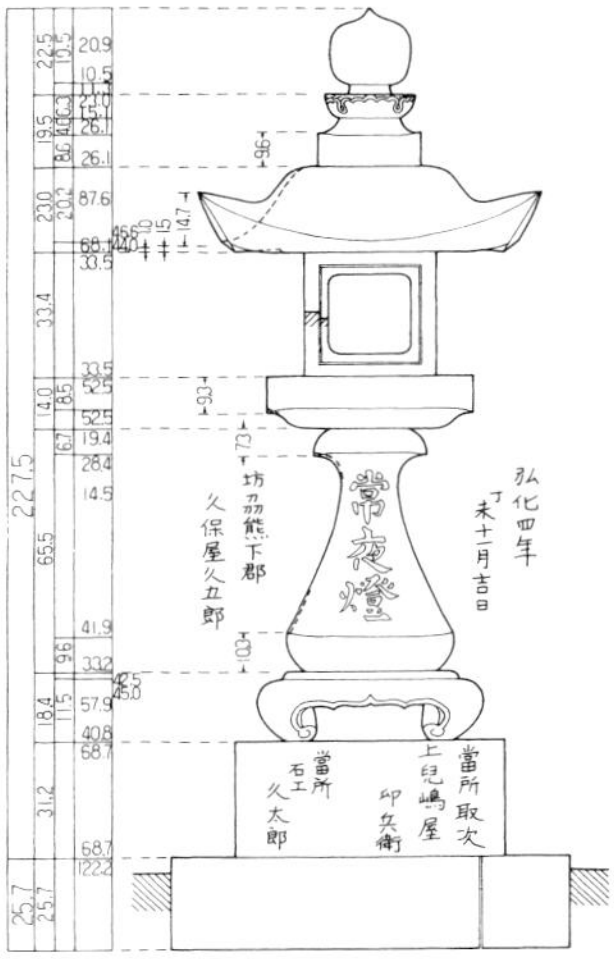
常夜燈
弘化四年
未十一月吉日
當所取次
當所
石工
久太郎

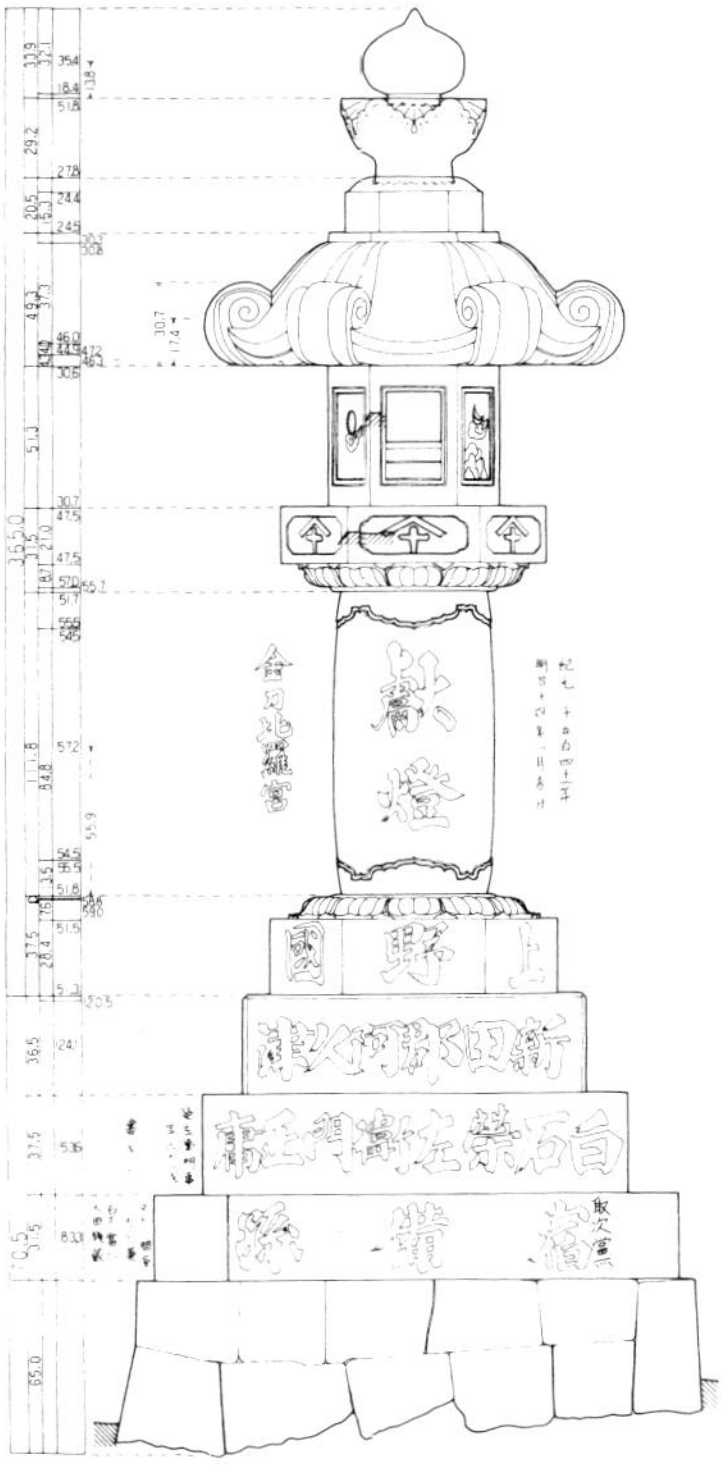
献燈
上野國

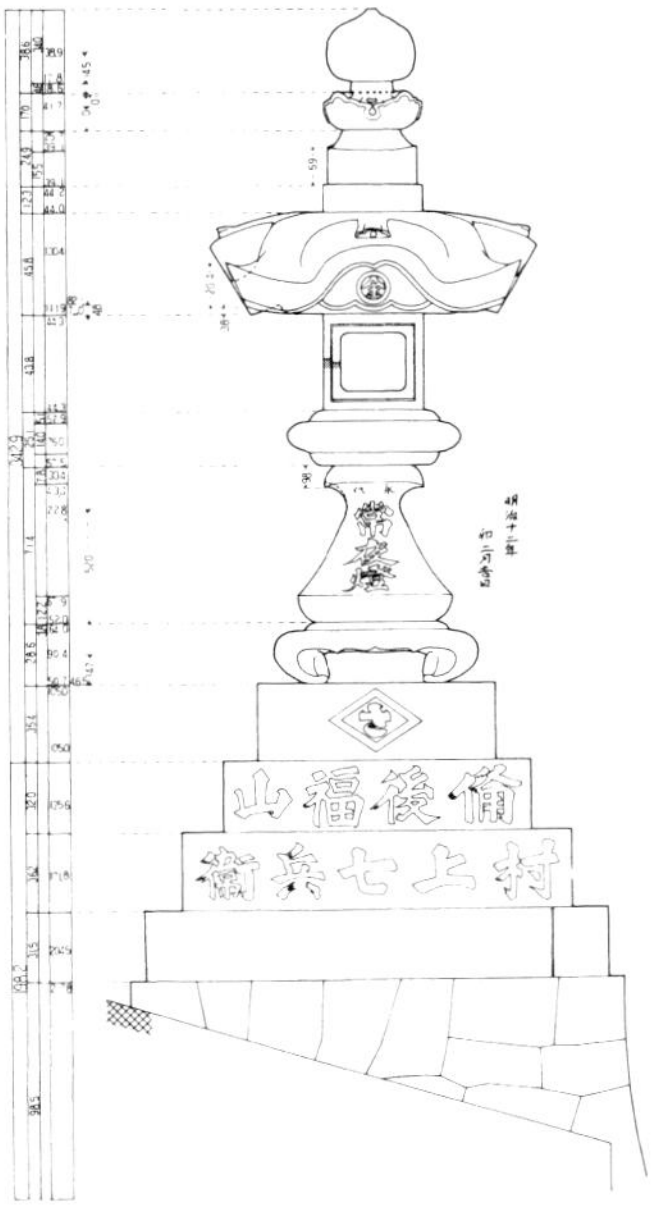
備後福山
村上七兵衛

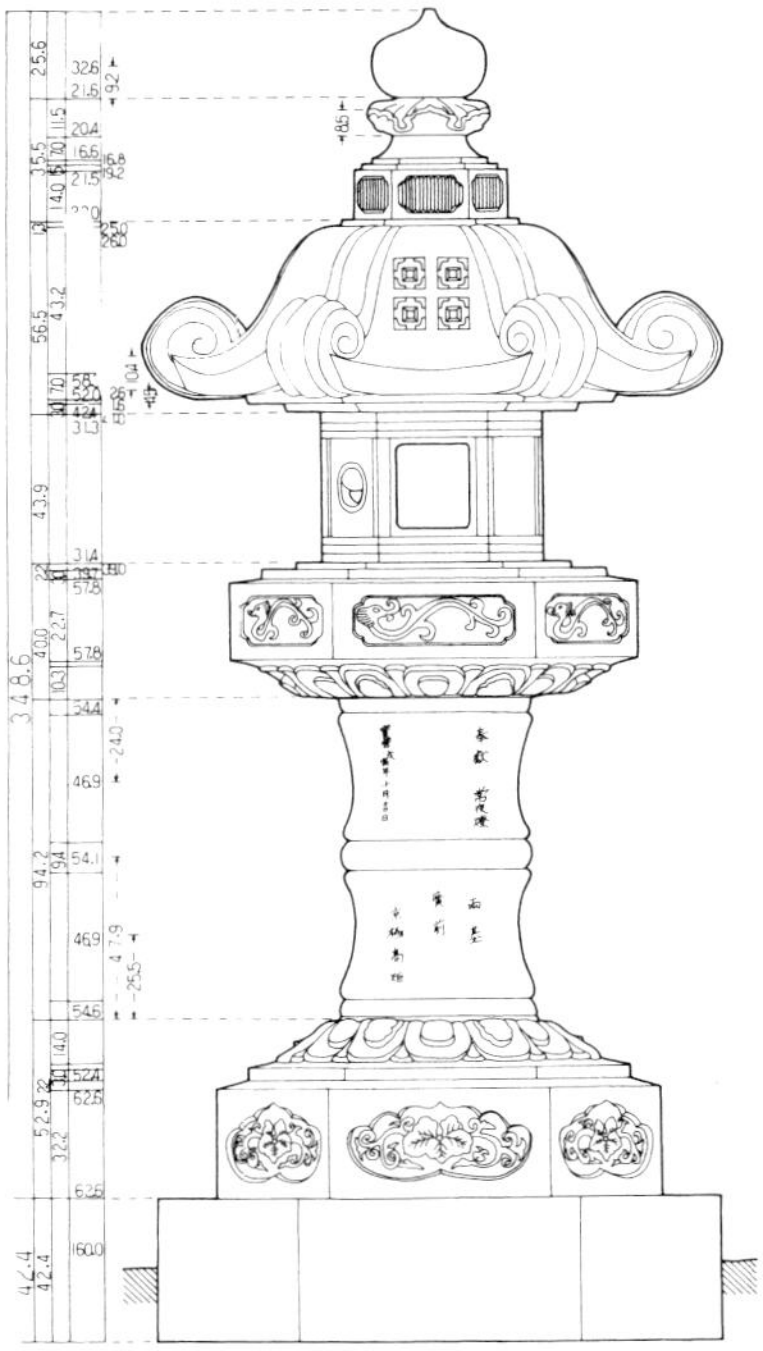

御本宮まで長い石段を登らなくてはならないので、みんな杖を持っている。

当初、青年の家での若い人達との夕食後の語らいはたのしみであった。なかには手紙のやりとりをした人もいた。しかし、滞在が長くなるにつれ次々に訪れる旅行者との語らいがわずらわしいものに変わっていった。

私自身が調査疲れで初対面の人々と会話をたのしむ精神的余裕を失いつつあったからだ。そして、もう一つこれが主な理由であるが、旅行者との会話が次第にかみあわなくなってきたのである。

旅行者には金毘羅さんは通過点の一つでしかない。金毘羅さんという著名な神社に参ったことで満足し、早々に次の目的地へと発つ。彼等が実質金毘羅さんを見るのは、せいぜい二、三時間でしかない。これが何も悪いとは思わないが、通過点を増やすことをたのしみとするような旅の仕方に、時間が自由に使える若い人々の大半が疑問をもたないことにさみしさをおぼえたのである。

琴平での初めての朝、案内のマイクで目をさまし、早朝参拝の団体に、さすが金毘羅詣りの人々は信仰が篤い、と感心したものである。ところが、参拝の有様を見て、町の人々と話をするうちに、早朝参拝は信仰心のあるなしではなく、旅行日程の都合に左右されているということがわかってきた。多くの人は観光旅行をかねた参拝であるから、一ヵ所でも多くまわりたいと願うのは当然かもしれない。しかし、みながそう思っていると考えるのはどうであろうか。

団体の参拝には高野山などと同じように専業の案内人が同行する。琴平には私が顔を思いうかべられるだけで一〇人を超す案内人の人達がいる。

年輩の人はカゴに乗って大門まであがる。

金毘羅さんの石段は長く、参道沿いに見るべき所も多いから、観光客を笑わせて疲れを感じさせないよう、おもしろおかしく解説できる案内人が必要となる。個人旅行では旅先の多少のトラブルはかえって旅の思い出となることもあるが、団体ではスムーズな行程の消化が不可欠となる。案内人の制度は、そんなところから今日の参拝者にとって、有難い存在である。

ただ、あまりにも参拝にあてる時間が短かすぎ、かけ足で去ってゆく一団のなかには、あきらかに不満の色をみせる人もいれば、ただついて歩くのが精一杯といった老人も少なくない。

案内人は地元観光業者が雇って案内させる。その代わりに、案内人は食事やみやげものを観光客に斡旋する。何かおかしいと私は思う。どこが悪いと決めつけることは出来ないが、「旅行」という文字だけが先行し、内容がおきざりにされている。そして、若い人々の旅もこの団体客と実状はそれほど変わらない。

夜、参拝を終えた若者に金毘羅さんの印象を聞くと、長い石段や御本社前からのすばらしい讃岐平野の展望など、同じ返事がかえってくる。そこで金毘羅信仰のことや、現在日本に残る最古の芝居小屋である金毘羅大芝居、絵馬等を納める学芸館のあることを話すと、なかには興味をしめす人達もいたが、次の予定があるからといって旅程を変えることはまずなかった。そして、話題の多くがみやげものはどこでといったことであった。

私は地元民でもなく、旅行者でもない。そうしたなかで、しだいに青年の家の管理人の方々と話すことが多く

闇峠の手水鉢で、御本宮に参拝する人たちは身を清める。

なった。管理人さんは年配で町の事情にもくわしかったし、調査を理解しようとしてくれた。町の人々が金毘羅さんを「お山」と呼び、なかには早朝の参拝をかかさない人のいることなど、地元に住む人しか知らない、住民の金毘羅さんに対する気持ちを教えられた。

また、奉納物の調査の話にも熱心に耳をかたむけてくれた。有形民俗資料として国指定を目的とした調査に、金刀比羅宮当局だけでなく、町の人々も関心をいだいてくれていることは何よりうれしい、調査のはげみになった。

私には青年の家は単なる宿ではなく、管理人の方々も単なる管理人としては思えなかった。青年の家が私にとって最初の琴平との接点であり、体力的にも精神的にも私をささえてくれた旅の我が家であった。

仲間がくるぞ

二年目の春を迎えた。まだ調査は四分の一にも達していない。この年の暮れまでに調査が終わっていなければ、国指定の重要有形民俗資料の指定審査に間にあわない。

そこで、金刀比羅宮と相談し、仲間の協力を得ることにした。さっそく母校の武蔵野美術大学に行き、生活文化研究会のメンバーやO・B、民俗学・文化人類学の授業を受けている学生に参加を呼びかけた。担当教授の田村善次郎先生や相沢韶男先生の口ぞえで思いもかけず一九人の学生やO・Bが集まった。そして、七月一〇日から、九月九日までの二ヵ月間の第一次夏季調査が決定した。

私はその足で琴平にひきかえし、寝泊りする場所の準備をはじめた。宿舎は社務所のはからいで、空いていた金刀比羅宮の社宅に決まった。みやげものを売る店が建ち並ぶ坂の途中から入りこんだ山麓の社宅は、旧社務所の調査事務所に歩いて一〇分と近く、なりより繁華街から離れ、静かであることが気にいった。

調査には集中力が要求される。夜はできるだけ静かで、雑音の聞こえないところが望ましい。私は何よりも調査期間中の雰囲気を大切にしたかった。

私は、常日頃の生活に結びつくものはできるだけ調査宿舎から除こうとした。静かな社宅を選んだのもそのためだし、宿舎にはテレビや新聞もあえて用意しなかった。外からの情報を入れなかったのは、何も調査の進展のことばかり考えた訳ではない。どこででも体験できることを、あえて見知らぬ土地に来てまでする必要はなく、自分の時間はわずかかもしれないが目を外に向けてもらいたかった。私の愛する金毘羅さんや琴平の街を知ってもらいたかったのだ。

社宅はしばらく使ってなかったので、仲間を迎える準備は周辺の草刈りからはじめた。室内のぞうきんがけまで文書広報課の人達が手伝ってくださった。自炊のための炊事道具やテーブルなども揃えに走った。日頃物ぐさな私であるが、この時ばかりは少しも苦にはならなかった。

宿舎の準備がととのうと、調査の下準備にかかった。短時間で覚え、成果をあげるためには、だれもがわかるように調査方法を明確にしておく必要があった。一人でできない鳥居の実測などの調査の手はずをととのえておいた。これらの要点は、みんなにわかりやすいよう表や図にして、大きく書いて壁にはりつけた。

用意は一応整ったが、何か不安であった。それまでの調査で、方法等については十分自信があったが、仲間に理解し、納得してもらえるよう説明するのにはむつかしく、石造物の研究はまだ未開拓の分野が多かった。中世の石造物については、美術工芸的な視点や、歴史資料としてとりあげられることはあっても、江戸時代以降の新しい石造物について、これほど詳しい調査は全国でもはじめてであった。

個々のものについての見方や考え方は説明できても、それを金毘羅信仰資料のなかでどのように位置付け、興味をひろげながら調査してもらうにはどうしたらよいかが不安であった。そのための基礎資料は調査の途中でもあり、とぼしかったのである。

調査の出来不出来は、調査者がいかに目的を理解し、情熱をもつかできまるが、共同調査の場合は、個人差もあり、意志統一がじつにむつかしいと思われた。

また、共同調査特有の雰囲気も必要である。具体的にどういった雰囲気かと問われれば、私自身答えることはできないが、少なくとも調査に向けて孤立することなくみんなの気持が向くようにしなければならない。そして、こうした調査への取り組み方や、雰囲気は最初に決まってしまう。途中ではなかなか修正がききにくいこと

御本宮の脇に並んだ石燈籠

を三原市の共同調査の経験から知っていた。

とりあえず私は、それまでの調査結果を整理し、私なりの考え方をまとめてみた。この時期に、不完全であってもまとめをする機会をもったことは、まとめをあとまわしにする性癖のある私にとっては、プラスになった。実際の調査にかかる前からすでに、私は仲間が来ることの恩恵をうけていたのである。

そして、幸いだったのは、一番最初に来てくれた仲間が、調査の経験のある武蔵野美大のO・Bで、以前一緒に調査したことがあり、調査への取り組み方や、共同調査の雰囲気をよく知っていたことである。そして、彼らが最初の雰囲気づくりをしてくれた。加えて仲間が少しずつ増えたので、十分こちらの気持を説明する時間がとれたのも幸いした。

共同調査の日々

仲間との調査の日々は、私のこんぴら暮らしのなかでも最も充実した日々であった。

仲間は、武蔵野美大の生活文化研究会のメンバーが中心で、建築・デザイン・彫刻・絵画などを専攻する人達で、形態からものごとの本質を考え、形で表現するのに優れていた。加えて、生活文化研究会は、民具研究に熱心で、仲間は、実測調査に手なれていた。

調査の中心となった石燈籠は、石造奉納物のなかでは、狛犬と共に最も精巧で美しい。石燈籠は、石工のなかでも、熟練した上手が手がけたからである。それだけに様式を正確に把握し、比較検討にたえる資料を製作するのはむつかしい。

私は、客観性をもたせるため徹底的に計測する方法をとった。簡単な石燈籠でも計測箇所は二〇〇を超えたはずである。実測図は、見た人が完全なものとしてそのまま信じこみ、資料として利用するだけに、まちがいやあいまいな表現は許されなかった。また、多くの箇所を計測したのは、調査途中でどのような結果がでるか予期できず、あとからのデーター分析に多様に応用できることを考えてのことである。

調査方法は、仲間にマンツーマン方式で覚えてもらった。私が最初の仲間と共同で調査し、正面の決め方から、スケールやノギス、竿を使っての計測方法、実測図の書き方、寸法の記入の方法などの基本を覚えてもらう。次に新しい仲間が来ると、先に覚えた仲間が私に代わって教えるという方法をとった。そのことにより、曖昧なところがはっきりしてくるのである。また、その日の調査結果は、宿舎に帰り夕食後整理をする。みんなで頭をつきあわせて整理することで、正確な資料を得ることができた。

宿舎は木造二階建の長屋で、一階に六畳二室と台所と風呂があり、二階が八畳で、ここが女性の部屋で、一階の六畳は男性の寝室と、食堂兼ミーティング場兼整理室であった。

調査は朝八時からはじめた。夜は早く寝るようにしていたが、図面の整理で作業が深夜におよぶことも少なくなかった。こうした肉体的にきつい調査に耐えられたのは、一人一人が前向きにとりくんだからである。調査は無論のこと、共同生活にかかわるすべてがみな対等であった。脚立を運んだり、クワで土を掘ることも男女の区別はなく、みな平等に行なった。対等であることで精神的なゆとりを保持することができたし、お互いの苦労がわかるから、仲間意識が強まったと思う。

なかには自分の仕事が遅いとなやむ仲間もいた。奈良大学で史学を専攻し、図面を書くのは不得意の人もいたが、私は作業の遅い早いの差は少しも苦にならなかった。調査経験や個性が異なれば、調査スピードに差があるのは当然である。調査スピードが異なるのはみなが手を抜いていない一つの証明であり、かえってその調査資料に安心できた。調査が不正確になることが何より私にはこわかった。

調査期間中は定期的な休みはなかった。雨が降れば半日は整理、半日は休みとし、それで休日にかえた。調査スケジュールを書き込んだ私達のカレンダーには「月月火水木金金」と書かれていた。

ところが、ちょうどその年の夏は雨が少なく、太陽が照りつづく暑い夏であった。休日をあてにして観光ガイドブックを持ってきた仲間も、ついにガイドブックを利用することはなかったのである。

調査は境内だけでなく、一部は境外の旧街道筋にも及んでいる。土佐・伊予街道は、車道がはやく別に通ったこともあり、今なお昔のおもかげを色濃くのこす私の最も好きな街道である。この街道の琴平町と仲南町の境の峠は牛屋口《うしやぐち》と呼ばれる。牛屋口の並燈籠《ならびどうろう》を調査した仲間は、昼食後木陰になった道の真中で横になって寝てしまった。そして、ふと目をさまし、お互いに顔を見合せたという笑話のような出来事もあった。

　共同調査における食事は特別な意味あいをもっている。食事は最大の楽しみであり、仲間のだんらんの場であり、消耗しきった体力を養う場でもあった。だから、私は最初から食費だけは十分とりたかった。幸い私の意見は仲間から賛同を得、一日一〇〇〇円の食費が決まった。

　調査のあいだは、男女一組がペアーになって食事当番にあたった。食当は、昼食のかたづけから翌日の昼の弁当づくりまでをした。調査は夕方五時前には終わるようにしたが、境内は広く、一段落するまではといって時間を過ぎても調査を続ける仲間もいた。そのため調査事務所に全員集まって山を下りるのは、六時をすぎる。しかし、食当だけは五時前に山を下り、川端にあるコトデンスーパーに買い出しに出かけた。

　食当は常時一〇人ぐらいの食事をつくる。核家族化の進んだ現在、これほど多人数の食事をつくることはめったいにない人たちばかりである。初めの頃は分量がつかめず苦労したが、仲間はしだいに要領を覚えていった。大釜で炊いたご飯はじつにうまく、その味を時々思い出す。

　料理を考えるのは女性で、十分工夫されたものが食卓にのぼった。六〇日間一度として夕食に同じメニューがなかったことが、何よりそのことを物語っている。あとで聞いた話だが、女性軍は次々に申しわたしで、メニューが重ならないよう苦労していたという。

　ときには不思議な料理もうまれた。「スイカ」もその一つである。酢豚の豚肉のかわりに揚イカを使ったもので、なかなかの味であった。揚イカ好きの仲間がじょうだん半分に生みだしたものである。

　昼のにぎりめしはたいてい男性がつくった。形が不揃いで、何が入っているかわからない不思議なにぎりめしは、なつかしく、今でも無性に食べたくなることがある。何げなく忘れさるようなささいなことまでが、なぜか印象深く私の心に焼きついている。

　そんな日々であったが、途中で仕事をなげだす人は一人もなく、担当した仕事は寝る時間をさき、滞在日数をのばしてでもやりとげて帰った。一度帰って出なおしてきたり、一ヵ月の予定が、調査終了までのび、調査団の主《ぬし》のようにいわれた仲間もいた。

　今思いかえすと、あの熱気はいったい何だったのか、と不思議にすら思える。私も、その熱気によってささえられていたのである。

　わずかではあったが、一日のうちには自由時間もあった。自由時間は調査がすんで山を下りて夕食までの一時間たらずである。この間みな疲れてはいたが、宿舎から外に出ていった。新聞を読みに駅までかよった仲間もいたし、喫茶店をめぐる仲間、栄養剤を飲みに薬局へ向かう仲間もいた。

　私の記憶はこの間だけがなぜか空白である。みなこの時、自分の日頃の生活のリズムを取りもどそうとしたのである。ただ、それはあくまでも琴平で取りもどそうとしたのであった。それが、結果的には自分たちの日頃の生活の場と琴平を比べることになり、琴平のまちを理解

奉納者の名を刻んだ石燈籠がびっしり並ぶ

することにつながったと思うのは、私の思いあがりだろうか。
土曜日ごとに商店街では夜市があり、八月二四日には地蔵盆が行なわれた。日頃は調査に追われ、ふれることの少なかった町の人々の暮らしをかいま見ることがそのとき出来た。それも、自分たちが関わりあっている琴平の行事であるだけに、よけい印象深く思われたことだろう。
裏の野原であげた花火、金毘羅大芝居の見学も、わずかひとときではあったが、私の心におりこまれている。

人々との出会い

金毘羅さんはいながらにして、様々な人々と出会えるところである。

調査していると、参道を行く参拝者からよく声をかけられた。石燈籠にはりついて調査している姿は奇異で、それが若い女性であればなおさらである。

「おねえちゃん、なにしてるの」

「なぜ調べているの」

と、声がかかる。私がそうであったように、一般の参拝者の素朴な疑問に答えるため、仲間も一人一人が調査の意味をいろいろ考えたことであろう。

調査の七つ道具は土を掘り、塵をはらうシャベル、タワシ、計測用のノギス、金属のモノサシ、コンベックス、筆記用のガバン、プラスチックのモノサシ、シャープペンシル、ケシゴム等々、相当の重装備である。これにハシゴや脚立も加わる。

　脚立やハシゴに登っていざ測ろうとした途端、道具を下に落としてしまうことは、よくあった。道具を紐で一つなぎに結び、首から下げることをいつの間にか考え出したが、最初の頃は、よく参拝者に拾ってもらった。

　金毘羅さんの境内で商いが出来るのは、五人百姓という五軒の家筋に限られている。大門を入ってすぐの所で、大きな傘をさし、飴を売っているのがそれである。

　金刀比羅宮の十月十日の大祭をはじめとする祭りで、この五軒の家は重要な役割りをはたしている。

　金刀比羅宮の大祭は、中世的色彩を今に伝え、五人百姓の起源もそこに見出せるといわれている。近世以降急激にひろがる金毘羅信仰は、全国から多くの参拝者を集め、はなやかに宣伝されるが、基層部には中世的伝統をも内在させながら今日に至っているのである。

　我々は、五人百姓の人達や、大門下の参道沿いのみやげもの店の人々とも親しくなった。一つの調査に長時間をかけ取り組む姿が好感をもたれたのであろう。

五人百姓が売っている飴

　金刀比羅宮の建物は、戦国時代の長曽我部元親の侵入により、全山焼きはらわれ、現存するのはみなそれ以降のものである。建物は、多くの社殿や付属舎を含めるとおびただしい数になり、常日頃から手入れをする必要があり、そのため、金刀比羅宮には専門の宮大工が三人いる。そして我々は宮大工の棟梁に計測用具をつくってもらった。

　狛犬など計測しにくい石造物は、糸を方眼状にはった立方体の木枠をかぶせ、あたりをつけて記録していった。木枠にゆがみがあっては、計測の誤差が大きくなるため、わざわざ専用のものを狛犬の大きさにあわせつくってもらった。今思えばぜいたくな話である。みやげもの店が並ぶ一之坂登り口の札の前には、備前焼の高さ一・五メートルもの狛犬がある。この金毘羅最大の狛犬にかぶせた大きな木枠も、さすが棟梁の作だけあって、長期間におよぶ調査期間の間に少しのゆがみもなかった。

　金刀比羅宮では、『ことひら』という雑誌を出版し、金毘羅信仰に関する資料の紹介や信者間の交流につとめている。町には、同じく金毘羅さんを愛する人達のグループがある。それは『こんぴら絵図を守る会』である。

　金毘羅さん関係の一枚刷の絵図が、江戸時代から昭和初期にかけて多数つくられており、大阪から金毘羅までの海路図、丸亀・多度津から金毘羅までの参拝図、金毘羅境内と門前町を描いた金毘羅図、さらには大祭の頭人《とうにん》行列を描いた祭礼図などが知られている。

　こうした絵図の多くは、参拝者によって全国各地にもち帰られ、みやげものとして配られた。しかし、第二次大戦後は、絵図はみやげものとしての需要が少なくなり、今ではまったく見ることも出来なくなってしまった。

守る会は、忘れられようとしていた絵図を、金毘羅信仰資料として発掘し、絵図を保存し、複製する目的で結成された会である。守る会は、金刀比羅宮から出される紙符《しふ》を手がけた印判師の苗田謙三さんを会長に、本屋、印刷屋、菓子屋など町の人達に、神社の神官も加わる多彩な顔ぶれであった。

本屋の真鍋新一さんは、絵図をきっかけに金毘羅街道をかつての参拝者と同じように歩いて調査された方である。真鍋新一さんの話に魅せられ、調査後、旧街道を歩いた仲間もでてきた。私達が調査で読みとった人名には、街道を歩き、金毘羅さんに参った人々も多かっただろう。それを追体験することで、金毘羅信仰の世界が、より身近な現実のものとなった。

琴平町には町立の図書館がない。金刀比羅宮の図書館がそのかわりをしているからである。図書館の松原秀明さんは、金毘羅信仰の歴史を史料から調べられていた。史料から窺える金毘羅信仰のひろがりを、現実に私達は奉納物の調査で知りつつあっただけに、松原さんの話はとても興味深かった。

兵庫県の尼崎からは福沢邦夫さんが勤務の間をぬって、仲間の実測指導に来て下さった。福沢さんは五輪搭や宝篋印搭といった中世石造美術の実測図では、第一人者である。

東京からも、生活文化研究会の仲間で高松に石工調査で訪れた段上達雄さんが、大きなスイカをもって陣中見舞に来て、四、五日調査を手伝ってくれた。

また武蔵野美術大学の宮本常一先生も、盛暑の琴平におこしになり、昼は、調査地で仲間を激励し、夜は宿舎に私達とともに寝泊りされ、金毘羅調査の意義を熱い口調で説かれた。

「調査はしっぱなしではしないほうがましじゃ。幾度もかよい、調査は世話になった地元の将来に役立つようにしなければ本物じゃあないがのう」

調査の中盤にかかり、中だるみの気ざしが見えはじめたときであっただけに、宮本先生の山口なまりの熱弁は、仲間の気勢をもりあげ、なにより私に喝を入れた。

こうした多くの人々との出会いによって調査はささえられていたのである。

金毘羅と石造文化

夏の調査が済んでも、まだ調査は全部終わらない。そこで、秋には夏の仲間を中心に九名、さらに冬には地元の高校生を加えた一〇名で調査を行ない、何とか調査を終わらせること

社寺に生馬を奉納する習わしは古くからあり、それがのちに絵馬や銅馬などになる。体の悪い人が、この銅馬の同じ部分をなでると治るといわれる。

多度津街道と土佐伊予街道の交わる永井に建つ石燈籠

が出来た。夏・秋・冬と続けて参加した仲間もいる。みな金毘羅さんが、そして琴平の街が好きになっていた。

私は仲間が来て調査する間は、直接自分で調査することは少なくなっていた。同じように見えても、奉納物は奉納者も違えば、年代や形態もみな異なり、一つとして同じものはない。だから途中で疑問も出てくる。広い境内だけでなく、町内にも調査対象はおよぶ。そのたびに仲間が相談に集まるのでは時間のロスも大きいので、私が仲間のあいだをまわることにした。その結果、私は常に全体をながめることが出来るようになってきた。

全体をながめていると、当然のことのように思っていたことが、実は大切なことなのではないかと思えるようになった。石材と石工の問題もその一つであった。金毘羅さんの石造奉納物は、大部分が花崗岩製である。そのことは瀬戸内海の島々には花崗岩の石切場が多いから当然のように思っていた。しかし、地元讃岐の石工銘が彫られているのは、文化・文政以後の石造物で金毘羅の石工は幕末にならなければ登場しない。当初は大阪を中心として、福山、芸州広島、敦賀や、江州、堺、出雲など各地の石工が金毘羅さんの石造物をつくっていた。江戸時代の末期まで、琴平を含め、近辺には、花崗岩の細工技術をもつ石工がいなかったのである。

金毘羅信仰が全国的なひろがりをみせる文化・文政時代になると、丸亀の石工が中心となり、阿波屋甚七のように二九基もの石燈籠をつくる石工があらわれる。

丸亀は城下町であると同時に大阪からの参拝者を乗せた金毘羅船の着いた港町として栄えており、沖あいの塩

豊浜町和田浜の土佐伊予街道に建つ大きな道標

飽諸島では良質の花崗岩が採れた。それなのに阿波屋甚七があらわれるまで、地元の石材である花崗岩は十分活用されていなかったのである。

その理由は周辺を少し歩けば容易に理解できる。香川県では中世来、凝灰岩製の石造物がつくられていた。金光院の別当の墓ですら、近世初期のものは凝灰岩製の五輪搭であった。

瀬戸内海沿岸地域では、鎌倉時代など古い時代には凝灰岩の使用も見られるが、花崗岩のすくない大分県を除いて、次第に花崗岩に変わってゆく。ことに、戦国期に築城がさかんになり、花崗岩の石切場が多くひらかれて以降は、この傾向が顕著になる。香川県の島々からも大坂城に用材が運ばれていたのである。

ただ、香川県には細工に適した良質の凝灰岩が豊富にあった。凝灰岩と花崗岩では加工の道具も技術も異なる。凝灰岩は軟質で、刃物で切ることも可能だが、花崗岩は良質の鋼を使った硬いノミを使わなければ細工できない。凝灰岩から花崗岩へ用材が変化するには、何か強い文化的な衝撃が必要だった。

その引き金となったのが金毘羅信仰の隆盛であり、石燈籠を中心とした金毘羅さんへの石造奉納物の流行であった。

花崗岩製と凝灰岩製の石造物を比べると、花崗岩のほうが色つやもよく堅牢である。奉納者は、自分の代だけでなく、子孫の代にまでのこる硬い花崗岩にさまざまな願いを込めたのであろう。

次に、石造物全体が実によく調和がとれていることに気付いた。なるほど、大きさ、形状、様式も種々混ざってはいるが、全体の景観に破綻が見られない。それは石材が同じであるということだけではなく、技術系譜が似ているからではないかと思えた。

それは、大名奉納の石燈籠を除いて考えればなおさら明白であった。大名奉納の石燈籠の多くは六角形である。この形式は中世には一般的な形式であり、四角形は後年簡略化されてつくられたものである。六角形という精巧な燈籠をつくりながら石工銘が見られないのは、大名から扶持を受けた石工で名前を出すのがはばかられたからであろう。加えて、大名奉納のものは、御本社の近くや、境内入口といった奉納するに最もふさわしい位置にまとまって見られ、金毘羅当局の特別な配慮がそこに窺える。

一方、庶民奉納のものは、四角形が一般的であり、大まかには参道沿いに上の方から下に向かって年代順に並んでいた。

邪悪なものが神域を侵さないように据えられたのが狛犬。石造、青銅製、焼物などで造られる。上の狛犬は一ノ坂登り口の札の前に向かいあう備前焼で、天保15年（1844）に備前岡山の長栄講が奉納した。

すでに、大阪から丸亀、さらには琴平へと石工の中心が移動したことは述べたが、これはそのまま、大阪の石工技術が琴平に根をおろす道筋を示している。

大阪の石工作の最初の石燈籠は、享保一四年（一七二九）に高松講中から奉納されたものである。この燈籠は、はじめて庶民層から奉納されたものであると同時に、後に多くなる四角形で撥状《はちじょう》の竿をもつ最初のものである。そして、撥状の竿は庶民層の石燈籠だけにうけつがれてゆく。こうした形式の伝承は大阪の石工から丸亀の石工へ、さらには琴平の石工へと形態と共に技術がうけつがれたことを示している。

もっとも、彼等なりの工夫はあった。丸亀の石工はときとして猫足《ねこあし》を竿と基礎の間に入れ、文化・文政期のはなやかな時代色をあらわしたし、琴平の石工は、奉納者層のひろがりにあわせ、四角柱状のより簡略化された石燈籠も手がけるようになっていった。

こうした部分的な様式の変化や、大きさの違いなどに見られる差は、全国的な視野に立ってみれば、奉納者の要求や石工の個性の域を出ないのである。

金毘羅さんの石造奉納物を契機とした大阪の花崗岩加工技術は、街道筋の石燈籠などに影響を及ぼし、点から線、さらには線から面へとひろがっていった。

金毘羅さんは瀬戸内地方有数の聖地であると同時に門前町は文化都市でもあった。石工の定住はそうしたなかのわずかなできごとにしかすぎない。しかし、こうしたわずかなことが、奈良の春日大社や、大阪の住吉大社と並ぶほどの多数の石燈籠奉納を金毘羅さんに可能にしたのである。

「祭礼図屏風」（元禄年間）に描かれた門前のにぎわい

そして、石造奉納物一つとってみても、こうした文化を築きあげたのが庶民の力であることに、私はいいしれぬ喜びを感じた。

金毘羅信仰のひろがり

金毘羅さんは金光院別当や高松藩主松平頼重らによって江戸時代初期から山内建造物の建設が行なわれ、慶安元年（一六四八）には幕府から朱印状をうけて三三〇石を社領として基礎がかたまり、宝暦十年（一七六〇）には金毘羅日本一社勅願所の綸旨を桃園天皇から賜わって名実共に大社となった。

こうした初めのころの経緯は、金毘羅さんの石造物で最古の寛文八年（一六六八）のものを含め六対の石燈籠を松平頼重が奉納していることなどからも窺うことが出来る。つまり、石燈籠を中心とした奉納物には、金毘羅さんの草創期から現代に至るまでの信仰史が刻まれているのである。

金毘羅信仰のひろがりを、石燈籠を中心とした奉納物の分布からみると、江戸時代後期の文化・文政時代（一八〇四～二九）以前に、西日本、日本海沿岸、さらには江戸へとひろがり、それ以降江戸時代末までには東北を含めほぼ全国にひろがっている。

さて、全国的な金毘羅信仰のひろがりを考えるとき、金毘羅さんと大阪の結びつきは重要である。大阪を中継点として江戸、さらには奥州へと信仰圏はのび、瀬戸内や九州、日本海沿岸へのひろがりは、経済的に結びつきの強い大阪での名声が強い影響をあたえたためかと考えている。

当時の金光院の別当は、大阪の重要性を十分に知っていた。はやく、万治の頃（一六五八〜六〇）に、大阪江戸堀に金毘羅屋敷がつくられ、屋敷守が常住し、そこは金毘羅信仰の大阪における拠点となっていた。

さらに、金毘羅さんと大阪の結びつきを決定づけたのは、大阪と丸亀を結ぶ金毘羅参詣船の開設である。金毘羅参詣船は延享元年（一七四四）に大阪江戸堀の明石屋佐次兵衛と大川町の多田屋新右衛門が、金毘羅さんへの参拝者が難渋しているのを見て、便宜をはかりたいからと、金毘羅当局に願い出て開設される。

金毘羅参詣船は、風と潮がよければ陸路より早く、瀬戸内海の風光明媚な景色を見物しながら船旅を楽しめた。しかも、波静かな瀬戸内は、安全に航行でき、人々の人気を集めた。金毘羅参詣船繁昌の様子は、取次としても名前を出す大阪の船宿多田屋新右衛門が、金毘羅さんに絵馬舎や青銅製の狛犬をお礼のために奉納していることからも窺えるのである。

大阪から丸亀までの金毘羅参詣船については、江戸時代末頃の紀行文にもたびたび登場している。十返舎一九は『東海道中膝栗毛』に続いて『金毘羅参詣続膝栗毛』を文化七年（一八一〇）に出版する。すでに、弥次郎兵衛と喜多八は物語の主人公であったが、庶民を代表する英雄的な存在になっていた。この二人を金毘羅さんに参拝させるのは、当時の庶民が金毘羅参りを強く望んでいたからにほかならない。そして、この旅は金毘羅参詣船に乗るところからはじまり、船旅の様子が細かに書き込まれている。

大阪から丸亀を経て金毘羅に至る街道は、江戸時代から明治中頃にかけて最も重要な参拝路であった。それは、金毘羅参詣船の盛況や、丸亀から金毘羅に至る丸亀街道に五街道中最も古い宝暦十一年（一七六一）の常夜燈が建ち、常夜燈の総数が最も多いことからもあきらかである。また「永代常摂待」を目的として街道の中間点の与北《よぎた》に、参拝者の休息所として茶堂も建てられていた。

こうした丸亀街道の繁栄は、金毘羅参詣船で大阪と金毘羅が結ばれていたからである。そして、そのことは、金毘羅信仰のひろがりにはたした大阪の役割りがいかに大きなものであったかを物語っている。

金毘羅信仰と宿

金毘羅信仰の隆盛にともない、参拝者が多くなり、金毘羅さんの門前町には多くの宿が建ち並ぶ。文政七年（一八二四）の史料には、金毘羅門前町に八四軒の宿がのっている。

宿と金毘羅さんとは深い関わりがあった。金毘羅信仰の隆盛の一翼は金毘羅の宿がになっていたともいえるのである。

金毘羅さんは明治七年、崇敬講社を設立し、金毘羅講を組織化する。講社は講員が安心して宿泊できるようにと講宿を指定し、「定宿」の看板を渡し掲げさせた。この看板は㊎のマークのはいったもので、金看板と呼ばれ、宿にとっては名誉であると共に、金毘羅さんとの密接な関係を参拝者に知らせる役割をはたした。

定宿に泊まれば、講員は宿泊料金が割引になり、参拝の案内や、みやげに持ち帰るお札の世話、奉納物の取次もしてもらえた。

金毘羅さんを信仰する人々によって組織された金毘羅講では、近辺であれば全員が参る総参りを年に一度、あるいは月参りといって月毎に参拝を行なった。遠く離れた土地では、年に一度、講員が交代で代参するのが一般的であった。

かつて取次宿をやっていた虎屋

金毘羅講は、すでに江戸時代にひろく各地にあったが、資料として講の名が石燈籠にみられる最初は、享保十四年（一七二九）奉納の高松講中である。次は元文二年（一七三七）奉納の丸亀万人講中で、以後、数を増しながら全国的なひろがりをみせてゆく。

さて、全国の有名社寺では、崇敬者の宿泊の世話やお札配布、奉納の世話は、社寺直属の坊や社家が行なうのが一般的であった。伊勢の御師《おんし》などはその代表的なものである。そして、そのことが信仰をひろめることにつながっていた。ところが金毘羅さんでは、門前町の宿が、これら坊や社家の役割をはたしていた。

具体的に、金毘羅さんと宿のつながりを見ることが出来るのは、文化年間（一八〇四～一七）からで、石燈籠の取次宿として虎屋、備前屋、高松屋、さくら屋、児島屋、高尾屋が相次いで登場する。

石燈籠に限らず奉納物には、世話人や取次の名が彫れている。奉納者の取りまとめを世話人が行ない、取次は金毘羅さんと奉納者さらには製作者と奉納者の間にたって奉納の便宜をはかったのである。ことに石造奉納

崇敬講社指定の看板

物は製作や銘を彫るのに時間がかかり、建立する場所をどうかするかといった問題もあって、取次がどうしても必要であった。

取次は、当初、大阪や丸亀の船宿が行なっていたが、やがて大阪、丸亀、当所（琴平）と名を連ね、最後は当所の宿が取次を一手にひきうけるようになる。

石造物の製作は、当初、大阪が中心で、丸亀、次には琴平へと移ってゆく。取次の中心が大阪から丸亀、琴平へと変化するのは、ひとつには製作者である石工の居住地との関連が影響しているようである。そして、大阪、丸亀、琴平と三ヵ所の取次がみられるのは、業務提携をして客の斡旋をしていたことと、大阪から運ぶ奉納物を無事奉納できるよう連絡をとりあう必要があったからである。

取次宿の存在は、明治のはじめに金毘羅講が崇敬講社に組織化される以前から、金毘羅さんと宿の深い関わりがはじまっていたことを示すものである。また、神仏混淆の時代を経て、金刀比羅宮として出発するにあたって、新たに講を組織化しなおしたことを物語っているのである。

京都の祇園祭りで名高い八坂神社の石燈籠を見ると、取次のところだけが削りとられている。神仏分離後、神社として出発するに際して、仏教色を排除するために削りとったものである。こうした例は全国の有名な神社にはしばしば見られるが、金毘羅さんではこうした心配はまったくなかったのである。

なぜ金毘羅さんだけが宿坊などをもたずに宿と結びついたのかわからないが、江戸時代の金毘羅信仰の急激なひろがりについて明解な解答が得られていない現在、石造物に彫られた取次宿の存在はその理由を考える重要な手がかりの一つであることだけはまちがいないのである。

宿舎を発つ日

冬の仲間が帰り、高校生も学校がはじまると、合宿からぬけ、宿舎での私一人のくらしに再び戻った。調査もまとめに入り、文化財指定審査へ書類の提出期限もせまっていた。旧社務所の調査事務所で文書課の人達と連日遅くまで資料整理にかかりっきりになった。

最後の資料チェックは東京の金刀比羅宮御分社で行なった。御分社は、東京のド真中、文京区水道橋にあった。学生時代友にさそわれて来たことのある能楽堂の隣である。社務所の一室で、まとめは木下忠先生の指導により行なわれ、期限内に書類を無事提出した。

まったくこの二年間は金毘羅であけくれた。一日として金毘羅さんのことをわすれたことはなかった。しかし、いよいよ金毘羅を去る日も近い。

金毘羅に帰り、宿舎のかたづけをはじめた。わずか九ヵ月前まで空屋であったこの宿舎も、若い仲間が住むようになって、すっかりよみがえっていた。私にとっても、実にいごこちのよい所となっていた。

寒くなってからは少なくなったが、庭に面した縁にすわって、庭ごしに裏山を見るのが好きだった。裏山に月がかかると、なんとも風流であった。縁づたいに左は台所、右にはずいぶん話題になった便所と風呂がある。

初めのころ、ここに出没したクモはずいぶん女性軍をこわがらせた。心やさしい男性軍は、悲鳴が聞こえるとホウキを持ちだし助けにかけつけたものだ。しかし、不思議である。あれほどたびたび出没したのに、風呂に入っているときは遠慮したのだろうか。

風呂はガスでたいたが、浴槽は鉄の五衛門風呂であった。いつのまにか排水孔の栓がなくなり布を木にまいて代用した。これが、なかなか抜けなくて苦労したものである。

琴平あたりではそれほど珍しくもない汲取式の便所を使えず、わざわざ水洗の公衆便所にかよった都会女《とかいっこ》もいた。夜には仲間をつのり出かけていたが、しょせん環境には勝てなかったようである。

男性軍の寝ていた六畳にはいつもふとんが積み重ねられていて、合宿中はゆっくり横にもなれなかったが、一枚だけ敷くと、いかにも部屋が広く感じられる。宮本先生は、あんなすしづめのなかで、ゆっくり休めたのだろうか。

ふとんを運びあげ、女性の寝室となって以来、はじめて上る二階から、向かいの神官梶幸雄さんの社宅を見ると、窓ごしにコタツの横に寝そべる肥えた猫が見える。拾ってきてから、いつのまにか「ネコ」と名付けた私達の猫であるが、金毘羅をひきあげるにあたって梶さんにひきとっていただいたのである。そこへは、私たちの仲間が、遊びに行ったり子供の勉強を教えに行っていた。

かたづけやあいさつをすませ、夕方ふらりと琴平の町を歩いていると、図書館の松原さんに出会った。少しだけ飲みましょうということになった。

多いときには、一四人が並び、皿の置き場もなかった食堂の六畳間で、松原さんと二人して飲んだ。いつのまにか一升瓶があいていた。ここちよい夜だった。

いつも仲間が帰るときは、宿舎から道路へ下る石段まで見送っていたが、松原さんがその最後の人になった。

二年間のこんぴら暮らしは終り、明日からは東京へ帰っての新しい生活がまっていた。

※

金刀比羅宮の奉納物は昭和五十四年（一九七九）二月の文化財保護審議会に諮問され、好評を得て同年五月二一日付で重要有形民俗文化財の指定をうけた。指定告示内容は次の通りである。

船絵馬三七点、港湾等絵馬一九点、和船模型四一点、大漁旗二八二点、流し樽類一二九点、神札類三七五点、版木六三点、その他六八点、狛犬一三対、燈籠六六八基、高燈籠一基、燈明堂一棟、鳥居一〇基、御手洗槽六基、敷石・石段・標石一二組、玉垣延長一二二〇・四二メートル。

指定が決まると金刀比羅宮より報告書出版の計画がもちあがった。企画は宮本常一先生。木下忠先生の指導をうけて私が基本案を作製し、編集は日本観光文化研究所、編集責任者は同研究所の山崎禅雄氏に決まった。

報告書は、昭和五十七年（一九八二）に『金毘羅庶民信仰資料集』として第一巻が出版され、昭和五十九年末の第三巻で完結した。

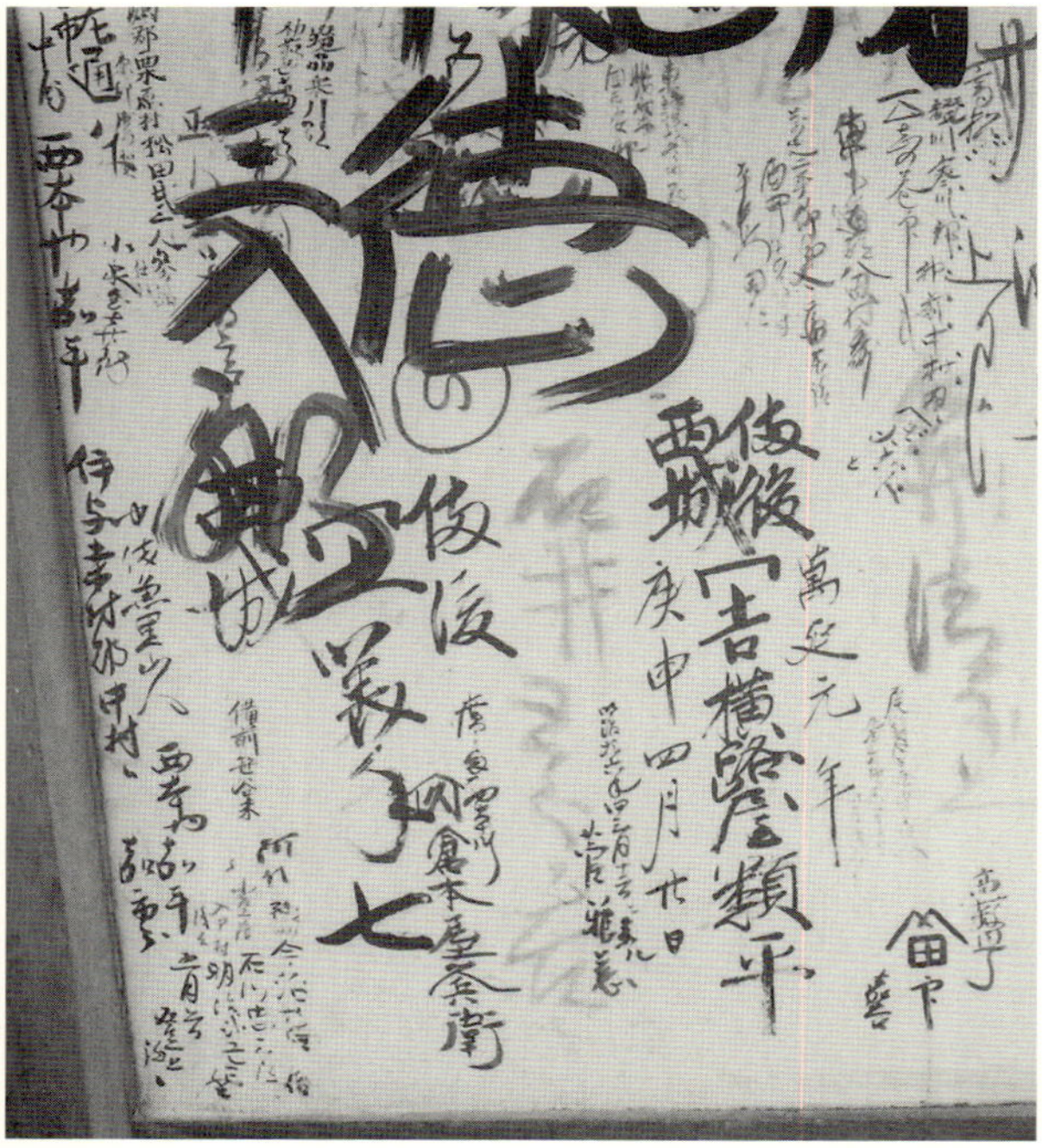

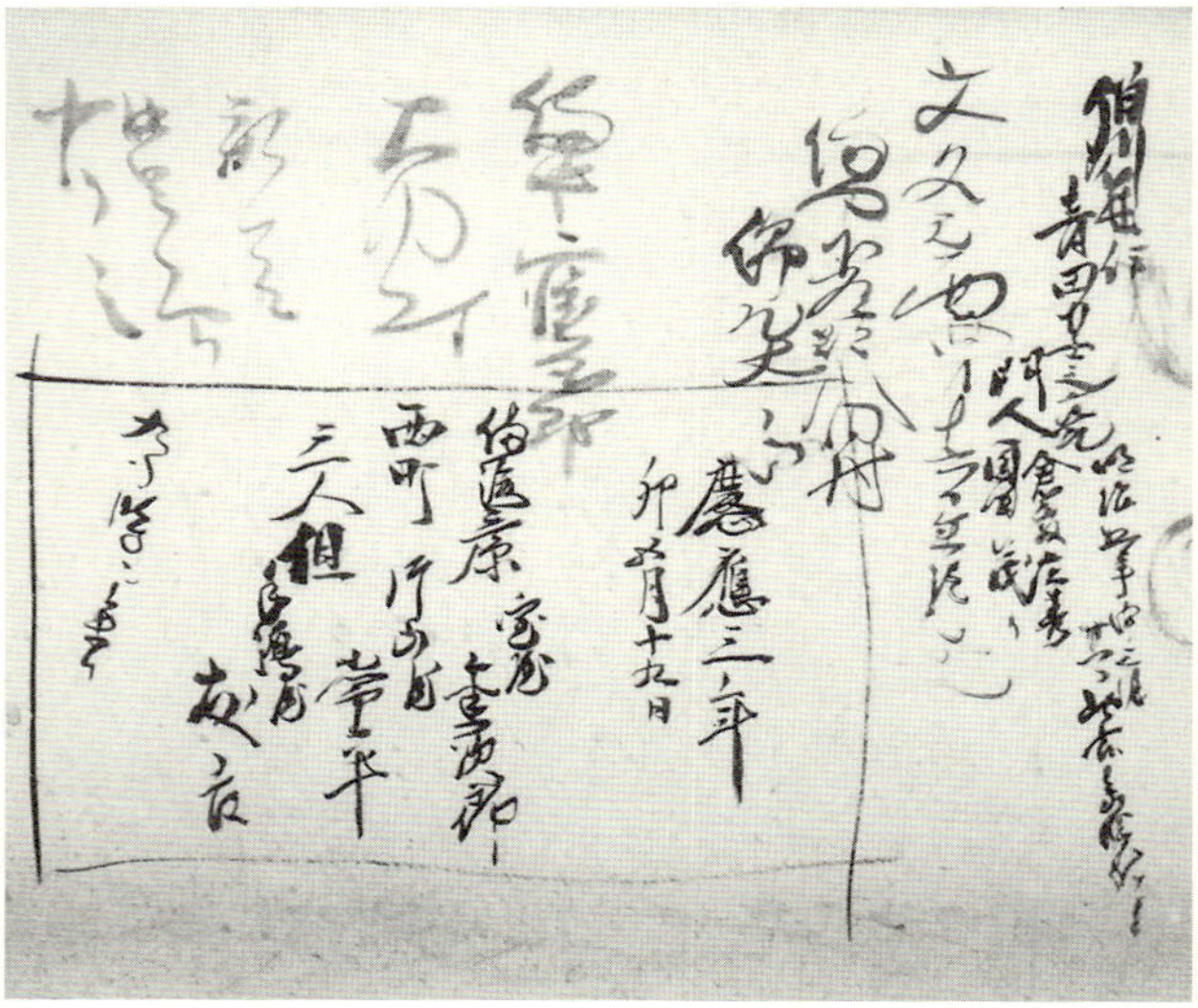

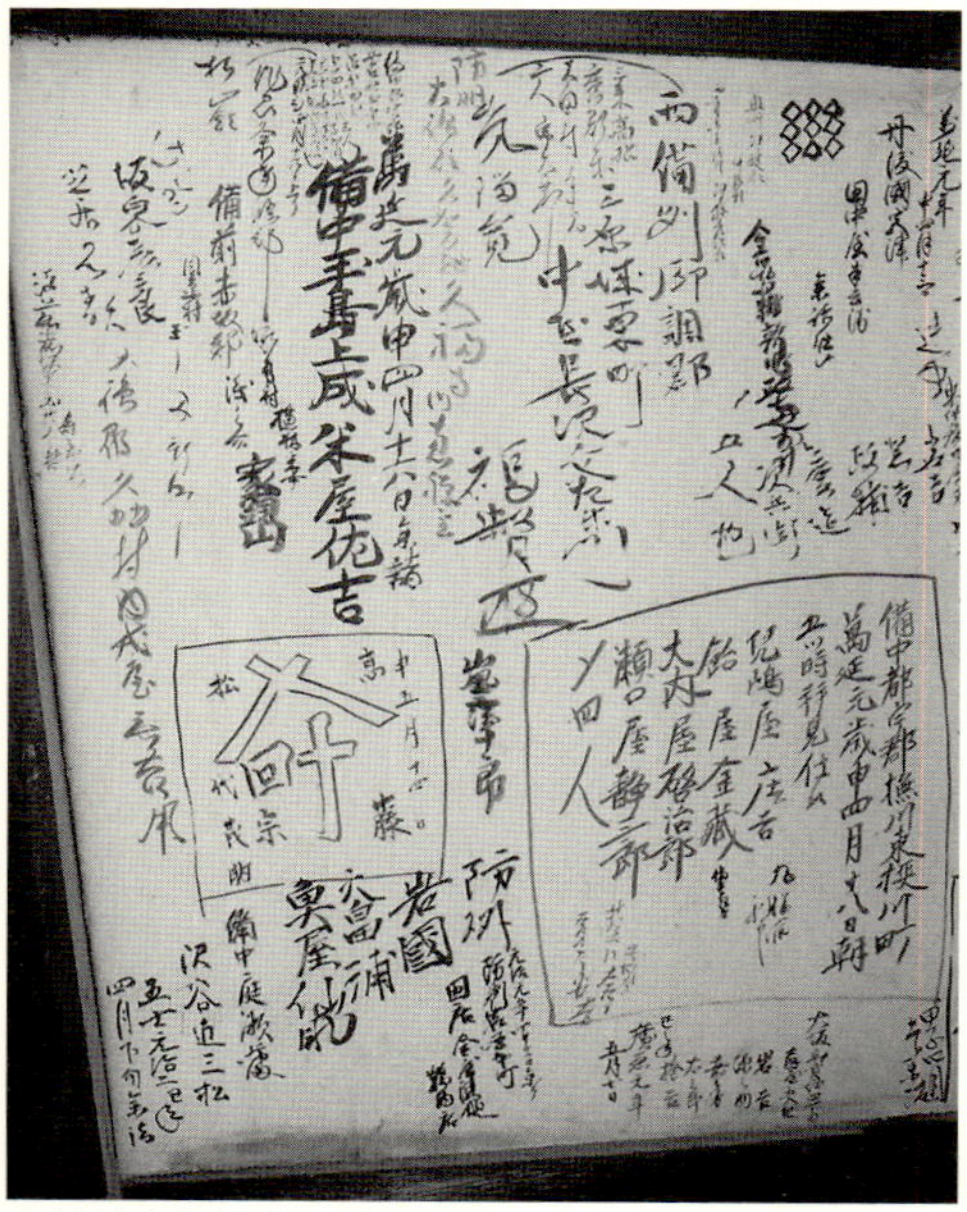

金毘羅高燈籠内の壁に記された落書

この間報告書作製にともなう補足調査を行ない、旧金毘羅街道の調査では真鍋新七氏、門前町の聞き取り調査では伏見彦輔氏、苗田謙二氏、加藤英一氏、森池栄一氏、千葉きくよ氏、千葉佐登子氏、富永憲一氏等にお世話になった。

最後に、調査仲間の名を記して謝意を表し、終わりとしたい。なお、所属は調査当時である。

富田清子、段上達雄、藤井悠子、藤本真貴乃、田原真裕美、玉川正行、玉村多美子、金田雅成、今分俊哉、宮坂卓也、山下敦子、関口洋子、栖原峰子、林泰史、吉森和子、前田ちま子、雨宮進、豊城隆史、志田裕一、前所弘美、永松絵里子、山根葉子、内藤牧子、（以上、武蔵野美術大学生活文化研究会）、奥野正作、横出洋二（奈良大学）、竹原恵（帝塚山短期大学）、近石佳代（香川県立坂出高等学校）、山内緑、合田智香（香川県立琴平高等学校）、以上二九名。

石造物の銘文を読む

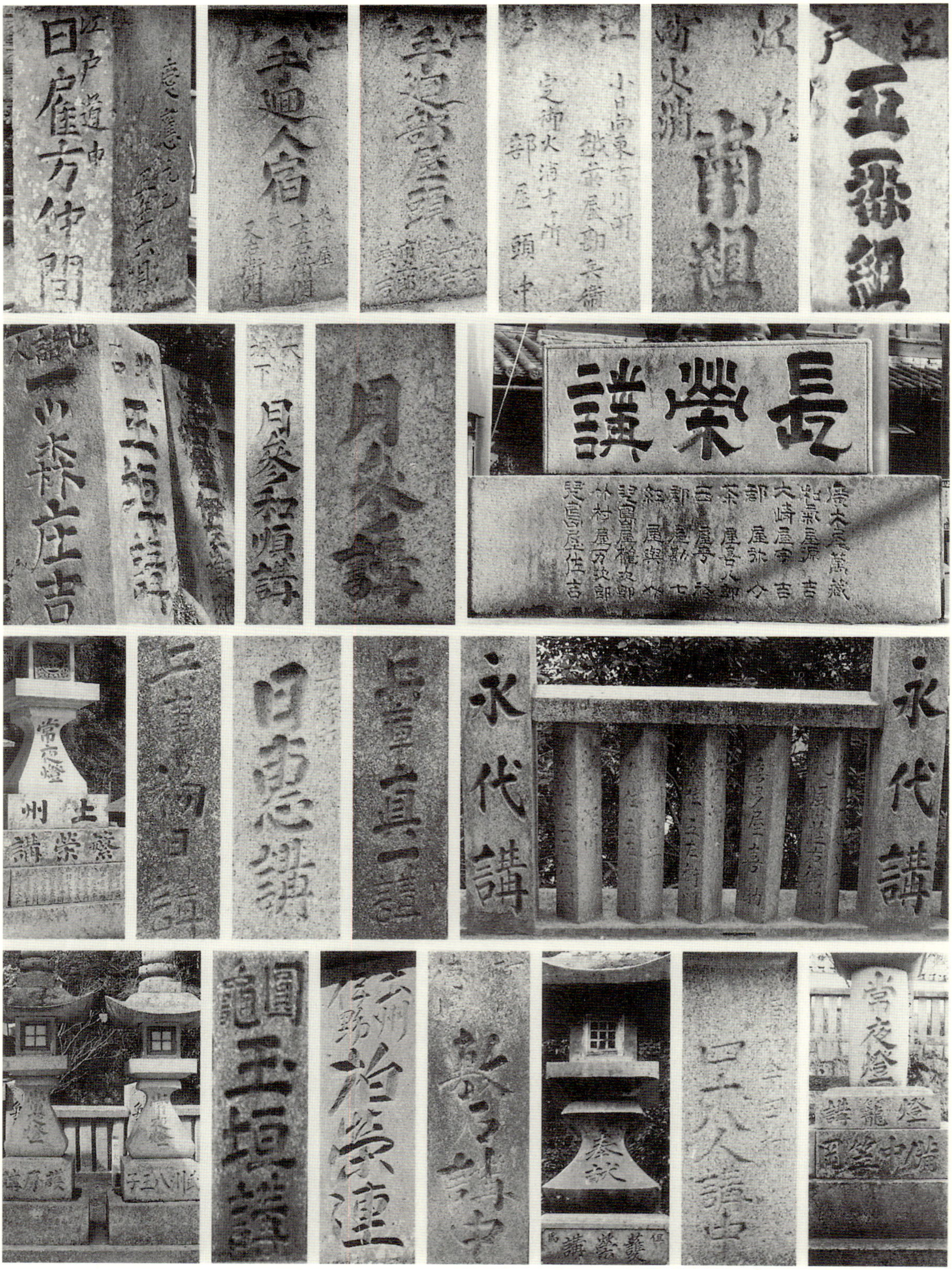

長榮講
永代講
永代講

姫路
江戸積
木綿問屋中
兵庫
千鰯屋仲間
尾州廻船中
下田廻船中
陸尺仲間中
大阪
道中

旅心をさそうもの

文　宮本常一
写真　須藤　功

大東亜戦争の終わったあとのころ、四国路をあるいていると、四角な箱を白い布で包み、首にかけてあるいている遍路姿をよく見かけた。

たいてい六十歳前後の男、そのあとから老婆がついてあるいていた。

四角な箱には戦死した息子の遺骨がはいっていた。あるときそうした老人夫婦に逢うてきいてみると、遺骨の主は南方で戦死したのだという。年をとってどうせ長くない人生だし、あの世への死に土産に夫婦で四国をまわろうということになって息子にも四国を見せて大師様のおかげにもあずかりたいと思って遺骨を抱いてあるいているとのことであった。寺の前の葦簀《よしず》をたてかけた茶店の莫座《ござ》に腰をおろして、しばらくいろいろのことを話しあった。

「旅へ出たら少しでも気が晴れようかと思いまして……」

と老婆は話していたが、私にはそのことばに胸のつまる思いがした。その頃、四国路をあるくといたるところで遍路の群に出会った。その中には遺骨を抱いていなくても、心を暗くするような境遇にいる者が多いのではなかろうかと思った。そして私もそうした仲間に加わってあるいてみたいと思った。せめて母の元気な間に母といっしょにまわり、山坂の多いところは自動車など利用し、遍路宿にとめてもらえば道づれもでき、世間話もたくさん聞くことができようかと思って母にも話して、母もそれをたのしみにしていたが、私の方に時間がなく、そのうち母は死んでしまった、しかし、まだ四国をまわってみようという志はすてていない。少し暇になったら四国八十八ヶ所も西国三十三ヶ所もまわって見ておきたいと思う。

「せめて、一生のうちには西国も四国も……」

というのは昔の人たちの一つの願いであったようだ。旅をするということも、信仰の旅であればしみじみとした人の親切な心にふれることもできる。信仰の旅をつづける者に対して、村の人びとはみな親切であった。

一般の人びとにとってくらしをたてるための旅はともかくとして、それ以外の旅をするということは容易でなかった。第一に宿銭を払っての旅など貧しい者にはとうていできるものではなかった。ましてただ物見遊山のためにあるくというような旅ならばそれはぜいたくとされて周囲も容易にこれをゆるさなかったが、信仰の旅ということになると、これをとがめる者はなく、旅を志すものは信仰を一つの理由にして出てゆくと旅は容易になった。

伊勢参宮はそのよい例で、たいていは気の合う者二～三人で人にもつげずに出てゆくことが多かったし、女たちの仲間ならば用心棒（宰領）に若い男一人二人をたのんで出ていった。

「伊勢へ七度高野へ三度、お多賀様には月参り」

ということわざがあるが、多分、近江の

国のことわざであろう。近江あたりならば一生のうちに七度は参るものとしていたのである。事実その程度参る者は少なくなかった。

大阪平野あたりの者ならば大和大峰山へ参る者が多かったが、それも五度十度というような回数ではなく、三十度、五十度といった参拝者も少なくなかった。そして三十度以上参れば先達としての資格をみとめられたのであった。

一つの信仰地へ何回もくりかえし参ることは大峰ばかりでなく、各地に見られたようで、とくに山岳信仰地では回数をきそうものが多い。三百三十ヶ所の霊場のような広域にわたる場合でも生涯に三度五度とまわった者は少なくなかった。その記念の供養塔を大阪平野の村々をあるいているときところどころで見かけたことがある。

周防大島の私の生家は、私の少年の頃まで善根宿をしていたが、二年か三年に一度ずつやって来る老年の遍路がいた。「今年もまた来ました」といって笈《おい》をおろす。何年も来ないようなときには西国をまわって来ましたという。ときに四国をまわったと話してくれることもある。おそらく旅に生きつづける人なのであろう。そういう旅人がいたのである。身につけているものは笈一つであったがいつもキチンとしており、やって来ると一日はいて洗濯などして村の寺や宮へ参り、また旅立っていった。

旅は苦労の多いものであるというが、とにかくあるいておれば、誰かが食うものをくれ宿を貸してくれる。ときにはあたたかい人のなさけにふれることもできて、何かの事情でふるさとを追われるような者の中には旅に生き旅に死んだ者も少なくなかったと思う。

施行図。おかげ参りの人々に餅を配っている。所蔵・神宮文庫

若い頃、私は和泉伯太《はかた》藩の行き倒れの記録をよんだことがある。伯太藩というのは一万石ほどの小さな藩でその領域も狭かった。しかし、その領内を小栗街道といわれる熊野街道が通っていた。小栗判官が照手姫にひかれて熊野の湯へいった道すじである。

そういう伝説が信じられ、街道の名になるほどであったから、熊野権現の神徳を信じて熊野詣をした者はきわめて多かったであろう。その途次行き倒れになる者は伯太藩だけでも百年ほどの間に何十人にものぼっている。遺族が遺骨をとりに来た例もあったが、大方は身分不明のまま埋められていった。小さな藩領の中で死んだ者の数さえ相当数にのぼるのだから、仮に熊野から大阪までの間で死んだ者を類推すると何千人というほどの者が死んでいったのではないか。しかし、その大半が遺骨の引き取り手がなかったとすればどれほど多くの人たちが郷里の村から浮草のようにはなれ出て、巡礼として旅に死んでいったであろうか。

それはひとり熊野街道だけでの現象ではなかった。村の余り者たちや、医者にも見すてられたような病人が長い旅の末に元気をとり戻してかえって来るというようなことは多かったようだ。

私の生家は昭和初年に火事で焼けた。近所の子供が牛小屋のそばで火あそびしていたのが小屋にもえついて焼け、近所二軒が延焼した。失火させた少年はそのまま気がふれたようになって年がすぎた。十七、八歳になったとき、村へやって来た四国遍路が、お大師様の霊験におすがりすれば治ることもあるのではないかといって、その若者を連れて村を去った。

それから二、三年たってからのこと、その若者は色黒くなって元気に、しかも正気になって戻って来た。若者を連れていった遍路は旅先で死んだ。それまではその遍路の庇護もあって、一通りまともな旅をしていたが、遍路が死んでからは寺の床下に寝たり、芋の尻尾をひろって食べたりしながら旅をつづけ、次第に正気を取戻したのだという。

旅から来た者が村の貧しい家の子をもらっていくこともあった。天保の飢饉のとき、やはり遍路が村をおとずれ食うや食わずの家の子を連れて旅へ出ていった。その遍路は四国にわたって伊予路をあるいたが、そこもまた飢饉で食うものをめぐんでくれるような者は少なかった。それでもどうやら大洲の近くまでたどりついたが、子供の方はそこで死んでしまった。遍路はその子に米の粥を食べさせたいと思って、道ばたの寺によって米一合ほどをもらいうけ、粥を食べさせたのがその子の最後になった。寺の墓地に子供を埋めた遍路はそれからさらに南にあるいて土佐にはいった。そこは飢饉もやや軽かった。そして土佐、阿波、讃岐とあるいてもう一度、大洲近くの寺へたどりついたのは一年余りもすぎていた。埋めた死体は白骨になっていた。その白骨を箱におさめて、大島の親もとまでいって、子供の死んだときの様子をつぶさに語って立ち去ったという。

村の若い者たちが群になって巡拝の旅に出ることもあった。今はダムの底に沈んでしまった山口県阿武郡川上村高瀬観音堂の軒下には西国三十三ヶ所巡拝記念の札がかかっていたが、書きつらねている名が百人をこえるほどだったので、どこか近くの三十三観音参りをしたのかと思ったが、そうではなく、正しく西国三十三番の札所をまわったものであるという。一回に三十人以上の人が出ていったことになる。巡拝に出かけた人たちはみな若かったという。一つには信仰の心もあったであろうが、今一つは広い世間を見て来ようという心の方が強かったのであろう。広い世間を見ておけば、狭い世界で生きてゆくとき、それが大きな助けになることが多い。

それぞれの住む村は狭く、そこで生きていくにはときにお互いを傷つけるようなこともある。しかし、旅に出るとそうした束縛から解放される。旅に危険と困難はともなうにしても元気でさえあれば、旅に出ることで夢を無限にのばすこともできる。実益的な利も得られる。

明治初年頃、奈良県の石上《いそのかみ》神宮の近くに中村直三という老農が住んでいた。稲の新しいよい品種を見つけ育てるのが上手であった。そのうわさをきいて、この家へ新品種の種をもらいに来る者が相ついだ。たいていは伊勢参宮帰途の若者たちで、それが一年に何千人というほどの数にのぼった。

巡礼の旅に出る人たちの念願や動機も多種多様であった。その人たちが大して乱暴もせず、一揆をおこすようなこともなく旅をつづけることができたのは、信仰の支えと、地方に親切な心をもった人たちがいて、旅人たちを飢えないように粗末ではあってもほどこしをしたからであろう。

私の郷里の話である。ある晴れた秋の日に田圃から帰った男たちが浜にすわって沖を見ながら話をしていた。海の向こうには中国地方の山々がくっきりとしていた。海は静かだし、夜になると月も出て来る。一つ宮島へ参ってみようと、そのまま家へもつげず小舟で沖へこぎ出した。夕飯時分になっても男ども四、五人が帰ってこないので、村では大さわぎになった。

しかし、沖へ出ていくのを見たので多分、宮島へでも参ったのであろうと一応は安心したが、そのまま二日たっても三日たっても帰ってこない。一週間もして村でもう一度大さわぎになっているとき一行は帰ってきた。

「どこへいってたのだ」

と口々に責めたが、一行はケロッとして、

「いや天気はよし、海はないでいるので宮島へ参ろうと漕ぎ出した。宮島まで参ったのだから、ついでに広島までいってみよう、広島までいくとついでに出雲へ参ろう、とつい出雲までいって来た」という。旅とはそうしたものではなかったかと思う。こういう旅をさせた世間があったのである。

巡礼に道を教える島の人。昭和42年（1967）愛媛県松山市・興居島

めぐり祈る

文・写真　須藤　功

形原獅子芝居　愛知県蒲郡市
ほうか　愛知県新城市
アンガマ　沖縄県竹富町
人形まわし　和歌山県串本町
石鎚山　愛知県西条市

いかつい顔の獅子が演じる女形。でも段物の筋をよく知っているおばあさんたちは涙する。
いずれも愛知県新城市にて撮影。昭和42年（1967）

祝儀の額によって何を演じるか決まる。二番、三番と演じる家は祝儀をはずんでくれる、毎年たいてい同じ家。昭和42年（1967）

旅芸人には放浪に近い者と、一年のほぼ同じ月日に同じ道をやってくる芸人がいた。土地の人々が待つともなく待っていたのはこの毎年きちんとくるほうで、家や竈の祓いをしてもらったあと芸を楽しんだ。

愛知県蒲郡市形原を本拠にした、「三河伊勢神楽」の名もあった「形原獅子芝居」もそのひとつだった。愛知県北東部の山里を中心にめぐり歩き、祈祷につづいて獅子舞や獅子頭をつけて段物のさわりを演じた。娯楽の少なかったころには、誰もがやってくるのを心待ちしていたが、今はなくなった。

獅子頭や道具を納めた長持を舁《か》いてつぎの集落へ向かう。
昭和42年（1967）

大海《おおみ》のほうか。泉昌寺の庭で踊ったあと、燈籠を先頭に笛太鼓の音で新盆の家へ向かう。昭和38年（1963）

大団扇を左右にゆったりと揺らしながら踊る名号《みょうごう》のほうか。昭和40年（1965）

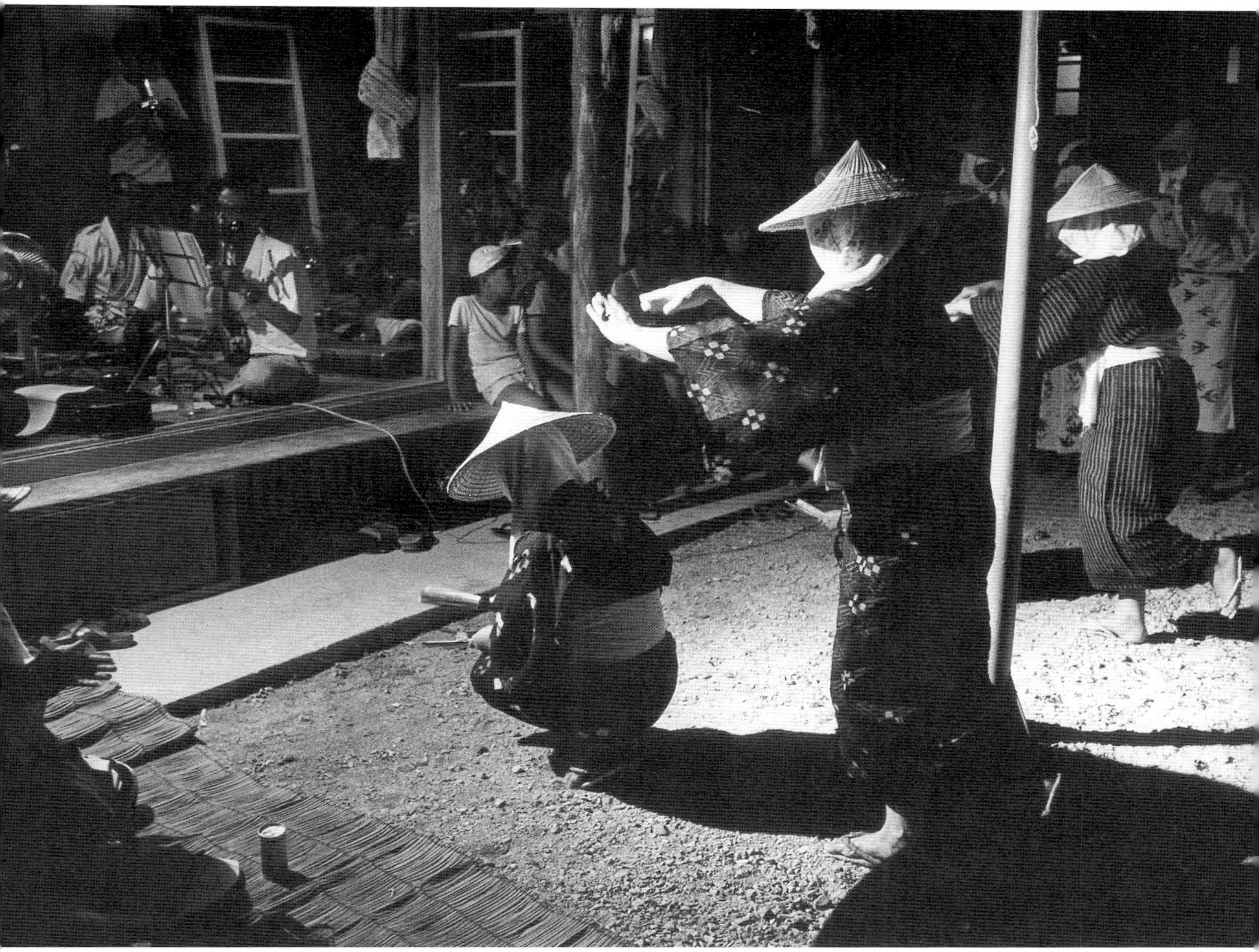

竹富島のアンガマ。顔を手拭いで覆い、笠を深く被ってだれかわからないようにして、新盆の家々をまわる。昭和50年（1975）

旅芸人ではない、土地の人が舞い踊り、演じる民俗芸能（郷土芸能）にも、集落の家々をめぐり、祈り供養するものが少なくない。盆の念仏踊りは、新盆の家と依頼のあった家をめぐり、念仏（和讃）と踊りで先祖供養をするもので、北から南までさまざまな形態の念仏踊りがある。

愛知県北東部に伝わる「ほうか」は、大団扇を背にした三人が、太鼓を打ちながら笛、鉦の音と合わせて踊る。盆の夜、ゆらゆら揺れる大団扇と暗闇に吸いこまれるような笛、鉦、太鼓の音は、先祖の人々を静かに思いおこさせる。

沖縄・八重山のアンガマは、グショウ（後生、あの世）からきたものが踊るのだという。

翁と媼の面の者を中心とした石垣島のアンガマは、もとは士族が踊っていたもので格式がある。それにくらべると竹富島や波照間島のものはちょっとくだけたアンガマである。仏壇の前でその家の繁栄を祖先に告げ、そのあと、祖先や父母を大事にせよという無蔵念仏歌を歌い、ついで祖先を慰める歌と踊りになる。

店先で夷をまわす。「木偶《でく》まわし」と呼ばれた旅芸人には見えないが、門付けしていたのは間違いない。昭和42年（1967）

文楽の名もある人形浄瑠璃は、傀儡子《くぐつ》の人形芝居と語り物の浄瑠璃が結合して生まれたとされる。

人形を操って芸を見せる傀儡子は、かなり古くからあたかも社寺の者、一員かのようにそのまわりに定住していた。そのなかの「夷《えびす》かき」とか「夷まわし」と呼ばれたのは、兵庫県西宮市にある夷社の一団だった。近年まで関西では、夷まわしは西宮からくるとされていた。京都の室町時代の記録には、新春になるとやってくる「夷まわし」の記述がある。

今も人形浄瑠璃の盛んな阿波（徳島県）には、最後の傀儡子とされる人たちが住む集落があった。少し前まで阿波の三好地方では、元旦に人形で「三番叟」と「夷舞」をまわす門付けがこないと新年にならないといった。

夷は「恵比須」、「恵比寿」とも書き、大黒様とともに、豊作、豊漁の神として農漁村で今も信仰されている。上の写真は紀伊半島（和歌山県）南端の、海に沿った串本町で出会った「夷まわし」である。出自など聞かなかったが、素人のような、でも店の人からお金をもらうときには堂々としていて、玄人のようでもあった。現在はこうした芸人には出会わなくなった。

講中の御神体を山頂の石上に安置して拝む。昭和56年（1981）

御神体を具合のわるいところにあててもらうと治るといわれる。
昭和56年（1981）

中世には前神《まえがみ》寺を石鎚《いしづち》神社の別当として、石鎚蔵王権現を祀った石鎚山（一九八一メートル）は、四国、いや西日本の最高峰である。

七月一日が山開きで、中腹にある成就社から御神体の三体の神像が先達に背負われて山頂に登る。それに石鎚講の者や一般の人がつづくが、一般の初めての人は、途中の一から三まである、全長一三五メートルの鎖場《くさりば》でたいてい音《ね》をあげてしまう。その鎖場を、かなりの年輩に見える白装束の人がすいすいと登っている。数十年めぐりくる山開きに欠かさず登ってきたからだろう。山頂では一息入れている人もいれば、御神体をみんなで拝する講中もある。なお七月一日と翌二日は女人禁制である。

編者あとがき

須藤　功

日本観光文化研究所、通称「観文研」では、『あるくみるきく』のほかにも何冊かの本を刊行している。個人の出版もかなりあるが、宮本常一が所長のとき、観文研のみんなで執筆し編集した主要な本にしぼると、つぎの旅シリーズと『日本に生きる』になるだろう。

旅シリーズは近畿日本ツーリスト株式会社と同社の協定旅館連盟の依頼によるもので、最初の『日本の宿』は宮本常一が執筆し、昭和四〇年（一九六五）八月三〇日に発行された。この最初の一冊は宮本常一を所長とする観文研の設立に大きく関与している。

『日本に生きる』全二〇巻は、国土社の依頼で企画、編集、宮本常一監修の子ども向けの風土記。地方同人にも執筆してもらい、最初の「沖縄・奄美編」は昭和四九年（一九七四）一一月に、最後の「総集編」は昭和五二年（一九七七）四月に刊行された。二年後に書名を『新日本風土記』と改めた。

左上から右へ『日本の宿』（初めの書名は『にっぽんのやど』）、『大名の旅』、『旅の発見』、『庶民の旅』、『伊勢参宮』、『旅の民俗』、『海と日本人』、『山の道』、『川の道』、『海の道』

『日本に生きる』は、観文研所員・同人のそれまでの旅のまとめのひとつになった。

私ごとになるが、『日本に生きる』は私が別の用事で国土社を訪ねたことが発端で、企画の要望を宮本常一が受入れてくれたことから話が進んだ。宮本常一が亡くなったあと、国土社から同じような子ども向け風土記の企画の話があって、二、三人が企画案を練っていたが、ほどなく取止めになった。これには不愉快ないきさつがあるのだが、それについては稿を改めて書くことにする。企画が決まり、実際に取材を始めてから取りやめになったものもある。五万分の一の地図を旅するもので、私は国東半島の取材をすませたところで終わった。

出版ではないが、昭和五十五年（一九八〇）から四年つづいた近畿日本ツーリスト企画の『街道をゆく』ツアーは、観文研の所長・同人が語りべとして同行し、旅先で歴史や文化について語り、説明するというものだった。話が苦手の私は遠慮して参加しなかった。この企画については著者の司馬遼太郎も賛同し、観文研を訪れて宮本常一と対談、宮本常一はパンフレットにつぎのように記している。

『街道をゆく』ツアーパンフレットの宮本常一の緒言

名作を道標に語りべと共に歩く
　日本再発見の旅

司馬遼太郎氏の『街道をゆく』は、きわめて魅力に富む紀行文である。そしてこのような旅ができたらと思う。その魅力となっているものは考える旅であり、発見の旅だからである。かならずしも有名な名勝や古跡や温泉などをたよりにして歩くのではなく、何でもないようなところをあるいても、そこに発見の喜びがあり、また物を考える課題を与えられることによって旅の意義を感ずるからである。

だから本来なら司馬さんにお願いして一緒にあるいていただいて物の見方や考え方の手ほどきをうけるのがよいのであるが、それは容易なことではないので、司馬さんの歩いた道を司馬さんが歩いたような歩き方で仲間を作って旅をしてみてはどうかと考え、司馬さんのおゆるしを得た。そしてその旅が『街道をゆく』をこえるほど充実したものになれば、司馬さんも、参加して下さる方々も心から喜んで下さるのではないかと思う。そんな旅をしたいものである。

宮本常一

著者・写真撮影者略歴（掲載順）

宮本常一（みやもと　つねいち）
一九〇七年、山口県周防大島の農家に生まれる。大阪府立天王寺師範学校卒。柳田國男の『旅と伝説』を手にしたことがきっかけとなり民俗学者への道を歩み始め、一九三九年に上京し、渋沢敬三の主宰するアチック・ミュージアムに入る。戦前、戦後の日本の農山漁村を訪ね歩き、民衆の歴史や文化を膨大な記録、著書にまとめるだけでなく、地域の未来を拓くため住民たちと膝を交えて語りあい、その振興策を説いた。一九六五年、武蔵野美術大学教授に就任。一九六六年、後進の育成のため近畿日本ツーリスト（株）・日本観光文化研究所を設立し、翌年より月刊雑誌「あるくみるきく」を発刊。一九八一年、東京都府中市にて死去。著書『忘れられた日本人』（岩波書店）、『日本の離島』（未來社）『宮本常一著作集』（未來社）など多数。

須藤　功（すとう　いさを）
一九三八年秋田県横手市生まれ。川口市立県陽高校卒。民俗学写真家。一九六七年より日本観光文化研究所所員となり、全国各地を歩き庶民の暮らしや祭り、民俗芸能等の研究、写真撮影に当たる。日本地名研究所より第八回「風土研究賞」を受賞。著書に『西浦のまつり』（未來社）、『山の標的—猪と山人の生活誌』（未來社）、『花祭りのむら』（福音館書店）、『写真ものがたり　昭和の暮らし』全一〇巻（農文協）、『大絵馬ものがたり』全五巻（農文協）など多数。

渡部　武（わたべ　たけし）
一九四三年東京都生まれ。早稲田大学大学院文学研究科、博士課程単位取得退学。東海大学名誉教授。画像文献資料と考古学的な出土文物資料を用いて中国文化史・中国農業技術史を研究。著書に『画像が語る中国の古代』（平凡社）、『西南中国伝統生産工具図録』（慶友社）、『四民月令—漢代の歳時と農事—』（平凡社）などがある。

印南敏秀（いんなみ　としひで）
一九五二年愛媛県生まれ。武蔵野美術大学卒業。愛知大学地域政策学部教授（生活文化学）。日本観光文化研究所、京都府立山城郷土資料館を経て現職。現在、食文化、入浴文化、日本の沿海文化等の研究。著書に『京文化と生活技術』（慶友社）、『水の生活誌』（八坂書房）、『里海の生活誌』（みずのわ出版）、『島の生活誌』（山口県東和町）。編著書に『里海の自然と生活』ⅠⅡ（みずのわ出版）などがある。

段上達雄（だんじょう　たつお）
一九五二年大阪府生まれ。武蔵野美術大学大学院修士課程造形研究科修了。同大助手、大分県立宇佐風土記の丘歴史民俗資料館主任研究員を経て、文化庁文化財保護部伝統文化課文化財調査官。現在、別府大学文学部史学・文化財学科教授（日本民俗学・民具学）。共著書に『佐渡の石臼』（未來社）、『九州水車風土記』（古今書院）、『ものがたり日本列島に生きた人たち９』（岩波書店）、『野と原の環境史』（文一総合出版）などがある。

田村善次郎（たむら　ぜんじろう）
本巻監修者。監修者略歴欄に掲載。

西山昭宣（にしやま　あきのり）
一九四二年台湾生まれ。新潟県で育つ。元都立高校教諭。早稲田大学第一文学部卒業後、日本観光文化研究所に参画し、宮本千晴と共に『あるくみるきく』の企画・編集に携わる。後に都立高校教諭として転出するが、研究所閉鎖時まで同誌の企画・編集を行なった。

山崎禅雄（やまざき　ぜんゆう）
一九四三年島根県桜江町生まれ。早稲田大学第１文学部史学科大学院博士課程修了。宮本常一没後の日本観光文化研究所「あるくみるきく」編集長。同研究所の閉鎖後、帰郷し日笠寺住職。桜江町「水の国」初代館長、江津市教育委員等を歴任。主な著書に『水の力—折々の表情』（淡交社）などがある。

監修者略歴

田村善次郎（たむら　ぜんじろう）

一九三四年、福岡県生まれ。一九五九年東京農業大学大学院農学研究科農業経済学専攻修士課程修了。一九八〇年武蔵野美術大学造形学部教授。武蔵野美術大学名誉教授。文化人類学・民俗学。

大学院時代より宮本常一氏の薫陶を受け、国内、海外のさまざまな民俗調査に従事。『宮本常一著作集』（未來社）の編集に当たる。著書に『ネパール周遊紀行』（武蔵野美術大学出版局）、『棚田の謎』（農文協）ほか。

宮本千晴（みやもと　ちはる）

一九三七年、宮本常一の長男として大阪府堺市鳳に生まれる。小・中・高校は常一の郷里周防大島で育つ。東京都立大学人文学部人文科学科卒。山岳部に在籍し、卒業後ネパール・ヒマラヤで探検の世界に目を開かれる。一九六六年より近畿日本ツーリスト・日本観光文化研究所（観文研）の事務局長兼『あるくみるきく』編集長として、所員の育成・指導に専念。

一九七九年江本嘉伸らと地平線会議設立。一九八二年観文研を辞して、向後元彦が取り組んでいた「（株）砂漠に緑を」に参加し、サウジアラビア・UAE・パキスタンなどをベースにマングローブについて学び、砂漠海岸での植林技術を開発する。一九九二年向後らとNGO「マングローブ植林行動計画」（ACTMANG）を設立し、サウジアラビアのマングローブ保護と修復、ベトナムの植林事業等に従事。現在も高齢登山を楽しむ。

あるくみるきく双書
宮本常一とあるいた昭和の日本 24 祈りの旅

2012年8月30日第1刷発行

監修者　田村善次郎・宮本千晴
編　者　須藤　功

発行所　社団法人　農山漁村文化協会
郵便番号　107－8668　東京都港区赤坂7丁目6番1号
電話　03（3585）1141（営業）　03（3585）1147（編集）
FAX　03（3585）3668
振替　00120（3）144478
URL　http://www.ruralnet.or.jp/

ISBN978-4-540-10224-0
〈検印廃止〉

印刷・製本　（株）東京印書館